D1683332

Lennart Meri · Botschaften und Zukunftsvisionen

Lennart Meri

Botschaften und Zukunftsvisionen

Reden des estnischen Präsidenten

Zusammengestellt und mit Jahreskommentaren versehen
von Henno Rajandi

1999

BOUVIER VERLAG · BONN

Aus dem Estnischen übersetzt von Mati Sirkel
Originaltitel: Lennart Meri, Presidendikõned, Tartu, „Ilmamaa" 1996
© „Ilmamaa" 1996
Lektorat: Dorothee von Hoerschelmann-Schneider

Die Deutsche Bibliothek – CIP-Einheitsaufnahme

Meri, Lennart:
Botschaften und Zukunftsvisionen : Reden des estnischen
Präsidenten / Lennart Meri. Zsgest. und mit Jahreskommentaren
vers. von Henno Rajandi. [Aus dem Estn. übers. von Mati Sirkel]. -
Bonn : Bouvier, 1999

Einheitssacht.: Presidendikõned <dt.>

ISBN 3-416-02737-X

Alle Rechte vorbehalten. Ohne ausdrückliche Genehmigung des Verlages ist es nicht gestattet, das Buch oder Teile daraus zu vervielfältigen oder auf Datenträger aufzuzeichnen. © Bouvier Verlag, Bonn 1999. Printed in Germany. Umschlaggestaltung: Michael Fischer, Köln. Satz: Dieter L. Ney, Bonn. Druck: Druckerei Plump OHG, Rheinbreitbach. Gedruckt auf säurefreiem Papier

Inhalt

Vorwort von Bundesminister a.D. Hans-Dietrich Genscher ... 7

Lennart Meri. Biographie 9

1989 13
Schdanow als Regisseur 15
In der Morgendämmerung der Zeit des Erwachens 22

1990 27
Jegliche Politik ist immer ein Dialog 29
Es kann kein freies Europa ohne freies Baltikum geben 35
Die Rolle Estlands im neuen Europa 38
Was für ein Europa? 42
Die Erhöhung in der Erniedrigung 45

1991 49
Die Lage ist ernst, doch nicht hoffnungslos 51
Europa ist ein Programm 54
Ein Augenblick wie eine Träne 59
Die Strategie der Wirtschaftsreform in Estland 63
Europa als Ziel 70

1992 73
Das schmerzhafte Licht der Freiheit 75
Die Ostsee ist die Achse unseres Lebens 81
Russische Truppen unter OSCE-Kontrolle hinaus aus Estland .. 84
Estland, du stehst an der Schwelle einer hoffnungsvollen
    Zukunft 89
Was für eine schöne Zeit, dieser Abschnitt der Geschichte 92

1993 97

Der von den Fesseln befreite Mensch ist ein Schöpfer 99
Estland hat seinen Platz hier unter der Sonne wiedergefunden .. 103
Ob eine Million ausreicht, um Sterne zu erforschen 112
Wir sind gekommen, um zu bleiben 115

1994 119

Was jetzt in Rußlands Weiten gärt? 121
Europa nach dem Eisgang 126
Ab heute gibt es keine Fremdtruppen mehr auf estnischem
  Boden 130
Im Juli 1994: der vorletzte Augenblick 134
Durch Wirtschaft zu Sicherheit 141

1995 149

Über sicherheitspolitische Aspekte aus estnischer Sicht 151
Wenn der Staat schläft 158
Estlands Koordinaten 173
Einen Staat wiederherzustellen ist leichter als einen Menschen . 180
Europäische Ansichten über Deutschland 196

1996 203

Wozu Europa? 205
Wir wollen keine Freifahrt 211
Zwei Geschichtsauffassungen, unversöhnlich miteinander 218
Sicherheit, Sicherheit und nochmals Sicherheit 234
In einer dynamischen Welt: estnische Vision 1996 237

Vorwort

von Bundesminister a.D. Hans-Dietrich Genscher

Wenn die Geschichte der baltischen Völker im 20. Jahrhundert geschrieben werden wird, dann wird darin Lennart Meri eine herausragende Rolle einnehmen. Er gehört zu den großen Persönlichkeiten unseres Jahrhunderts. Wer ihm begegnet, kann sich seiner Faszination und seiner Überzeugungskraft nicht entziehen. Lennart Meri hat die Geschichte des estnischen Volkes in diesem Jahrhundert erlebt, erlitten und er hat sein Volk am Ende einer neuen und besseren Zukunft zugeführt. Seine Reden, die in diesem Band veröffentlicht werden, zeugen von der großen Ausdruckskraft dieses außergewöhnlichen Mannes. Er beeindruckt durch seine Überzeugungstreue, durch die Klarheit seiner Gedanken und durch den Mut, mit dem er die Unabhängigkeit Estlands durchgesetzt hat.

Lennart Meris Reden sind in vieler Hinsicht visionär. Er weiß um die Probleme, die es zu lösen gilt, wenn ein friedliches und demokratisches, wenn ein ungeteiltes Europa der Freiheit Wirklichkeit werden soll. Die Reden machen verständlich, wie wichtig es für eine wirkliche Friedensordnung für ganz Europa ist, die Bedeutung der kleinen Staaten in vollem Umfange zu erkennen. Eine Politik über die Köpfe dieser Staaten hinweg verstößt gegen den Grundsatz der Gleichberechtigung der Völker. Das Bewußtsein eigener estnischer Identität hat Lennart Meri die Kraft verliehen, den Weg der Verantwortung für sein Volk zu beschreiten. Dieses Bewußtsein der Identität ist auch die Voraussetzung für die Achtung der Identität anderer Völker und für das friedliche Zusammenleben mit ihnen.

Lennart Meri schildert in einer anrührenden Weise das Glücksgefühl, das ihn erfüllte, als er die Unabhängigkeit zum Greifen nahe sah und als er spürte, daß die Menschen in anderen Ländern sich mit diesem Willen zur Unabhängigkeit der Esten identifizierten, ja daß sie diesen Willen freudig unterstützten.

Lennart Meri spricht von den schweren seelischen Schäden, die das kommunistische System den Menschen zugefügt hat, wie es nur ein Mensch kann, der selbst unter der Unfreiheit der sowjetischen Besetzung leiden mußte. Man empfindet in diesen Reden das ganze Leid der Menschen in den baltischen Staaten. Das Bekenntnis zum eigenen Volk hat Lennart Meri auch die Bedeutung der Kultur für das friedliche Zusammenleben der Völker gelehrt.

Der Wille zur Freiheit und Unabhängigkeit durchzieht alle seine Reden. Seine Feststellung „denn die Kraft, die der Kultur die gesunde Farbe verleiht, heißt Freiheit" zeugt vom unerschütterlichen Freiheitswillen dieses europäischen Bildungsbürgers.

Das Buch mit den Reden Lennart Meris wünschte man sich in die Hand aller derjenigen, die an internationalen Konferenztischen mitzubefinden haben über das Schicksal anderer, vor allem kleiner Völker. Und man wünscht sich auch, daß diejenigen das Buch zur Hand nehmen, die am Anfang der 90er Jahre nur zögerlich und kleinmütig dem Willen der baltischen Staaten zu Freiheit und Unabhängigkeit Rechnung trugen. Alles in allem: die Reden Lennart Meris sind ein europäisches Lesebuch. Es handelt von Unterdrückung, Machtpolitik und Irrtum. Es läßt noch einmal die Leiden der Menschen in den Diktaturen erfahren und es läßt den Wert erkennen, den das Selbstbestimmungsrecht der Völker für das friedliche Zusammenleben hat. Aber dieses europäische Lesebuch handelt auch vom glücklichen Sieg der Freiheit und von den neuen Perspektiven für die Völker Europas. Das macht es zu einem Buch der Hoffnung und der Vision.

Lennart Meri

Biographie

Lennart Meri wurde am 29. März 1929 in Tallinn als Sohn des estnischen Diplomaten und Schriftstellers Georg Meri geboren. 1935-1939 ist er in Berlin, Paris und Tallinn zur Schule gegangen. Nach der Annexion Estlands durch die Sowjetunion wurde die Familie Meri 1941 nach Sibirien deportiert. Als es der Familie 1946 gestattet wurde, nach Estland zurückzukehren, schloß Lennart Meri in Tallinn seine Schulbildung ab. 1948 nahm er das Studium an der Tartuer Universität auf und beendete 1953 sein Studium der Sprachen und Geschichte *cum laude*.

Als Student veröffentlichte er Aufsätze und Essays. 1963 wurde er Mitglied des Estnischen Schriftstellerverbands.

Lennart Meri hat eine Reihe von Büchern verfaßt, denen seine Expeditionen nach Sibirien, dem Fernen Osten und in die Arktis zugrundeliegen.

Am bekanntesten ist sein Buch „Hõbevalge" (Silberweiss, 1976), eine weitgreifende historische, literarische, geographische und ethnographische Rekonstruktion der Vorgeschichte des Baltikums. Das Buch hat sich auch in Finnland großer Beliebtheit erfreut. Lennart Meris Bücher sind in über zehn Sprachen übersetzt worden. Seine Presseaufsätze und Essays wurden übersetzt und publiziert.

International bekannt und anerkannt sind die Filme Lennart Meris über das Schicksal der finno-ugrischen Völker: „Veelinnurahvas" (Wasservogelvolk, 1970), „Linnutee tuuled" (Die Winde der Milchstraße, 1977), „Kaleva hääled" (Die Stimmen von Kalewa, 1986) und „Toorumi pojad" (Toorums Söhne, 1989). Seine Filme, darunter der auf dem New Yorker Filmfestival 1977 mit der Silbermedaille ausgezeichnete „Die Winde der Milchstraße", sind in den Schulen Finnlands als Unterrichtsmittel benutzt worden, wie auch seine Broschüre über den Schamanismus (1981).

Das literarische und filmische Schaffen Lennart Meris hat wesentlich zum Überleben des Estentums trotz der Russifizierungskampagnen der langen sowjetischen Annexionsjahre beigetragen.

Lennart Meri beherrscht Französisch, Deutsch, Englisch, Finnisch und Russisch. Er hat Werke von Remarque, Graham Greene, Vercors, Solschenitzyn und Boulle ins Estnische übersetzt.

1988 gründete Lennart Meri das Estnische Institut, eine regierungsunabhängige Behörde, die begabte estnische Jugendliche an ausländische Universitäten vermittelt und Kulturbeziehungen zum

Westen aufbaut. Aus den im Schatten des Estnischen Instituts gegründeten Kulturvertretungen Estlands in Kopenhagen, Stockholm, London, Paris und Helsinki sind noch vor der Wiederherstellung der diplomatischen Beziehungen Estlands die Vetretungen der Republik herausgewachsen, die im August 1991 ihre Tätigkeit als Botschaften fortsetzten.

Wie viele andere estnische Intellektuelle hat auch Lennart Meri in der Volksfront der „singenden Revolution" der 80er Jahre viel Zeit und Kraft der Politik gewidmet. Er ist die erste öffentliche estnische Figur gewesen, die auch in der ausländischen Presse Protest gegen den Plan ausdrückte, in Estland eine Phosphoritgrube anzulegen. Dies hätte bedeutet, ein Viertel des Staates lahmzulegen. Lennart Meri war einer der Autoren des Sammelbands „Das Jahr 1940 in Estland. Dokumente und Materialien" (1989), der die Besatzung und Annexion Estlands nachzeichnete. Die russischsprachige Auflage wurde auf dem Kongreß der Volksabgeordneten der Sowjetunion am 24.12.1989 verteilt, auf dem es um die Nichtigerklärung des Molotow-Ribbentrop-Pakts ging.

Am 12. April 1990, nach den ersten nichtkommunistischen Wahlen in Estland, wurde Lennart Meri zum Außenminister der Republik Estland ernannt. Im annektierten Estland war der Außenminister ein Mitglied der Nomenklatura, dem die eigentliche Funktion und Vollmachten abgingen. Lennart Meri führte im Ministerium gründliche Umgestaltungen durch. Als Außenminister spielte er eine zentrale Rolle bei der Gründung und Leitung des Baltischen Rats. Die Aufgabe dieses im Frühjahr 1990 nach fünfzig Jahren wiederbelebten Organs ist es, die Außenpolitik der drei baltischen Staaten zu koordinieren.

Bis zum Frühjahr 1992 konnte das estnische Außenministerium mit den Regierungen einer ganzen Reihe von ausländischen Staaten und internationalen Organisationen die Beziehungen wiederherstellen. Dank der Teilnahme an vielen Treffen und Konferenzen, besonders an den OSCE-Sitzungen in Kopenhagen, New York, Paris, Berlin und Helsinki, ist Meri jetzt zu einem bekannten und geachteten Mitglied internationaler politischer Kreise geworden.

Im April 1992 wurde Meri zum Botschafter Estlands in Finnland ernannt. Seine Vollmachten hat er dem Präsidenten Finnlands, Mauno Koivisto, am 23. April 1992 überreicht.

Am 20. September 1992 fanden in Estland erstmalig nach dem Zweiten Weltkrieg freie Wahlen statt; am 6. Oktober 1992 legte Lennart Meri vor der Staatsversammlung Estlands den Amtseid des Präsidenten der Republik Estland ab.

Am 20. September 1996 wurde Lennart Meri für die zweite Amtsperiode zum Präsidenten der Republik Estland gewählt, den Amtseid des Präsidenten leistete er am 7. Oktober 1996 vor der Staatsversammlung.

Lennart Meri ist Ehrenmitglied der Kalevala-Gesellschaft, korrespondierendes Mitglied der Literaturgesellschaft Finnlands, Ehrenmitglied des Finnischen Schriftstellerverbands. 1986 verlieh die Universität Helsinki Lennart Meri den Ehrendoktortitel. Er ist darüber hinaus Vorstandsmitglied der Europäischen Akademie für Wissenschaften und Künste. Der Antikommunistische Weltverein hat Lennart Meri zum Vorstandsmitglied berufen.

Als Ehrung und Anerkennung für die Tätigkeit des Präsidenten der Republik Estland bei der Integration des selbständigen Estland sowie der baltischen Staaten in Europa wurde Lennart Meri 1996 der Europapreis Coudenhove-Kalergis zugesprochen.

Lennart Meri ist ausgezeichnet worden mit: Großband und Großstern der Wiedergeburt Jordaniens (1993), Großband und Großstern des Dänischen Elefantenordens (1994), Großkreuz samt Kette der Weißen Rose Finnlands (1995), Großkreuz der Weißen Rose Finnlands (1995), Serafimiorden Schwedens (1995), Orden des Aztekischen Adlers Mexikos (1995) und Lettlands Großkreuz des Drei-Sterne-Ordens samt Kette (1996).

Lennart Meri ist zum zweiten Mal verheiratet. Die erste Gattin, Regina Meri, geboren 1932, emigrierte 1987 nach Kanada. Frau Helle Meri wurde 1949 geboren. Lennart Meri hat zwei Söhne: Mart (1959) und Kristian (1966) und eine Tochter Tuule (1985).

1989

1989 sind 50 Jahre seit dem Zustandekommen des Hitler-Stalin Komplotts (des sog. Molotow-Ribbentrop-Pakts) vergangen, der endgültig den Zweiten Weltkrieg auslöste und die Annexion der baltischen Staaten durch die Sowjetunion mit sich brachte. Der friedliche Freiheitskampf Estlands und des ganzen Baltikums steht 1989 unter dem Zeichen dieses traurigen Jahrestages, an dem sowohl staatliche als auch persönliche Katastrophen konvergierten. Am 23. August, dem Jahrestag des Pakts, verbinden sich die Hauptstädte der drei baltischen Staaten durch eine 600 km lange Menschenkette, die von Tallinn über Riga nach Vilnius reicht und auf eine nie vorher dagewesene Weise das Freiheitsstreben der Balten ausdrückt. Die Befreiung Ost-Europas und der Fall der Berliner Mauer verleihen den politischen Prozessen in Estland und im Baltikum eine unaufhaltsame Wucht, die sich auf die gesamte ehemalige Sowjetunion auswirken.

Schdanow als Regisseur

Weder das Römische Reich noch die Napoleonischen Kriege haben Estland berührt. Erst in der Mitte des zwanzigsten Jahrhunderts hat sich das gemeinsame europäische Dach über uns erstreckt, und von da an spielt sich unsere Geschichte gleichzeitig auf dem estnischen Acker, im Parlament auf Tallinns Domberg und in den europäischen Parlamenten ab. Am 16. Juni 1940 trat die französische Regierung zurück, und einen Tag später bat der neue Regierungschef die Deutschen um Waffenstillstand. An demselben Tage, am Abend des 17. Juni, bat der Volkskommissar für äußere Angelegenheiten, Molotow, den Botschafter Schulenburg zu sich, den fast zwei Meter langen deutschen Aristokraten von bescheidenem Wesen. Schulenburg war ein aufrichtiger Bewunderer der russischen Kultur, der sich schon damals der Anti-Hitler-Koalition angeschlossen hatte – oder der im Begriff war, das zu tun – und der später erhängt wurde, und vermittelt die „wärmsten Glückwünsche" von der sowjetischen Regierung anläßlich des glänzenden Sieges der deutschen Truppen. Es ist denkbar, obwohl unbewiesen, daß keiner von den Gesprächspartnern in dieser gemütlichen Abendstunde wußte, daß der deutsche Oberbefehlshaber für den erfolgreichen Blitzkrieg in Frankreich seine Truppen aus ganz Polen abgezogen hatte – mit Ausnahme von fünf Divisionen. Die Rote Armee hätte in zwei Wochen Berlin erreichen können, ohne auf ernsthaften Widerstand zu stoßen. Doch die Rote Armee war schon den zweiten Tag damit beschäftigt, Estland zu besetzen, und bis zum Abend sollten 130.000 Mann dort sein. Diesen Gedanken hing der Volkskommissar nach, als er dem Botschafter sagte: „Jetzt muß man in den baltischen Staaten mit den Intrigen Schluß machen, mit denen England und Frankreich versucht haben, Dissonanz und Mißtrauen zwischen Deutschland und die Sowjetunion zu säen." Schulenburg wußte die Worte des Geheimprotokolls noch auswendig: „Für den Fall einer territorial-politischen Umgestaltung in den zu den baltischen Staaten (Finnland, Estland, Lettland, Litauen) gehörenden Gebieten..." Du lieber Himmel, dachte Schulenburg, haben die Russen doch schon im Herbst letzten Jahres 30.000 Mann nach Estland gebracht? Und was versteht Molotow unter den englischen und französischen Intrigen? Die territorial-politische Umgestaltung wurde doch bereits im Herbst mit der Gründung der russischen Militärbasen im Baltikum, dem russischen Interessengebiet, durchgeführt? Schulenburgs Gesicht verriet keine Überraschung. Molotows Händedruck war fest und warm. „Zum Beenden von Mißhelligkeiten", fügte der Volkskommissar hinzu, habe er seine Sonderbeauftragten Dekanossow, Wyshinski und Schdanow in die baltischen Staaten geschickt. Dieses Trio war Schulenburg bekannt. Der Botschafter hatte keine weiteren Fragen.

Schdanow konnte zwischen zwei Drehbüchern wählen. Die peinliche Geschichte mit der Gründung der finnischen Volksrepublik war ihm noch frisch in Erinnerung. Der Krieg mit den „finnischen Weißgardisten" wurde vom arbeitenden Volk Finnlands mit der in Terijoki gegündeten Volksregierung an der Spitze geführt und die Rote Armee griff der Volksregierung nur aufgrund des Beistandspakts unter die Arme, aber aus dem Völkerbund wurde doch nur die Sowjetunion rausgeworfen. Schdanow hatte inzwischen jedoch auch etwas hinzugelernt. Als die Deutschen im April nach Norwegen einzogen, hatte der deutsche Botschafter die folgende Mitteilung bekanntgegeben: „Im Geiste der freundschaftlichen Beziehungen zwischen Deutschland und Norwegen teilt die deutsche Regierung der norwegischen königlichen Regierung mit, daß Deutschland mit den ergriffenen Maßnahmen keinerlei Absicht hat, die territoriale Ganzheitlichkeit und politische Souveränität Norwegens weder jetzt noch in Zukunft anzutasten." Die Deutschen schmuggelten ihren Parteigenossen Vidkun Quisling in die Regierung, und vorläufig blieb in Norwegen alles ruhig. Auch in dem Estland am 28. September 1939 aufgezwungenen Basisvertrag verpflichtete man sich, die souveränen Rechte, Staatsordnung und das Wirtschaftssystem der Republik Estland nicht anzutasten. Dieser Vertragsteil war öffentlich, international bekannt, und hieraus ergab sich die neue Regie. Die Liquidation der Republik Estland mußte so in Szene gesetzt werden, daß die Außenwelt den Eindruck von einem legitimen parlamentarischen Prozeß erhalten würde. Als Voraussetzung dafür sollte das Abschneiden der freien Information und die Isolierung Estlands von der Außenwelt dienen.

Mitte Juni 1940 hatten die Ostseestaaten noch einige Türen zur großen Welt offen: erstens die gemeinsame litauisch-deutsche Grenze und die Möglichkeit, über sie in die neutrale Schweiz, nach Portugal und in die Vereinigten Staaten entkommen zu können, zweitens die Seegrenze und jenseits der See das in der Luft glimmernde Schweden, drittens die Fluglinien, welche die Hauptstädte mit der Außenwelt verbanden. Zuerst wurde des Fenster zugemacht. Das aus Stockholm gekommene Passagierflugzeug „Kaleva" machte am 14. Juni eine Zwischenlandung in Tallinn, Lasnamäe, und nahm dann Kurs auf Helsinki. Sieben Minuten später wurde es in der Nähe des Leuchtturms Keri von einem sowjetischen Jagdflugzeug abgeschossen. Noch vor der Dämmerung rief der besorgte Konstabler von Paldiski an und teilte mit, daß die sowjetischen Militärschiffe sämtliche unter estnischer Flagge fahrenden Handels- und Passagierschiffe gekapert hätten, sogar die Fischersegler, und sie an der Reede von Paldiski festhielten. Am selben Tag, dem 14. Juni, an dem General Küchlers 18. Armee Paris besetzte, stellte Molotow dem Außenminister Litauens das 9-Stunden-Frist-Ultimatum, woraufhin die Rote Armee Litauen besetzte und die Landesgrenze mit Deutschland geschlossen wurde. Das Baltikum war eingekesselt.

Der Sonderbeauftragte Schdanow kam am frühen Morgen des 19. Juni in Tallinn an, zwei Tage vor der Roten Armee. Auf Polizeiverordnung hin waren die Fenster in der Langen Gasse geschlossen, und so konnte Schdanow ohne Angst die russische Botschaft anfahren, die gegenüber von Georg Studes Konditorei, dem heutigen Restaurant „Maiasmokk" (Leckermaul), lag. Der Sonderbeauftragte verlor keine Zeit. Um halb eins war er beim Präsidenten der Republik, Konstantin Päts, und überraschte ihn mit der Mitteilung, daß der bekannte Pärnuer Arzt und weniger bekannte Dichter Johannes Vares-Barbarus[1] der neue Ministerpräsident sein werde. Der Präsident machte Ausflüchte, doch faktisch war er ein Gefangener im Schloß Kadriorg, und am 21. Juni ließ ihn Schdanow durch Demonstranten und Panzerwagen ein wenig einschüchtern. Unter den Neugierigen stand ein junger schmächtiger Sportjournalist. „Daß das die Revolution sein sollte, habe ich nicht gedacht." gibt ein Augenzeuge, der Schriftsteller Ralf Parve ein halbes Jahrhundert später zu. Schdanow versicherte Johannes Vares, daß die Republik Estland ihre Unabhängigkeit beibehalte und die Rote Armee bei Gefahr Estland verlassen werde. Am Spätabend des 21. Juni, eines Freitags, wurde die neue Regierung ausgerufen. Es gab darin keinen Kommunisten, und auch das beruhigte das Volk. In Estland gab es damals nur 130 Kommunisten, und auch aus Rußland konnte man keine estnischen Kommunisten mehr heranziehen, denn in den Jahren des staatlichen Terrors waren sie erschossen worden, verhungert oder einfach in Konzentrationslagern verschollen.

In seiner Deklaration und seinen Reden betonte Joh. Vares, daß die Unabhängigkeit Estlands mit dem Pakt des gegenseitigen Beistands, geschlossen am 28. September 1939, gewährleistet sei, daß die Regierung sich in ihrer Tätigkeit vom Grundgesetz der Republik Estland leiten lasse, und daß die Gerüchte von der eventuellen Sowjetisierung nicht der Wahrheit entsprächen. Das beruhigte das Volk. In dem erst einige Tage zuvor, am 16. Juni, gestellten Ulti-

---

[1] (1890-1946), estnischer Dichter, Arzt und Politiker, ab Juni 1940 Ministerpräsident der Republik Estland, ab August 1940 bis zu seinem (angeblichen) Freitod Vorsitzender des Präsidiums des Obersten Rats der ESSR.

matum wurden Estland, Lettland und Litauen der Verschwörung beschuldigt, die Sowjetunion angreifen zu wollen. Moskau wußte sogar genau zu benennen, daß die in Tallinn erscheinende „Revue Baltique" das Organ der Clique der Kriegshetzer sei! Zu diesem Zeitpunkt waren die um die Zeitschrift versammelten „Kriegshetzer" zu Kabinettsmitgliedern geworden, der Historiker Hans Kruus wurde zum Gehilfen des Premierministers ernannt, der Archäologe Harri Moora zum Gehilfen des Bildungsministers, der Ökonom Juhan Vaabel zum Gehilfen des Finanzministers. Nur der lettische Komponist Jazeps Vitols konnte seine bisherige Stellung als Direktor des Rigaer Konservatoriums beibehalten. Es schien, als wäre nach zwei zynischen Ultimaten wieder ein bißchen Hoffnung aufgekeimt. Der Anführer der politischen Opposition in Estland, Jaan Tnisson [2], schätzte die Hoffnungen so ein: „Unter den jetzigen Umständen befriedigt die Deklaration der neuen Regierung, wenn sie unter der blau-schwarz-weißen Staatsfahne verwirklicht wird, mit anderen Worten – auf der Grundlage der Eigenstaatlichkeit des selbständigen Estland. Wie die Rundfunkansprache des Ministerpräsidenten Dr. Joh. Vares-Barbarus zu Johanni und die Erklärungen des stellvertretenden Ministerpräsidenten Hans Kruus in der Presse zeigen, können wir sicher sein, daß die Tätigkeit der Regierung sich auf der Grundlage der Staatlichkeit des selbständigen Estland entwickelt, gleichzeitig ehrlich und direkt die Verpflichtungen einhaltend, welche die Republik mit dem Abschluß des gegenseitigen Beistandspakts zwischen Estland und der Sowjetunion auf sich genommen hat." („Päevaleht" /Tagesblatt/, 28.06.1940).

Das ehemalige Staatsoberhaupt O. Strandmann, die Politiker A. Tuulse mit Gattin, S. Kallas und nach dem Kriege, als der Name Quisling[3] auch in Estland zum Synonym eines Kollaborateurs geworden war, Dr. Joh. Vares samt Gattin haben der Kollaboration mit der fremden Macht den Freitod vorgezogen.

De jure wurden die Verhältnisse zwischen der Republik Estland und der Sowjetunion im Juni 1940 vom System der Verträge, angefangen vom Tartuer Friedensabkommen 1920 bis zum am 28. September 1939 in Moskau geschlossenen gegenseitigen Beistandspakts, geprägt. Den vom Standpunkt des internationalen Rechts entscheidenden Umstand außer Acht lassend, daß der Pakt von 1939 auf ultimativem Wege durch die Androhung der Militärgewalt zustandekam, und daß infolge des Ultimatums vom 16. Juni 1940 die militä-

---

[2] (1868-1942?), estnischer Staatsmann, Politiker und Journalist.

[3] Verräter. Nach dem norw. Regierungschef Quisling, der mit der dt. Besatzungsmacht im WKII zusammenarbeitete.

rische Besetzung der Republik Estland stattfand, war die von der sowjetischen Regierung gegebene Garantie für die Beibehaltung der konstitutionellen Ordnung in Estland und für die Nichteinmischung in die inneren Angelegenheiten Estlands, immer noch gültig. Im fünften Kapitel des Pakts ist es wie folgt ausgedrückt: „Die Verwirklichung des vorliegenden Pakts darf auf keine Weise die souveränen Rechte der Vertragspartner antasten, insbesondere nicht ihr Wirtschaftssystem und ihre Staatsordnung." Demnach hat die sowjetische Führung im Laufe von einem dreiviertel Jahr wenigstens dreimal die Unantastbarkeit betont: beim Unterzeichnen des Pakts von 1939, beim Stellen des Ultimatums am 16. Juni 1940, infolgedessen die Rote Armee die Republik Estland nur zu dem Zweck besetzte, um die Erfüllung des gegenseitigen Beistandspakts zwischen der Sowjetunion und Estland zu gewährleisten, und zuletzt bei den Verhandlungen des Sonderbeauftragten Schdanow am 19. Juni mit dem Präsidenten und Joh. Vares. Auf diese Weise hatte Schdanow die Illusion einer gewissen Legalität geschaffen, die den estnischen Quislings zum Verhängnis wurde.

Die Besetzung Estlands und das Auftreten der Regierung von Joh. Vares *out of the blue* ist in Europa unbemerkt geblieben. West-Europa war zusammengebrochen, Paris eben gefallen, Hitler wartete auf die Aufgabe Englands, die Vereinigten Staaten fingen erst an, den ganzen Umfang der europäischen Tragödie zu begreifen. Und trotzdem ist Schdanow nicht so frei gewesen, wie er gewünscht hätte. Für die Etablierung des staatlichen Terrors, der Deportationen und des Völkermords mußten unerwünschte Zeugen beiseite geschafft werden. In Estland aber waren nach wie vor die Botschaften der demokratischen Staaten und Auslandsjournalisten tätig. Diese mußte man schnellstmöglich loswerden, und der Sonderbeauftragte entschloß sich, die Regie zu vereinfachen.

Am 5. Juli 1940 erschien das von K. Päts und Joh. Vares unterzeichnete Dekret zu den Wahlen der neuen Staatsversammlung und zur Bildung des Staatsrats am 14. und 15. Juli desselben Jahres, also in nur neun Tagen.

Das Wahlgesetz der Staatsversammlung gestattete es, die Wahlen in 35 Tagen nach ihrer Ausrufung durchzuführen, und § 99, Abschnitt 2 des Grundgesetzes setzte fest: „Dem Präsidenten der Republik ist nicht gestattet, die Wahlen der Staatversammlung und die Bildung des Staatsrats ... durch Dekret festzulegen und zu verändern." Folglich waren die nach Schdanows Regie durchgeführten Wahlen grundgesetzwidrig und nichtig. Als einer der Verfasser des Grundgesetzes wußte der Präsident dies natürlich genau. Da ihm unter der Bedingung des Hausarrestes im Regierungsschloß die Gelegenheit fehlte, Einfluß auf das politische Leben zu nehmen, wählte er als die ihm einzig verbliebene Waffe gegen das Diktat der Besetzungsmacht die grundgesetzliche Logik.

Vom rechtswissenschaftlichen Standpunkt aus ist in der Republik Estland in der zweiten Hälfte des Jahres 1940 weder eine vom Volk legal gewählte Staatsversammlung noch ein Staatsrat zusammengetreten. Erinnern wir uns: Das Parlament der Republik Estland oder die Staatsversammlung ist eine Zweikammervolksvertretung gewesen.

Damit könnte man unter diese Geschichte einen Schlußstrich ziehen, doch auch die Fälschungen der Wahl verliefen nicht reibungslos und zeigten, daß die Esten gewarnt waren. Durch das Manipulieren des Wahlgesetzes wurden für die Aufstellung der Kandidaten vier Tage einberaumt. Den Kreiskommissionen wurde das Recht erteilt, die Kandidaten gutzuheißen oder abzulehnen. Das Wahlhauptkomitee, für dessen Zusammenstellung die Staatsversammlung zuständig war, wurde von der Regierung Joh. Vares mit der Dominanz der EKP-Mitglieder zusammengestellt. Die Kandidaten wurden des Klagerechts an das Staatsgericht enthoben. Das Wahlgeheimnis wurde derart manipuliert, daß nur ein Mitglied der Wahlkommission den Stimmzettel in den Wahlkasten werfen durfte. Das Ziel dieser außergewöhnlichen Kurzfristigkeit der Wahlkampagne war es, die unabhängigen Kandidaten so zu beseitigen, daß in jedem Wahlbezirk nur ein Kandidat kandidieren würde, der dem von der EKP gebildeten Wahlblock „Bund des Arbeitenden Volkes von Estland" angehörte. Der Wahlblock setzte seinen Gegnern gegenüber die Angst- und Terrorkampagne ein: Wer nicht für den Block war, war ein Volksfeind! Viele Wahlbezirke wurden von der Roten Armee überwacht, die Mitglieder des Wahlblocks nahmen die Hilfe und die Mittel des Propagandadienstes der Roten Armee in Anspruch. Trotz Terror und zynischer Verletzung des Wahlgesetzes haben sich unabhängige Kandidaten (78) in fast allen 80 Wahlbezirken registrieren lassen. Das war für Schdanow eine böse Überraschung. Der Premierminister Joh. Vares war gezwungen, zur Zeit der Wahlkampagne, am 9. Juli, den Wahlbestimmungen telegraphisch eine neue Einschränkung hinzuzufügen: Sämtliche Kandidaten außer denjenigen des „Bundes des Arbeitenden Volkes von Estland" haben durch ihren Vertrauensmann schriftlich bis zum nächsten Tag, dem 10. Juli, spätestens 14.00 Uhr, ihr Wahlprogramm darzulegen. Diejenigen, die das nicht taten, wurden von der Wahlliste gestrichen. Zur Fälschung der Wahlergebnisse wurden den Wahlbezirken verboten, die Ergebnisse kundzutun; man mußte sie zunächst den Bezirkskommissionen übergeben. Die Ergebnisse entsprachen genau der

Regie des Sonderbeauftragten: Es wurde dem Volk bekanntgegeben, daß 92,9% für den Block des BAVE gestimmt hätten. Diese Schwarzkunst ist uns nun schon fast 50 Jahre lang bekannt ...

Fügen wir hinzu, daß in keinem der Wahlprogramme die Forderung vorkam, das Grundgesetz abzuändern und die Republik Estland der Sowjetunion anzugliedern. Die zweite Kammer des Parlaments, der Staatsrat, wurde überhaupt nicht einberufen. Das sind keine rechtmäßigen Wahlen gewesen, und sie haben auch kein rechtmäßiges Parlament ergeben, dessen Deklarationen juristische Gültigkeit gehabt hätten. Geradeheraus gesagt, ist dem auch keinerlei Bedeutung zugekommen. Alles, was folgte, war das zynische Theater der Besatzungsmacht nach der Art eines Quislings. Wichtig ist das Ziel, das Schdanow sich setzte, und das betrifft die Rechtfertigung der Außenpolitik der Sowjetunion, doch auch das internationale Recht. Die Übertretung der Grenzen der Republik Estland durch die Rote Armee unter Vorwand der „Sicherung" des Paktes vom 28. September 1939 war eine Okkupation. Die Inszenierung der Staatsversammlung zum Verlesen von rechtswidrigen Deklarationen bezweckte die Legalisierung der Besetzung der Republik Estland in den Augen der großen Welt, mit anderen Worten, die Verwandlung der am 17. Juni 1940 begonnenen Besetzung zur legalisierten Annexion. Doch das internationale Recht erkennt keine Beschlüsse an, die durch die ultimative Forderung eines anderen Staates, unter Androhung der Gewalt oder unter Druck der fremden Militärmacht gefaßt wurden. Einige Tage nach den geschilderten Ereignissen hat der Gehilfe des Staatssekretärs der Vereinigten Staaten Sumner Welles in seinem Tagebuch verzeichnet: „In den vergangenen Tagen sind die verräterischen Unternehmungen zu einem schnellen Ende gekommen, infolge deren die Unabhängigkeit und die territoriale Unantastbarkeit Estlands, Lettlands und Litauens, der drei kleinen baltischen Republiken, von ihrem mächtigen Nachbarsstaat zerstört wurden." (23.07.1940)

In der Morgendämmerung der Zeit des Erwachens

Der 13. Juni, ein Donnerstag, war sonnig und warm. Das Klassenzeugnis hatte ich bekommen, der lange Sommer stand bevor. Im Zeugnis stand geschrieben: „Wird in die 6. Klasse (jetziges 7. Schuljahr) der sowjetischen Schule versetzt." Wir gingen mit meiner Mutter in den Jugendpark in Kadriorg und bezahlten den Teilnehmerbeitrag. Vom Trainer bekam ich die in Leder gepreßte Mitgliedskarte. Damit konnte ich den ganzen Sommer hindurch den Jugendpark besuchen und mittags dort essen. Der Schwimmkurs begann am nächsten Morgen. Ich konnte nicht schwimmen, schämte mich deswegen und war gespannt auf den Schwimmkurs. Ich ging zeitig ins Bett, um am Morgen pünktlich zu sein. Mit der Straßenbahn konnte man von unserer Haustür aus direkt nach Kadriorg fahren. Ich erwachte um vier Uhr in der Nacht. Draußen dämmerte es. Vor dem Fenster stand ein Soldat, Gewehr bei Fuß, Bajonett aufgepflanzt, die Bajonettschneide überragte seine Mütze. Ein anderer Soldat stand am anderen Fenster. Wir wohnten im vierten Stock im Saunahaus der Koidustraße, wo jetzt die Überführung der Pärnu-Chaussee liegt. Ein Offizier stand in der Mitte des Zimmers, und hinter dem Eßtisch sah ich zwei jüngere Männer sitzen, beide in gleichen hellen Sommermänteln. Vor dem Zweiten Weltkrieg wurden sie Staubmäntel genannt. Auf dem Tisch lag ein Haufen Fotos. Meine Mutter warf Kleider in den Koffer. Der junge Mann blickte auf die Uhr und sagte, man habe zwanzig Minuten Zeit. Der Offizier riet, die Kleider getrennt einzupacken. Meine Mutter richtete sich auf und fragte: Warum? Einer der jungen Männer sagte: Zuerst gehen wir in die Sauna, die Männer in die Männersauna und die Frauen in die Frauensauna. Sie lachten über ihren Witz, und ihre Sprache war ungepflegt. Mein Vater fragte nichts, er packte die Kleider dicht ein und warf das Krawattenbündel aus dem Koffer. Mein Vater war ein 2-Meter-Mann, und seine Krawatten waren versehen mit gestickten Etiketten „Extra Long" oder „Sonderklasse". Die Mutter duldete keine Widerrede und steckte die Krawatten wieder ein. Als das Kofferschloß mehrere Monate später kaputtging, haben wir den Koffer mit Krawatten zugebunden. Der junge Mann im Staubmantel fand in der Schreibtischschublade den Olympischen Orden und steckte ihn in die Tasche. Das war ein weißer verästelter Orden mit fünf goldenen Ringen und rotem Band. Mein Bruder und ich durften manchmal damit spielen. Der zweite junge Mann schob die Fotos vom Tisch in seine Aktentasche. Unsere Nachbarin, Frau Nagrotsky, stand im Morgenrock an der Tür. Unter dem Morgenrock war das hellblaue

Nachthemd sichtbar. Frau Nagrotsky brachte eine Pralinenschachtel. Der junge Mann mit der Aktentasche sprang dazwischen und schob sie in den Korridor zurück. Herr Nagrotsky war sehr alt. Schon zu russischer Zeit war er Karamel-Meister bei „Georg Stude" gewesen, und als wir von Nõmme zu ihnen zogen, lehrte er uns das Karamelkochen. Er steckte den Daumen und den Zeigefinger in den Karamelbrei und prüfte dann die Mischung mit den Zähnen. Sogar mein Vater kam, um sich das anzuschauen. Der Offizier fragte etwas auf Russisch, und Herr Nagrotsky anwortete ihm. Herr Nagrotsky war Pole. Daraufhin durfte Herr Nagrotsky das Zimmer betreten und mir die Schachtel überreichen. Wir hatten keinen zweiten Koffer. Mein Vater breitete den Indianerteppich auf den Boden aus, nahm meine Decke und vom anderen Sofa die Decke meines Bruders und legte sie auf den Teppich. Mitten auf dem Teppich war Manitou, der Große Donnervogel, den langen Schnabel nach links gewandt und Blitzpfeile zwischen den Beinen, eingewoben. Damit bewacht er den Eingang in die Obere und Untere Welt. Mein Vater hatte den Teppich von den Pueblo-Indianern bekommen, und in Paris, Berlin und Nõmme hatte er an der Wand unseres Gästezimmers gehangen. Meine Mutter legte die Kissen auf dem Teppich zurecht, aber mein Vater meinte, die Kissen brauchten wir nicht. Der junge Mann mit der Aktentasche sah auf die Uhr und sagte, die zwanzig Minuten seien um. Mein Bruder war schon angekleidet. Frau Nagrotsky schluchzte laut auf, und ich schämte mich ein wenig ihretwegen. Im Treppenhaus sah ich, daß der dritte Bewaffnete an der Außentür gestanden hatte. Draußen wartete ein Lastwagen ZIS-5, ein Soldat am Lenkrad. Ich war schon früher mit dem Lastwagen gefahren, als wir mit dem Vater vom Holzhof des Handelshafens Bodenbohlen für unser Nõmme-Haus geholt hatten. Damals hatten wir neben dem Fahrer gesessen, und es hatte im Wagen nach Ledersitzen und harzigen Bohlen gerochen. Mein Vater half meiner Mutter auf die Ladefläche und hob meinen Bruder hinterher. Dann hievte er den Koffer und die in den Indianerteppich gepackten Decken hinauf und zuletzt seinen kleinen Handkoffer mit dem Aufkleber eines Helsinkier Hotels. Der Aufkleber stammte aus dem vorigen Frühjahr, als er dort mit den Finnen verhandelt hatte. In Finnland gab es nach dem Winterkrieg einen Mangel an Lebensmitteln, und wir hatten etwas übrig. Die Bewaffneten, der Offizier und ein junger Mann setzten sich zu uns auf den Lastwagen, der Este mit der Aktentasche kletterte neben den Chauffeur, und der Wagen fuhr brummend los. An der Ecke Pärnu-Chaussee/Koidu-Straße, vor dem Fleischerladen standen Leute, sie standen reglos beisammen; ich erkannte den Vater Aser, unseren Hausmeister, der uns gestattet hatte, im Keller Puppentheater zu spielen, aber sie winkten nicht, und ich winkte auch nicht, wir sahen uns nur so lange wie möglich an. Alle Straßen waren menschenleer, der Wagen raste und schnitt die Kurven, und erst in der Nähe des Neuen Marktes sah ich andere Lastwagen. Wir drehten nach links, Richtung Hafen, überquerten die Eisenbahn durch eine Kette von Soldaten, steuerten nochmals nach links und hielten vor den Güterwagen. Die Soldaten öffneten die hintere Klappe, und wir kletterten heraus. Der junge Mann befahl meiner Mutter, den Koffer und das Bündel zu nehmen und loszugehen. Meine Mutter nahm den Koffer, ich nahm das Bündel, die Soldaten stellten sich zu beiden Seiten, und wir gingen los. Der Vater hielt die Soldaten an und sagte: „Kära Alice," (das wird *„tschäära"* ausgesprochen; mein Vater sprach mit meiner Mutter manchmal Schwedisch, denn sie war Schwedin) „wir müssen schön Abschied nehmen. Ich weiß nicht, wann wir uns wiedersehen." Jetzt begriff ich, warum der Offizier geraten hatte, die Kleider getrennt einzupacken. Die Krawatten waren doch in unseren Koffer geraten. Mein Vater sagte: „Du mußt jetzt in allem deiner Mutter beistehen. Sei brav." Schließlich nahm er meinen Bruder auf den Schoß und sagte auch ihm etwas Ähnliches. Mein Vater blickte mir gerade in die Augen und lächelte fast wie immer. Die jungen Männer in Staubmänteln schimpften. Mein Vater nahm seinen Handkoffer und sagte den Soldaten: „Los denn!" Sie gingen in der entgegengesetzten Richtung davon. Der Lastwagen nahm neue Schützen auf und fuhr zurück in die Stadt. Wir schritten den Zug entlang. Der Zug stank schon. Vor jedem Güterwagen stand ein Posten, das Gewehr bei Fuß. Die Türen waren verriegelt, und vor beiden Fensterluken waren flache Eisengitter angebracht, und hinter diesen sah man Stirnen, Augen, Nasen, Finger, selten bot die Luke Platz für ein ganzes Gesicht. Man rief uns aus den Wagen an, doch meine Mutter blickte starr vor sich hin und hörte nichts. Ich blickte mehrmals über die Schulter zurück. Mein Vater ging zwischen den Soldaten und wirkte sehr groß. Ich hatte ihm winken wollen, aber er blickte nicht zurück.

Später habe ich mir das weitere Schicksal von unseren sechs Deporteuren folgendermaßen vorgestellt.

Die Kämpfe in Estland sind opferreich gewesen. Mischa ist irgendwo zwischen Pärnu und Tallinn gefallen und in der estnischen Erde begraben, Jura und Valentin sind in Gefangenschaft geraten. Statistisch ist eine solche Einteilung wahrscheinlich, aus Tallinn sind 11.400 Mann den Deutschen in die Hände gefallen. Jura wurde nach Schlesien in die Berggruben geschickt und ist ein paar Jahre später an Unterernährung gestorben. Valentin ist in das Gefangenenlager der „Lützow-Werke" geraten, nach den Bombenangriffen im Frühjahr 1945 nach Oberbayern zu Ackerarbeiten abgestellt worden, überlebte die Kapitulation in der künftigen amerikanischen Besatzungszone und unterhält heute eine kleine Bierbude in München, Liselottestraße 5. Seine Gattin ist Ukrainerin, sie haben zwei Kinder und drei Enkelkinder.

Der Offizier, der geraten hatte, die Kleider getrennt einzupacken, und damit unser Leben rettete, der sich die erste kaum wahrnehmbare menschliche Regung geleistet hatte, eine Regung, der sich in den folgenden Jahren Hunderte von ähnlichen Regungen wie Nachgeben, Unterlassungen, Augenzudrücken anschlossen, dank derer sogar der schwache Mensch die mächtige Tötungsmaschinerie überstehen kann, dieser Offizier Woronzow hat sich auf der Halbinsel Kopli nicht in Gefangenschaft nehmen lassen. Er ist einer von denen gewesen, die in einer kleinen Gruppe im September und Oktober über Rannamisa und Rapla, durch die Wälder und Moore von Wierland hinter den Narwa-Fluß an die Front gelangten. Er war ein guter Soldat. Er wurde wegen Staatsverrat verhaftet und starb in den Kohlengruben von Workuta einige Wochen vor dem Ende des Zweiten Weltkriegs. Erst zu Breschnew-Zeiten habe ich erfahren, daß General Serow das „In-die-Sauna-Gehen" bereits am 11. Oktober 1939 ausgeheckt hatte.

Von den jungen Leuten in Staubmänteln ist einer im Herbst 1944 mit dem Boot nach Schweden gelangt. Er hat die Episode vom 14. Juni aus dem Gedächtnis gelöscht, mehr noch – einige Schattierungen verdichtend, andere abschwächend und die dritten neuartig beleuchtend hat er seiner Rolle in der Episode die gegenteilige Bedeutung gegeben, an deren Stichhaltigkeit er selbst schon längst felsenfest glaubt. Den anderen jungen Mann hat die Einberufung nach Rußland gebracht. Er überlebte, arbeitete nach der Demobilisierung einige Zeit in einem Ministerium, doch während der Märzdeportationen verlor er seine Braut und fing an zu trinken. Zuletzt hatte er in einer Kolchose bei Pärnu das Hirtenamt inne. Zwei Kinder, geschieden, parteilos. In keinem Land gibt es ein Gesetz, das jemanden wegen der Änderung der Weltanschauung zur Verantwortung ziehen würde.

Das Schwimmen habe ich in Rußland gelernt. Außer Schwimmen habe ich noch gelernt: für den Gasgenerator des Traktors Holzscheite zu hacken, Holz zu flößen, Fisch zu fangen, Schnittlauch, Pilze und Beeren zu trocknen, zu überleben (darüber habe ich geschrieben), Neuland aufzureißen, (auch aus Kartoffelschalen) Brot zu backen, das Lagerfeuer zu unterhalten, den Heimweg zu finden. Man spricht von der Zeit des Erwachens? Mich ließ man nicht schlafen. Den Indianerteppich haben wir zurückgebracht.

1990

Es bleiben der Sowjetunion noch zwei Jahre ihrer Existenz. In der Bemühung zu retten, was es noch zu retten gibt, versucht Moskau, die baltischen Staaten durch Wirtschaftssanktionen zu zähmen. Estland ist klarer als dem Westen, daß die entscheidende Wende im Anzug ist. Es finden bereits mehr oder weniger freie Wahlen statt. Im April tritt in Estland seit über einem halben Jahrhundert die erste nichtkommunistische Regierung ihr Amt an, Lennart Meri wird zum Außenminister dieser Regierung ernannt. Estland erhält die politische Unterstützung des Westens. Im Oktober treffen die politischen Anführer Estlands Präsident Bush. Im November fährt die estnische Delegation zur Pariser OSCE-Beratung, wo Lennart Meri auf Anordnung Gorbatschows des Saales verwiesen wird. Doch die Erniedrigung verwandelt sich in Erhöhung. Das estnische Streben nach Freiheit findet immer weitreichendere Unterstützung.

Jegliche Politik ist immer ein Dialog

Interview vom 19. April 1990 in „Päevaleht"/Tagesblatt (Interviewerin Anneli Rõigas)

Was denkt der Außenminister der Estnischen SSR, Lennart Meri, am Morgen seines zweiten Arbeitstags als Minister, hinter ihm das traditionelle Dienstbild W. I. Uljanows und auf zwei Bücherregalen die gesammelten Werke desselben Mannes in russischer und estnischer Sprache?

Ich möchte die Leser von „Tagesblatt" darauf aufmerksam machen, daß Estland zum ersten Mal nach dem Zweiten Weltkrieg eine aktive Außenpolitik ausübt, die von Estland selbst entworfen und gelenkt wird. Diese Außenpolitik basiert auf Dokumenten, deren erstes und gewichtigstes natürlich das Tartuer Friedensabkommen von 1920 ist und deren vom heutigen Stand aus zeitlich letztes der am 30. März 1990 vom Obersten Rat der Estnischen SSR gefaßte Beschluß über den staatlichen Status Estlands ist, sowie die Deklaration über die Zusammenarbeit mit dem Estnischen Kongreß[4]. Also ist unsere Außenpolitik eine Außenpolitik der Übergangszeit, die mit der Bildung der legalen Staatsorgane und mit der Wiedererrichtung der Republik Estland endet. Das Anliegen der Außenpolitik der Übergangsperiode ist die Wiederherstellung der Unabhängigkeit durch Verhandlungen mit ausländischen Staaten, darunter auch die Sowjetunion, aus der wir mit überzeugenden Argumenten und in Übereinstimmung der gegenseitigen Interessen einen freundschaftlichen Nachbarstaat machen müssen, der unsere Ziele versteht und unterstützt. Nicht mehr und nicht weniger. Ich bin mir vollständig darüber im klaren, daß das eine schwierige Aufgabe ist, doch es ist undenkbar sich vorzustellen, daß wir unsere Ziele mit Streit oder auf der Ebene von dummen Karikaturen und Witzen erreichen. Zugleich muß man der Öffentlichkeit klarmachen, daß die Beseitigung der Folgen des Zweiten Weltkriegs im Ostseeraum ein wesentlicher und stabilisierender Faktor in Nord-Europa ist, den nationalen Interessen aller Staaten entspricht und nichts und niemanden bedroht. (Hat man doch den baltischen Staaten sogar vorgeworfen, daß sie zu schnell vorgehen, zu viel auf einmal erreichen wollen, usw.) Die erfolgreiche Ausführung unseres außenpolitischen Programms setzt eine möglichst breite Koalition der politischen Kräfte Estlands, gegenseitiges

---

[4] 1990 gewählte Volksvertretung, Alternativorgan zu sowjetischen Machtstrukturen, exisitierte bis zur Wiederherstellung der grundgesetzlichen Staatsordnung 1992.

Vertrauen und eine einmalige Einmütigkeit des Volkes voraus. Zum ersten Mal nach dem Zweiten Weltkrieg wird Estland nicht mehr von einer alleinherrschenden Partei regiert. Die Unabhängigkeit Estlands hängt nicht mehr vom Monopol einer einzelnen Partei ab. Wir wollen mit vereintem Willen und vereinter Treue unserem gemeinsamen heiligen Ziel dienen.

Eine Aufgabe des Außenministeriums eines jeden Staates ist die schnelle Verbreitung der objektiven Information über das, was im Staat vorgeht. Unseres Erachtens hat die Nachrichtenagentur TASS, die nach den Worten einiger Auslandskorrespondenten vor einigen Tagen die „Nachricht" verbreitete, daß in Moskau die Verhandlungen („Dialog") über den Sonderstatus *der Estnischen SSR im Bestand der UdSSR beginnen sollen, das oft zu schnell und nicht objektiv getan...*

Um unser Ziel zu erreichen, ist es nötig, daß man uns und unsere Bestrebungen sowohl in Moskau als auch in West-Europa versteht. Meiner Meinung nach haben wir uns bisher die ganze Zeit in einer illusorischen Welt befunden und gemeint, daß die ganze Welt das traurige Schicksal der baltischen Völker und der baltischen Staaten verfolgt hat und jetzt den Atem anhaltend unserer Befreiung zusieht. Das ist nicht wahr. Die Welt ist realistisch, und noch eine zusätzliche Sorge bedeutet immer eher etwas Unangenehmes. Zuerst müssen wir begreifen, daß wir in dieser Welt völlig allein dastehen, daß die Zukunft Estlands, das Schicksal des estnischen Volkes allein in unseren Händen liegt. Wir müssen auch einsehen, daß wir sehr klein sind. Unsere Ziele können wir verwirklichen, wenn wir durch Interesse Sympathie, und durch Sympathie Beistand für unser Ziel finden. Diese letzte Arbeit haben wir leider ohne nennenswerte Ausdauer und Effektiviät getan. Von der aktiven Außenpolitik sprechend, müssen wir bei den elementarsten Sachen anfangen. Wenn der Oberste Rat der Republik oder das Estnische Komitee[5] ein Dokument von grundsätzlicher Bedeutung verabschiedet, das außenpolitische Folgen hat, so muß dieses Dokument in einer Stunde auf Englisch erhältlich sein und in zwei Stunden die Redaktionen der größten Zeitungen und Nachrichtenagenturen der Welt erreicht haben. Jegliche Politik ist ja immer ein Dialog. Die Außenpolitik (oder auch die allgemeine Politik) Estlands ist die Antwort auf die sich ständig verändernden Bedingungen um uns herum. Oder – je genauer wir die Welt kennen, je schneller wir es wagen und in der Lage

---

[5] Vom Estnischen Kongress gewähltes Arbeitsorgan.

sind, die in der Welt vorgehenden Veränderungen einzuschätzen, zu analysieren und dieser Analyse entsprechend Schlüsse zu ziehen, desto effektiver, desto genauer und schneller ist auch unsere Antwort. Das alles ist eine Frage der Effektivität von Politik. Der Aufbau unseres Informationsaustausches ist ein Teil der Außenpolitik, und ich persönlich halte ihn für einen sehr wichtigen Teil.

Mit wem und in welchem Ausmaß wird das Außenministerium der Estnischen SSR in der Übergangsperiode die Vorarbeit zur Aufnahme diplomatischer Beziehungen leisten? Einerseits scheint es, daß wir durch zu eifriges Sondieren des Terrains zur Einleitung der diplomatischen Beziehungen das Erreichen des Endziels beeinträchtigen können, andererseits wäre eine solche diplomatische Vorarbeit dennoch nötig – wenn wir dieses Ziel einmal erreicht haben, wären wir nicht mehr ganz bei Null.

Wir könnten einige konkrete Dinge erwägen und uns fragen, ob diese oder jene Möglichkeit den nationalen Interessen Estlands entsprechen würde.... Bekanntlich ist das Königreich Schweden 1940-41 von der ganzen Welt völlig isoliert gewesen. Sein westlicher Nachbar Norwegen ist von Nazi-Deutschland, sein Ostnachbar von den stalinistischen Truppen besetzt gewesen. In dieser totalen Isolation war Schweden gezwungen, Sowjet-Estland *de jure* anzuerkennen. Das war ein erzwungener Schritt, und wir haben keinen Grund, daraus den Schweden einen Vorwurf zu machen. Sie haben so gehandelt, wie sie es zu jener Zeit für das Beste erachteten, jedenfalls sind sie von ihren nationalen Interessen ausgegangen, was das erste Handlungsgesetz einer jeden Politik ist.

Das Gesagte könnte die Frage aufwerfen, ob wir nicht schon in der Übergangsperiode in Schweden eine Vertretung einrichten könnten, die wir ja nicht „Botschaft" zu nennen bräuchten, die aber uns und unsere Interessen vertreten und Informationen vermitteln würde; in gewissem Maße stünde das im Einklang mit der offiziellen Politik Schwedens. Aber wie gesagt, ein solcher praktischer Schritt fordert eine sehr sorgfältige theoretische Analyse. Wir müssen völlig überzeugt sein, daß ein solcher Vorschlag, wenn er gemacht werden sollte, unsere Anerkennungskonzeption nicht gefährden würde und nicht im Widerspruch stünde mit den nationalen Interessen Estlands.

Könnte außer Schweden noch irgendein anderer westlicher Staat als Ort unserer nichtoffiziellen-offiziellen Vertretung in Betracht kommen?

Schweden ist eine Ausnahme, deshalb habe ich mit Schweden begonnen. Den anderen Staaten gegenüber möchten wir unsere Aktivitäten bis zu einem gewissen Punkt anwachsen lassen. Das ist natürlich der Punkt, an dem die Frage der Anerkennung Estlands auftaucht. Solange die Republik Estland nicht wiederhergestellt worden ist, ist es in unserem Interesse, überall dort, wo es möglich ist, dabei zu sein, aber nicht den letzten Schritt zu tun, nicht die Frage nach der Anerkennung Estlands hervorzubringen. Doch Vorarbeit kann und muß man leisten, so daß, wenn die konstitutionellen Staatsorgane der Republik Estland wiederhergestellt sind, auch unsere *de jure*-Anerkennung und die Einrichtung von Botschaften problemlos vor sich gehen würde, damit der Acker gepflügt wäre.

In Moskaus Augen ist das Außenministerium der Estnischen SSR bis jetzt nichts anderes als die rechtlose Filiale des Außenministeriums der UdSSR; der Leiter dieses Ministieriums aber ist der kleine Vasall von E. Schewardnadze. Ist das Außenministerium der Estnischen SSR in der Übergangszeit nun eine vom Außenministerium der UdSSR getrennt existierende Institution?

Offensichtlich müssen wir von beiden Seiten eine sachliche und – ich möchte hoffen – auch freundschaftliche Methode zur Lösung der für die Übergangsperiode so charakteristischen, komplizierten Aufgaben finden. Es ist ganz klar, daß es das Ziel einer jeglichen Außenpolitik ist, in freundschaftlichen Beziehungen zu den nächsten Nachbarn zu stehen. Ich möchte hierbei Macchiavelli zitieren: Unterhalte freundschaftliche Beziehungen zu den Nachbarn und halte die Feinde so weit entfernt wie möglich. Ich bin vollkommen überzeugt, daß, wenn wir anfangen, ruhig und vorurteilsfrei über die Fragen zu verhandeln, die Estlands künftige Rolle in Nord-Europa betreffen, wir mit unserem Ostnachbar nicht nur gegensätzliche Interessen haben. Es werden bedeutend mehr gemeinsame Interessen sein. Gemeinsame Interessen sind sowohl wirtschaftliche als auch kulturelle Beziehungen, doch auch eine friedliche Ostsee, ein stabiles Europa, in dem die Sicherheit sowohl der kleinen wie auch der großen Staaten garantiert ist. Im Außenministerium der UdSSR muß man Interesse für die Möglichkeiten wecken, welche eine geradlinige, aufrichtige Estland-Politik bietet. Man muß neue Argumente finden, neue Zugangswinkel, und ich bin völlig sicher, daß es in diesem Falle ein wenig übertrieben wäre, von einem Vasallenverhältnis zwischen dem estnischen Außenministerium und dem Außenministerium Rußlands zu sprechen.

Zusätzlich zum internationalen Recht gibt es ja auch das historische Recht, das M. Gorbatschow hat mißbrauchen wollen, indem er sagte, es habe hier jahrhundertelang viele Russen gegeben. Wir selbst sind an das einseitige Geschichtsbild von Hans Kruus gewöhnt, nach dem die ganze Geschichte Estlands hauptsächlich aus Bauernaufständen gegen die Deutschen bestand. Einseitig ist es auch in dem Sinne, daß Estlands Auslandsbeziehungen bereits 1160 ihren Anfang genommen und sich im 13. und 14. Jahrhundert fortgesetzt haben, als unsere Landesältesten Verträge abschlossen. Von da an haben die Ostseestaaten an den Küsten der Ostsee gerade deshalb Bestand gehabt, weil sie imstande waren, ihre historischen Rechte juristisch, administrativ und militärisch zu verteidigen, ihre Andersartigkeit, ihre Unabhängikeit zu bewahren. Ich möchte daran erinnern, daß die Kapitulationsurkunde Tallinns aus der Zeit des Nordischen Krieges solche Artikel enthalten hat, daß ein Geschichtswissenschaftler zu ihrer Charakterisierung sagte: Wenn man diese Artikel liest, ist es nicht ganz klar, wer vor wem kapitulierte! Oder anders ausgedrückt: Jahrhunderte hindurch hat die Kultur des Stadt- und Landvolkes von Estland ihre staatliche Struktur, ihre Rechte, ihre Menschenrechte beibehalten. Wenn wir von der Zeit der Leibeigenschaft sprechen, muß man berücksichtigen, daß nur ein kleiner Teil der Bevölkerung Estlands leibeigen war. Als autonome Provinz im russischen Kaiserreich hat Estland nicht nur sein Geld- und Zollsystem, das Münzrecht sowie das Recht auf eine kleine Armee behalten, sondern auch sein ganzes souveränes Gerichtssystem und die Verwaltung. Und es ist die erste Provinz im russischen Kaiserreich gewesen, in der auch die Leibeigenschaft abgeschafft wurde. Und so weiter. Eine solche Gleichschaltung, wie sie nach dem Zweiten Weltkrieg stattgefunden hat, hat die Geschichte und Kultur Estlands nie erfahren. Das historische Recht wurde zu diesen für uns so dramatischen Zeiten von Molotow erfolgreich mißbraucht und verbogen. Molotow meinte, der Nordische Krieg habe Rußland gewissermaßen das Recht verliehen, die baltischen Staaten als in seiner Interessensphäre liegend aufzufassen. Zur Zeit ist dieses historische Recht, mit anderen Rechten verglichen, zunehmend in den Hintergrund gedrängt worden. Eigentlich ist es ja ein bißchen lächerlich, am Ende des XX. Jahrhunderts ein historisches Recht heranzuziehen, und dennoch hat Moskau das bis zuletzt getan, indem es behauptet, es hätte in Estland jahrhundertelang einen großen russischen Bevölkerungsanteil gegeben. Dabei ignoriert man die historische Tatsache, daß Estland jahrhundertelang von einer sehr homogenen Kultur gekennzeichnet war, die sich auf eine homogene nationale

Zusammensetzung stützte: haben doch die Esten 94-95% der Bevölkerung ausgemacht.

Wer werden Ihre Stellvertreter sein?

Dieser Frage bleibe ich die Antwort schuldig. So konkrete Fragen habe ich mir noch nicht stellen können. Der Vorschlag des Ministerpräsidenten, in dieser parlamentarischen Regierung den Posten des Außenministers zu übernehmen, hat mich ebenso unerwartet getroffen, wie vermutlich auch viele von meinen bisherigen Lesern oder Filmzuschauern. Ich möchte aber gleich ohne falsche Scham hinzufügen, daß dieser Vorschlag mich aufrichtig erfreut hat. Denn auf die eine oder andere Weise, hauptsächlich auf die andere, habe ich mein ganzes bewußtes Leben lang Politik miterlebt.

Es kann kein freies Europa ohne freies Baltikum geben
Rede auf dem Norrmalmstorg in Stockholm, 18. Juni 1990

Hochgeachtete Bürger Stockholms!

Jeden Montag versammelt Ihr Euch zur Mittagszeit hier auf dem Marktplatz, um an das Schicksal Eurer Nachbarn zu denken, ans Baltikum, an die Freiheit von Estland, Lettland, Litauen.

Ich danke Euch.

Ich bin Este, und ich danke Euch als Este.

Im Frühjahr haben die baltischen Völker zum *ersten* Mal nach dem Zweiten Weltkrieg auf eine fast demokratische Art ihre Parlamente gewählt. Das Parlament Estlands hat mich zum Außenminister bestellt.

Ich danke Euch als Außenminister.

Wir brauchen Eure Unterstützung, Sympathie und fortgesetzte Hilfe.

Heute vor fünfzig Jahren hat die Sonne ebenso schön geschienen, und die Wolken sind über den Himmel gejagt.

Die Truppen von Nazi-Deutschland haben Frankreich besetzt und sind in Paris einmarschiert. Das Volk von Paris stand am Straßenrand, wie Ihr jetzt hier, und hat geweint.

Warum weint Ihr nicht?

Weil es eine ferne Vergangenheit ist.

Doch: Ist dem wirklich so? Ist es eine ferne Vergangenheit? Und liegt diese Vergangenheit so fern von Euch?

Es ist keine Vergangenheit. Zur gleichen Zeit als die Truppen aus Nazi-Deutschland Paris besetzten, haben die Truppen ihrer Verbündeten Tallinn, die Hauptstadt Estlands, besetzt.

Das kleine, doch stolze Volk Estlands, das uns den Freiheitskrieg und das Gesetz der Rechte für Minoritäten gegeben hat, weinte auf Tallinns Straßen.

Das deutsche und französische Volk haben heute, fünfzig Jahre später, längst ihren Konflikt gelöst. Frankreich und Deutschland sind die wichtigsten Garanten für Frieden und Sicherheit des heutigen, sich integrierenden Europas.

Die Sowjetunion und die baltischen Staaten haben ihren Konflikt immer noch nicht lösen können.

Die rohe Gewalt des Zweiten Weltkriegs existiert weiter, neben Euch am anderen Ufer der Ostsee.

Das ist nicht die Schuld der Esten, Letten und Litauer.

Wir haben Moskau schon längst die Hand gereicht und sind bereit zu Verhandlungen.

Wir sind bereit, vieles zu vergessen und alles zu vergeben. Wir leben nicht im Haß der Vergangenheit, sondern in der Hoffnung auf die Zukunft.

Das einzige, was wir nicht vergessen wollen, ist die Unabhängigkeit unserer Staaten, die Freiheit unserer Völker.

Doch die Anhänger der totalitären Macht in Moskau, in der Hauptstadt des letzten Kolonialimperiums der Welt, klammern sich nach wie vor an ihre Kriegsbeute.

Euch, schwedischen Bürgern und freien Nationen der Welt, versprechen sie, mit den baltischen Völkern zu verhandeln.

Uns, Esten, Letten, Litauern stellen sie wie eh und je vor Ultimaten und sprechen mit uns wie Herren mit ihren Sklaven.

Nach wie vor überwacht die Armee des Nachbarstaates unsere Häfen und Flugfelder und bestimmt, wen wir zu uns einladen dürfen und wen nicht.

Nach wie vor ist das Thema der baltischen Krise ein verbotenes Thema auf der Konferenz für Sicherheit und Zusammenarbeit in Europa in Kopenhagen. Nach wie vor hat die UNO-Generalversammlung die baltische Krise nicht erörtert. Mehr noch: von der Wiederherstellung der Unabhängigkeit Estlands, Lettlands und Litauens spricht kein UNO-Dokument.

Bürger Stockholms!

Ihr habt vieles zur Lösung des einstigen Konflikts in Vietnam beigetragen.

Ihr habt den Völkern Afrikas geholfen, und sie haben ihre Staaten geschaffen.

Es verschwinden die letzten Kolonialgebiete aus der Welt.

Doch die baltische Krise hält an.

Deshalb wende ich mich heute, am fünfzigsten Jahrestag der Besetzung der baltischen Staaten, an Euch.

Ihr seid freie Bürger, Ihr habt Euer Parlament gewählt und Eure Regierung eingesetzt.

Wendet Euch an Eure Regierung und fordert, daß die baltische Krise auf den Konferenzen in Kopenhagen und Wien in die Tagesordnung aufgenommen wird.

Wendet Euch an Eure Regierung und fordert, daß die baltische Krise in die Tagesordnung der UNO-Generalversammlung aufgenommen wird.

Wie die Franzosen und Deutschen aus Feinden des Zweiten Weltkrieges zu Freunden des neuen Europa wurden, so wollen auch wir die feindliche Konfrontation beenden und harmonische Beziehungen zu unserem Ostnachbar führen.

Wir sind bereit zu Verhandlungen und zur Wiederherstellung des selbständigen Baltikums.

Es kann kein freies Europa geben ohne ein freies Baltikum!

Wir brauchen Eure Unterstützung zur Aufnahme von Verhandlungen.

Wir brauchen die Hilfe Europas, um in die Familie der freien Völker Europas zurückzukehren.

Ich habe einen Traum.

Den Traum vom freien Estland.

Wollen wir heute gemeinsam sagen:

Wir haben einen Traum: Den Traum vom freien Estland. *Wir haben einen Traum.*

Ich habe einen Traum. Den Traum vom freien Baltikum.

Sagen wir gemeinsam: Wir haben einen Traum. *Wir haben einen Traum.*

Ich habe einen Traum von der freien und freundschaftlichen Ostsee.

Sagen wir gemeinsam: Wir haben einen Traum. *Wir haben einen Traum.*

Ich habe einen Traum von der Freiheit, Brüderlichkeit und Gleichheit auch für kleine Völker.

Sagen wir heute, sagen wir morgen, sagen wir immer gemeinsam:

Wir haben einen Traum. *Wir haben einen Traum.*

Wir haben einen Traum. *Wir haben einen Traum.*

Die Rolle Estlands im neuen Europa

Rede im Chatham House, im Königlichen Institut für Internationale Beziehungen in London, 6. November 1990

Zuerst, meine Damen und Herren, gestatten Sie mir, aus dem Gedächtnis die deutsche Zeitung „Die Welt am Sonntag" zu zitieren. „Die Wiedervereinigung Deutschlands," schrieb diese Zeitung, „wird ein langer und qualvoller Prozeß werden, der gegen Ende des XXI. Jahrhunderts in der Form einer losen Föderation ausläuft."

Diese Prophezeiung erschien einige Wochen, bevor die berüchtigte Mauer krachend zusammenbrach; ihr Autor war Henry Kissinger. Ihm standen natürlich viel bessere Fernverbindungsmittel zur Verfügung als dem jetzigen Außenminister Estlands, für den in den letzten vierzig Jahren die einzigen Fenster zur Beobachtung des Lebens hinter dem Eisernen Vorhang *Lillibullero* und davor *Greensleeves* gewesen sind.

Im Unterschied zu Ihnen, meine Damen und Herren, erinnere ich mich gut an die Stimmen Sir Winston Churchills und Sir Lindley Frazers, an die Stimme von Lennart Cadett aus Paris. Ich habe immer noch die Aufzeichnungen von den Vorlesungen Fred Hoyles über das sich ausdehnende Weltall, die damals in der Sowjetunion verboten waren. Ich erinnere mich an die Stimme von Peter Peterson, der über die Moskauer Konferenz 1946 berichtete, die einige Monate später stattfand, nachdem ich von der Deportation aus Sibirien zurückkehrte und mit Hilfe der Radio-Röhren RV 12 P 2000 aus Wehrmachtsbeständen meinen zweiten Kurzwellenempfänger fertigbastelte. Diese Radio-Röhren lagen in Estland überall herum, und dank dieses Umstandes konnten die Leute in Estland wenigstens hören, was auf der anderen Seite des Eisernen Vorhangs vor sich ging.

Meine Damen und Herren, die Einleitung, die Sie eben gehört haben, beinhaltet zwei Botschaften.

Aufgrund der historischen Erfahrungen kann man Ereignisse voraussagen. Wenn sich aber in der Geschichte keine Analogien finden lassen, kann man auch nichts prophezeien. Insbesondere gilt das für 15.000 hervorragende und gelehrte amerikanische Sowjetologen. Nach ihren Voraussagen sollten jetzt die „Breschnews", „Chrustschows" oder „Stalins" in der Sowjetunion herrschen, und sie sind tief beleidigt, daß Herr Gorbatschow sie hintergangen hat.

Das gilt sowohl für die Sowjetologen des Pentagons wie für Ihre Friedensanhänger, nach deren Einschätzung die militärischen Ausgaben der Sowjetunion nur wenig größer oder kleiner waren als diejenigen Großbritanniens. Sie sind tief beleidigt, weil Herr Schewardnadze diese Einschätzung um 10% ansteigen ließ. Ich will hier nicht ausgepfiffen werden, deshalb unterlasse ich es zu sagen, daß die ganze Wirtschaft der Sowjetunion für das Militär arbeitet, und daß vom Etat bedeutend mehr als ein Drittel für militärische Zwecke verwendet wird. Dem Korrespondenten von „The Guardian" würde es in Moskau leichter fallen, einen Panzerwagen als einen Kinderwagen zu kaufen.

Die Prophezeiungen basieren auf historischen Erfahrungen. Wenn es in der Geschichte keine Parallelen gibt, haben Prophezeiungen die Tendenz, auf Wunschträumen zu basieren wie die Prophezeiung, die Chamberlain bei der Rückkehr aus München auf dem Londoner Flughafen machte.

Die zweite in meiner Einleitung enthaltene Botschaft betrifft die Berliner Mauer, die über den Potsdamer Platz verlief, sowohl die Stadt, Deutschland wie auch Europa in zwei Teile trennend. Jenseits der Mauer lag West-Europa, diesseits Ost-Europa. Die Mauer selbst stellte Zentral-Europa dar, und dort auf dem 10 Meter breiten Streifen zwischen zwei Betonmauern liefen Bluthunde herum, und es wurde aus Kalaschnikows geschossen.

Das Zentral-Europa, das uns Chopin, Immanuel Kant, Masaryk, Bela Bartók geschenkt hat, aber auch das erste Gesetz zum Schutz von Minderheiten in Europa und der Welt; dieses Gesetz, das 1925 vom Parlament Estlands verabschiedet wurde und das – jetzt werden Sie überrascht sein – zum Grundstein wurde, auf dem sich alle vorhandenen UNO- und EU-Deklarationen und Übereinkommen zu Menschen- und Bürgerrechten gründen. Dieses Zentral-Europa ist noch nicht in die politische Landschaft getreten.

Heute, in diesem schönen Saal hier, müssen Sie aber doch diesem Zentral-Europa in die Augen sehen, das in meiner Person hierhergekommen ist. Es unterscheidet sich von West-Europa, da es mit Ost-Europa, Ural, Wladiwostok und Japan verbunden ist. Es unterscheidet sich auch von Ost-Europa, denn die Harju-Straße inmitten von Tallinn verbindet mein Heim mit Wien, dem Brennerpaß und Gibraltar.

Zweitausend Jahre haben wir Salz aus Portugal eingeführt. Wahrscheinlich lassen sich dadurch die leckeren Düfte der zentraleuropäischen Küche erklären. Und sprechen Sie zu ihrem Volk, sagen Sie Ihren Wählern, daß der Hopfen, ohne den es kein Bier gibt, und das Bier, ohne das es keine britischen Kneipen gibt, und britische Kneipen, ohne die es wahrscheinlich keine Parteien, keinen Fußball, kein Parlament und keinen Habeas-Corpus-Act gäbe, zuerst Estland und von dort aus Großbritannien erreicht hat. Als Entgelt hat Estland von Ihnen das Parlament bekommen, das einzige in Zentral-Europa neben dem Parlament in der Tschechoslowakei, das aus dem Versailler Friedensvertrag hervorging, erfolgreich bis zum Zweiten Weltkrieg tätig war, dann aber unter Panzerketten zermalmt und dessen Parlamentarier deportiert und abgeschlachtet wurden.

Also – die Vorhersage ist schwierig;
die Wiedergeburt Zentral-Europas konnten Sie nicht voraussagen;
Estland liegt in Zentral-Europa.

Gerade vor diesem historischen und geographischen Hintergrund, meine Damen und Herren, möchte ich die Rolle Estlands im neuen Europa entwerfen.

Wir haben unsere Komplexe.

Im Juni 1940 haben zwei Verbündete innnerhalb weniger Tage vier europäische Hauptstädte besetzt: die Hauptstadt Estlands, Tallinn, die Hauptstadt Lettlands, Riga, die Hauptstadt Litauens, Vilnius und die Hauptstadt Frankreichs, Paris. Die zwei Verbündeten sind natürlich Herr Hitler und Genosse Stalin gewesen. Diese brüderliche Zusammenarbeit hat sich aus dem geheimen Zusatzprotokoll des Molotow-Ribbentrop-Pakts ergeben, wonach diese zwei totalitären Staaten Europa – nicht nur Zentral-Europa! – unter sich aufgeteilt haben.

Bei der Besetzung werden die Ähnlichkeiten mit einer Vergewaltigung deutlich. Die Narbe, die sie hinterläßt, ist unsichtbar, doch sie heilt niemals aus. In Estland ist der Molotow-Ribbentrop-Pakt zum lebendigen Mahnmal geworden, anhand dessen warnenden Beispiels junge Generationen erzogen wurden und werden. Solange er geheimgehalten worden war, wurde er von Mund zu Mund überliefert, doch als sein Vorhandensein öffentlich zugegeben wurde, war Estland der erste Staat Zentral-Europas, in dem er gedruckt erschien.

Im September dieses Jahres hat diese Narbe im Baltikum wieder zu bluten begonnen.

Ursachen gab es viele, sie haben sich aus der widerspruchsvollen Haltung der westlichen Staaten ergeben.

Der Westen hat die Besetzung von Estland, Lettland und Litauen und die Liquidation der drei selbständigen europäischen Staaten nie anerkannt. *De jure* dauert die Republik Estland fort, und die zwischen der Republik Estland und dem Vereinigten Königreich geschlossenen Verträge und Übereinkommen sind immer noch in Kraft.

Gleichzeitig haben die demokratischen Staaten die Schlußakte von Helsinki unterzeichnet, die die durch Aggression geschaffenen künstlichen Grenzen anerkennt.

Ein Widerspruch verbirgt sich auch in der Helsinkier Schlußakte selbst: Einerseits werden die Grenzen als endgültig und unveränderlich aufgefaßt; andererseits kann man sie durch Verhandlungen abändern, wofür der Konsens von 34 Staaten nötig ist. Nach Estlands Einverständnis fragt niemand, denn man gestattet Estland nicht, am OSCE-Prozeß teilzunehmen.

Ein Widerspruch liegt auch in der Politik der UdSSR: Das sowjetische Parlament hat das Gesetz über die Loslösung der Unionsrepubliken von der Sowjetunion verabschiedet. Doch die aufgestellten Bedingungen sind dergestalt, daß die sowjetischen Volksabgesandten in Moskau das Gesetz „ein Gesetz der Nichtloslösung" genannt haben.

Estland hat darauf logisch geantwortet:

Estland ist nie der Sowjetunion beigetreten, so wie auch Paris nie Groß-Deutschland beigetreten ist.

Die Estland-Frage und die baltische Krise sind keine innere Angelegenheit der Sowjetunion, deren Lösung vom Willen der Sowjetunion abhängt.

Die Estland-Frage und die baltische Krise stellen eine Folge des Zweiten Weltkriegs dar, die sich bis heute fortsetzt.

Folglich kann der am 19. November in Paris stattfindende OSCE-Gipfel keine Liquidierung der Folgen des Zweiten Weltkriegs in Europa deklarieren.

In den baltischen Staaten dauert die Situation des Zweiten Weltkriegs an.

Als besonders besorgniserregend hat sich der am 13. September abgeschlossene sowjetisch-deutsche Nachbarschaftsvertrag gezeigt, worin die Grenzen aller europäischen Staaten für endgültig und unveränderlich erklärt werden und nicht einmal die theoretische Möglichkeit offen gelassen wird, die Situation von früher durch Verhandlungen wiederherzustellen.

Das erzeugt Fragen, auf die Sie, meine Damen und Herren, Antworten finden können [...].

Was für ein Europa?

*Rede auf der Konferenz der Fondation du Futur in Paris,
16. November 1990*

Was für ein Europa? *Quelle Europe?*
Diese Frage hat uns heute hier, im Herzen von Paris, zusammengebracht. Paris ist das Herz Frankreichs; Frankreich ist das Herz Europas. Und Herzschläge nehmen wir erst dann wahr, wenn das Herz einen Schlag ausläßt. Wir bemerken sie dann, wenn wir krank sind. Und umgekehrt: wir sind krank, wenn nicht Frankreich in uns schlägt. Also ist Europa ein Organismus. Und ein Organismus ist seinem Wesen nach ein Ganzes.

Herr Minister, ich danke Ihnen, daß die Fondation du Futur uns heute, am Vorabend der OSCE, in Paris zusammengebracht hat.

Ich, meine Familie, mein Volk, mein Europa haben nur eine einzige Vergangenheit, doch unendlich viele „Zukünfte". Die Vergangenheit ist einzig, die Vergangenheit ist unveränderlich. Die Zukunft ist eine Frage, folglich kann man die Zukunft wählen. Wir wählen uns eine Zukunft unter vielen und lassen viele andere aus. Bereits unser Denken enthält die Verpflichtung zur Wahl, das Wort ist das Werkzeug des Wählens, und unsere heutige Zusammenkunft gibt die Antwort auf Ihre sorgenvolle Frage: Was für ein Europa? Die Antwort lautet: Europa als ein ganzheitlicher Organismus; Europa, dem die drei baltischen Staaten nicht amputiert sind.

Ich habe von Europa als einem Ganzen gesprochen und will nur zwei Beispiele hinzufügen: Der erste Bischof Estlands war Fulco aus Nord-Frankreich im Jahre 1171. Für mich als Außenminister beginnt damit die Aufnahme unserer diplomatischen Beziehungen; als Schrifsteller bewundere ich das Pflichtgefühl dieses Franzosen; als Europäer nehme ich die Ganzheitlichkeit Europas wahr: die Ideen entstehen, wandern und kennen keine Grenzen. Ideen kennen nur unterschiedliche Kulturen. Der freie Austausch von Ideen ist es, der Europa zu einem Ganzen zusammengeschlossen hat, und zugleich jeder Kultur, jedem Volk, jeder Sprache unverwechselbare Farbe und Aufgabe erteilt hat. Der harmonische Zusammenklang verschiedener Farben – das ist das Phänomen Europa. Die Farben haben sich nicht vermischt, und daraus ist ein Bild entstanden: die Landschaft Europa. Jede Farbe hat gleiches Recht, und daraus ist hierselbst unsere Antwort auf die Frage des Kolloquiums entstanden. Diese Antwort ist uns allen bekannt: *Liberté, Egalité, Fraternité.*

Aber es gibt auch ein gegenteiliges Beispiel. Man hat versucht, die Freiheit der Ideen durch die Hegemonie einer Idee zu ersetzen. Aus der Harmonie der Farben haben die Alchimisten versucht, eine allein herrschende, allein richtige Farbe zu mischen. Diese Farbe ist braun. Auch diese Farbe der politischen Alchimisten ist in Europa entstanden. Und wenn Sie mir gestatten, von der Sprache der Symbole zur politischen Sprache zu wechseln, ist es meine Pflicht, Sie daran zu erinnern, daß am 23. August 1939 die politischen Alchimisten Hitler und Stalin einander die Hand gereicht haben; im Juni 1940 wurden innerhalb von drei Tagen von zwei totalitären Verbündeten vier Hauptstädte Europas besetzt: Tallinn, die Hauptstadt Estlands, Riga, die Hauptstadt Lettlands, Vilnius, die Hauptstadt Litauens, und Paris, die Hauptstadt Frankreichs.

Heute wählen wir uns ein neues Europa. Wollen wir den vor 50 Jahren begangenen Fehler wiederholen? Damals wollte man Freiheit, Gleichheit, Brüderlichkeit und Frieden auf Kosten dritter Staaten kaufen. In deren Namen wurden Österreich, die Tschechoslowakei und ein Teil des litauischen Territoriums geopfert. Der Fehler von München hat 50 Millionen Menschenleben gekostet.

Am Montag werden die Vertreter von vierunddreißig Staaten sich auf der Avenue Kléber versammeln. Sie werden den Zweiten Weltkrieg für beendet erklären. Sie werden ausrufen, daß durch den Fall der Berliner Mauer und die Wiedervereinigung Deutschlands die letzten Folgen des Zweiten Weltkriegs beseitigt sind.

Meine Damen und Herren, das ist eine Lüge.

Jawohl, in Paris weht schon seit 46 Jahren wieder die Trikolore, doch die drei baltischen Staaten sind Europa amputiert worden. Vielleicht sind sie Ihnen unbekannt. In diesem Fall will ich wiederholen: Sie waren Ihre Schicksalsgenossen, und sie heißen Estland, Lettland und Litauen. Mag sein, daß das in Ihren Augen kleine Staaten sind, klein wie Ihr kleiner Finger. In diesem Falle bitte ich: Schauen Sie sich Ihren kleinen Finger an! Ist er amputiert? Seinem Wesen nach ist Europa ein Ganzes. Wird am Montag die Aussaat des Friedens gesät? Oder Unkraut, das Ihre Kinder und Kindeskinder jäten müssen?

Meine Damen und Herren, die baltischen Völker haben sich zu Wort gemeldet, die baltischen Völker haben ihre Wahl getroffen. Die baltischen Parlamente kämpfen für die Selbständigkeit ihrer Staaten. Die baltischen Regierungen sind bereit, die Verhandlungen mit Moskau aufzunehmen oder fortzusetzen. Die baltischen Staaten haben würdevoll und fest das vor ein paar Tagen von Ryschkow gestellte Ultimatum der Wirtschaftsblockade abgewiesen. Die baltischen Staaten sind diejenigen, denen Ryschkow sogar gedroht hat, die Medikamente wegzunehmen, wenn sie sich nicht von Europa und ihrer Selbständigkeit lossagen.

Das ist die Stimme der baltischen Völker.

Aber gestatten Sie eine Frage: Wo ist die Stimme Frankreichs? Wo ist die Einheit Europas? Wir haben nur ein einziges Europa. Sie fragen: *Quelle Europe*? Ich antworte: Zur Zeit sind die baltischen Staaten von Europa abgeschnitten. Wenn man diese Art von moralischem Wundbrand unbeachtet läßt, dann frage ich Sie: Was wird als nächstes amputiert? Wenn es für Europa bequemer ist, krank zu sein, wo liegt dann die Grenze dieser Krankheit?

Meine Damen und Herren, die baltische Krise ist eine europäische Krise, die Krise unserer und Ihrer Freiheit, unserer und Ihrer Gleichheit, unserer und Ihrer Brüderlichkeit. Den Esten ist Europa mehr als ein geographischer Begriff. Europa ist unser Programm. Nicht, weil wir bessere Europäer wären als die Franzosen, sondern weil wir den Preis der Abwesenheit von Europa kennen. Die OSCE hätte der Grundstein Europas werden können und kann es immer noch. Doch dazu muß man von Worten zu Taten übergehen: OSCE bedeutet Sicherheit und Zusammenarbeit.

Europa wird nie fertig werden.

Die Erhöhung in der Erniedrigung
Rede im Pariser Estlandverein, 21. November 1990

Liebe Landsleute!

Wenn man Ihnen gesagt hat, daß die drei baltischen Außenminister gebeten wurden, diesem Gipfel, der am 19. November in Paris begann und heute, am 21. November endete, beizuwohnen, so ist das richtig. Wenn sich unter Ihnen Menschen finden, die daraus folgern, daß wir Verlierer sind, dann ist das nicht richtig. Dank des Umstands, daß ein gewisser Großstaat, den wir Ihnen nicht näher zu beschreiben brauchen, der hinter der Ostgrenze von Estland, Lettland und Litauen liegt, am Montag, dem 19. November, einen scharfen Protest gegen die Teilnahme der baltischen Außenminister geäußert hat, und dank der Tatsache, daß die höchsten Politiker des Gastgeberstaates diesem Ultimatum nachgaben, sind wir in die Schlagzeilen der Pariser Presse, der französischen Presse, der europäischen Presse und der Weltpresse geraten, in die wir sonst, höflich als Ehrengäste teilnehmend, nie gekommen wären. In diesem Sinne also möchte ich dem Staatsführer unseres großen Ostnachbarn eine schöne Kußhand hinüberreichen. Offenbar unter totaler Fehleinschätzung der Lage und in Folge der Unkenntnis der freien Presse hat er auf gewohnte Art und Weise einen feudalen Erlaß herausgebracht, der augenblicklich vollstreckt wurde und so wirksam zurückschlug, daß seine Ratgeber ihn momentan sicherlich bereuen.

Wenn man jetzt die Einzelheiten erörtert, so haben wir längst gewußt, daß Estland, Lettland und Litauen an der Pariser Gipfelkonferenz teilnehmen werden. Wir wußten das bereits im Frühjahr dieses Jahres. Wir wußten das während unserer Teilnahme an der Kopenhagener Konferenz. Das haben wir in Wien betont, wo wir den Leitern von OSCE-Delegationen aus fünfunddreißig Staaten ein entsprechendes Gesuch und gleichzeitig den Außenministern von fünfunddreißig Staaten ein identisches Gesuch überreicht haben. Das haben wir in New York wiederholt, wo wir uns am 1. und 2. Oktober an der OSCE-Konferenz beteiligt haben. Als Ergebnis dieses ganzen, langsamen Prozesses – aber langsam ist er nur relativ betrachtet, da wir erst ab April unsere Außenpolitik von Tallinn aus ausüben, gleichzeitig auch unser Außenministerium aufbauen, das bis zum April dieses Jahres bloß eine Art Kulisse gewesen ist – , haben wir Schritt für Schritt den Kreis der Sympathisanten erweitert, die mit uns solidarisch sind und es für nötig hielten, daß wir uns am Helsinkier Prozeß beteiligen. Heute hat sich dieser Kreis der Sympathisanten stark erweitert. Was aber noch wichtiger ist – das baltische Problem als letzte Folge des Zweiten Weltkrieges, ein bis heute ungelöstes Problem, hat scharf, eckig und schmerzhaft die Weltöffentlichkeit erreicht. Wenn es auch noch Phantasten geben sollte, die den eben zu Ende gegangenen Pariser Gipfel als den großen tanzenden Wiener Kongreß aus dem Jahre 1815 darstellen möchten, auf dem alle einmütig waren und die Welt nach ihrem Gutdünken aufteilten, hoffend, damit alle Probleme ein für allemal gelöst zu haben, so hat wohl keine Delegation mit diesem Gefühl Paris verlassen. Weder die Amerikaner noch die Sowjetunion noch die Delegationen größerer oder kleinerer Staaten. Noch bevor die Delegationen der Republiken Tschechien und Slowakei Paris verließen, hatte ich ein letztes Treffen mit den Delegierten. Ihre Außenminister haben alle unsere Wünsche mit nach Prag genommen, wo ein kleines Sekretariat des Helsinkier Prozesses gegründet wird. Sie nahmen auch unser Gesuch mit, worin das estnische Außenministerium darauf hinwies, daß sich aufgrund bisheriger Erfahrungen die Konflikte zwischen zwei Staaten nur mit internationaler Beteiligung lösen lassen, nämlich durch internationale Mechanismen; insbesondere wenn es sich um einen Konflikt zwischen einem kleinen und einem großen Staat handelt. In diesem Sinne freut es mich, daß unter den Beschlüssen, die in Paris gefaßt wurden und über die man eigentlich schon in New York gesprochen hat, zugleich der Beschluß gefaßt wurde, eine Wiener Arbeitsgruppe zu gründen, die sich mit der Lösung von regionalen Konflikten beschäftigen wird. Die estnische, lettische, litauische, oder kurz die baltische Krise, unsere Opposition gegen die Sowjetunion, ist ein vom Zweiten Weltkrieg hervorgerufener Konflikt, der bis heute ungelöst geblieben ist. Hier in Paris kommt diesem Umstand ein großes symbolisches Gewicht zu, wenn man bedenkt, daß die zwei Verbündeten jener Zeit, die Führer der zwei totalitären Staaten, Genosse Stalin und Herr Hitler, innerhalb von einigen Tagen vier europäische Hauptstädte besetzt hatten. Die nördlichste von ihnen war Tallinn, die südlichste Paris. Sie sehen, daß Geschichte und geschichtliche Logik uns verbunden haben. Doch unsere Argumente entnehmen wir nicht der Vergangenheit. Unsere Argumente zur Wiederherstellung der Unabhängigkeit von Estland, Lettland und Litauen schöpfen wir aus den Interessen und der Zukunft Europas. Denn wenn dieser Kontinent, der uns geboren, unsere Kulturen geformt hat und auf dem wir es vermocht haben, frei, gleich und brüderlich zu leben, sich selbst erhalten will, so ist das nur unter der Bedingung möglich, daß diese hohen Werte in den Grenzen dieses ganzen Kontinents gelten. Es ist unmöglich sich vorzustellen, wie dieser Kontinent ein gesundes Leben führt, wenn in der Ostseeregion eine Krebsgeschwulst wuchert. Wenn die heute auseinandergehenden Delegationen ursprünglich im Namen ganz Europas sprechen wollten, wissen sie nun, daß sie im Namen eines amputierten Europas gesprochen haben. Zugegeben, die Ostseestaaten sind klein. Liechtenstein, San Marino, Luxemburg, Dänemark, Niederlande und die Schweiz sind noch kleiner als Estland. Wo verläuft die Grenze zwischen einem sehr kleinen, einem kleinen, einem nicht mehr so kleinen, einem größeren und einem Großstaat? Als die russischen Panzer die Tschechoslowakei besetzten, hat ein Moskauer Freund zu mir gesagt: „Lennart, denk daran: England ist nur dreimal größer als die Tschechoslowakei!" Damit will ich sagen, daß es in einem Rechtsstaat keinen Raum für relative Annäherungen gibt, so wie es in der Natur keine Halbjungfrauen gibt. Entweder du lebst in einem Rechtsstaat, oder du lebst außerhalb. Das ist unsere hauptsächliche Botschaft an Europa, und es wird vom politischen und moralischen Willen Europas abhängen, ob es eine Zukunft haben wird oder nicht. Die Ostseestaaten dienen als Prüfstein. Schwer für uns und noch schwerer für Europa, denn wir haben keine Illusionen und wir wissen, daß hinter uns die Mauer steht. Europa besitzt noch Illusionen, und es muß diese Illusionen überwinden. Es fällt ihm ebenso schwer, sich davon loszureißen, wie einem Betrunkenen von seinem schönen sorglosen Rausch. Doch je früher es das tut, desto besser, denn keiner will Konflikte haben in Europa. Wir möchten, daß die Worte, die hier in Frankreich geboren wurden, und die ich in Ihr Gästebuch geschrieben habe: *liberté, égalité, fraternité,* endlich ihren wahren Wert in ganz Europa annehmen.

1991

Das ist das Jahr, in dem Estland zur Selbständigkeit zurückkehrt, und das Jahr, in dem die Sowjetunion zusammenbricht. Die verzweifelten Reaktionäre in Moskau versuchen, die baltische Freiheitsbewegung durch blutige Gewalttaten in Vilnius und Riga zu hemmen. Doch in Moskau selbst beginnt der zum Präsidenten Rußlands gewählte Jelzin, Gorbatschow immer mehr in den Schatten zu stellen. Es kommt zu einer Verschwörung gegen diese gleichzeitig in Moskau residierenden Präsidenten, und es findet der reaktionäre Augustputsch statt. Man schleust Panzerdivisionen nach Estland. In Tallinn werden Barrikaden errichtet. Dieser fatale Augenblick der Geschichte liefert schließlich die längst erwartete historische Gelegenheit. Am Abend des 20. August erklärt Estland die Wiederherstellung seiner Unabhängigkeit. Der Moskauer Staatscoup mißlingt. Die Panzer ziehen sich nach Rußland zurück.

Dank fieberhaften außenpolitischen Engagements folgt eine Welle der diplomatischen Anerkennung Estlands. Die Selbständigkeit Estlands wird ohne Blutvergießen wiederhergestellt.

Am Jahresende hört die Sowjetunion offiziell auf zu existieren.

Die Lage ist ernst, doch nicht hoffnungslos
Die Rede im schwedischen Parlament, 16. Januar 1991

Heute morgen war es in Estland und in der übrigen Welt still wie in der Stunde der Dämmerung vor einer Schlacht.

Im Moment wissen wir noch nicht, ob der neue Tag durch Vogelgesang oder Kanonendonner angekündigt wird.

Wird es Kanonendonner sein, so wird die Schlacht unter dem Namen „kuwaitisch-baltische Krise" in die Geschichte eingehen.

Jetzt hängt es von Ihnen und Ihrem politischen Willen ab, ob die Waage sich dem Frieden oder dem Konflikt zuneigt; dessen Folgen, die jedenfalls nicht regional sein werden, ich schwerlich voraussagen kann.

Vor vier Monaten haben wir zum ersten Mal gewarnt, daß die baltische und die kuwaitische Krise untrennbar verknüpft sind und gleichzeitig kulminieren werden. Wie Sie heute sehen, war diese Vorhersage richtig. Wir kennen das totalitäre System besser als Sie, denn wir verfügen über Erfahrungen, die Ihnen zum Glück erspart blieben.

Wir haben Erfahrungen und Hoffnung, wir haben keine Illusionen und keine Waffen. Unsere einzige Selbstverteidigung ist der Glaube der Esten an die Demokratie und das parlamentarische System.

Die heutigen Informationen aus Estland sind folgende:

Erstens: In der westlichen Presse behaupten Romantiker, Präsident Gorbatschow sei der Gefangene seiner Truppen und habe nicht gewußt, daß im Baltikum das Militär gegen die Zivilbevölkerung vorgeht. Das ist absurd. Michail Gorbatschow war die parlamentarische Denkweise von Anfang an ein Dorn im Auge. Jetzt versucht er, das Militär für das Schlächterwerk auszunützen, um seine Hände rein zu halten. Er will Ihnen lächelnd noch einmal die Hand drücken, in der Hoffnung auf einen weiteren Friedens-Nobelpreis. Aber lassen Sie sich erinnern an das Dokument des Politbüros vom 26. August 1989. Darin konnten Sie die Drohung lesen, entliehen aus dem Lexikon Alfred Rosenbergs, daß die baltischen Völker „ihre Lebenskraft einbüßen" werden, wenn sie ihren parlamentarischen Prozeß fortsetzen. Das war eine Drohung mit Völkermord. Auch damals fanden sich romantische, an den „guten Kaiser" glaubende Journalisten, die behaupteten, Gorbatschow habe von diesem Dokument nichts gewußt. Auch damals gab es russische Demokraten, die die Wahrheit sagten. Auch damals war es für West-Europa bequemer, die Augen vor der Wahrheit zu verschließen. Sogar die dramatische Warnung und Selbstaufopferung Eduard Schewardnadzes am 2. Dezember dieses Jahres hat Interesse, aber keine Besorgnis geweckt. Ob das in Vilnius vergossene Blut ausreicht, um Illusionen zu zerstören und die Gefahr des totalitären Systems zu betonen – Gefahr nicht nur für die Völker des Baltikums, sondern auch Skandinaviens?

Zweitens: Die Führung des militärindustriellen Komplexes hat sich in Estland zur Interfront organisiert. Die Militärindustrie kontrolliert direkt oder indirekt etwa die Hälfte des Etats und der Bevölkerung der Sowjetunion, angefangen vom Drechsler bis zum Akademiker. In Estland gehören die Wohnungen der Arbeiter der Militärindustrie nicht der Stadt, sondern der Fabrik. Damit ist eine völlige Abhängigkeit des Arbeiters vom Generaldirektor der Fabrik gewährleistet. Die Kundgebungen der Interfront werden nach Verordnung des Generaldirektors veranstaltet, in der Fabrik wird der Strom ausgeschaltet, der ungehorsame Arbeiter läuft Gefahr, seine Wohnung zu verlieren. Gestern hat vor dem estnischen Parlament eine von der Interfront organisierte Demonstration mit 8.000 Teilnehmern stattgefunden. Die Interfront hat dieses Ultimatum gestellt: Innerhalb von 24 Stunden müßten die Gesetze des estnischen Parlaments aufgehoben und eine sowjetische Regierung gebildet werden. Nach Ablauf der Frist werde in Estland der Strom ausfallen. Ich möchte an dieser Stelle die Unmenschlichkeit dieser Drohung unterstreichen: Im Winter würden Krankenhäuser und Schulen ebenso vom Strom abgeschnitten sein wie Farmen, Geflügelzuchtbetriebe und die Eisenbahn. Für viele Menschen würde es unmöglich sein, sich eine warme Mahlzeit zuzubereiten.

Drittens: Die estnische Regierung hat wiederholt versucht, mit der Regierung der Sowjetunion Verhandlungen aufzunehmen. Das war ergebnislos. Im Herbst hat die estnische Regierung erfolgreich horizontale Direktbeziehungen mit den Republiken der Sowjetunion angeknüpft.

Estland hat jetzt durch Verträge festgelegte, stabile wirtschaftliche und politische Beziehungen zu Lettland, Litauen, Moldawien, Georgien und jetzt auch zu Rußland. Das ist sehr wichtig. Den militärischen Angriff auf die baltischen Staaten haben die Republiken der Sowjetunion und besonders die demokratischen Kräfte Rußlands als einen allgemeinen Angriff auf die Demokratie und den Parlamentarismus aufgefaßt. Im Laufe des gestrigen und heutigen Tages hat sich herausgestellt, daß die osteuropäische Demokratiebewegung sich organisieren kann und eine deutlich größere Macht darstellt, als bisher angenommen. Heute werden in mehreren Regionen Rußlands Solidaritätsstreiks zur Unterstützung des Baltikums stattfinden. Das sowjetische Fernsehen und das Radio bekommen keine Wetterberichte. Das Gebiet des Steinkohlenbergwerks Kuzbass hat beschlossen, sich dem Streik anzuschließen. Und für den kommenden Sonntag ist in Moskau eine Kundgebung der russischen Demokratiebewegung zur Unterstützung der baltischen Völker mit einer Million Teilnehmern geplant.

Die Lage ist ernst, doch nicht hoffnungslos.

Zum Abschluß möchte ich nochmals den großen Anteil Schwedens bei der Verminderung der sowjetischen Aggression im Baltikum betonen. Während des jüngsten Meetings der Interfront hat das einen symbolischen Ausdruck gefunden: Der schwedische Generalkonsul Ahlander hat seinen Wagen vor dem estnischen Parlament geparkt, und unter dem Schutz der schwedischen Flagge konnten die Abgeordneten ruhig ihre Arbeit fortsetzen.

Zum ersten Mal nach dem Zweiten Weltkrieg haben die Esten frei ihr Parlament wählen können. Das Volksparlament hat beschlossen, die Selbständigkeit Estlands als unabhängige Republik zu unterstützen. Wir müssen diesen Beschluß verteidigen, denn damit verteidigen wir den Parlamentarismus, die Menschenrechte und den Frieden.

Europa ist ein Programm

Rede auf der Konferenz „Die baltischen Staaten in der Architektur des neuen Europa" in Tallinn, 2. März 1991

Meine Damen und Herren, hochgeachtete Gäste!

Gestatten Sie mir, Sie herzlich willkommen zu heißen in Tallinn, der Hauptstadt der Republik Estland! Diese und die folgenden Worte spreche ich auf Bitten der politischen Parteien Estlands als Außenminister der Republik Estland. Sie sind die Initiatoren und Veranstalter dieser Konferenz. In diesem Sinne bin ich hier ebenso ein Gast wie Sie, Gleicher unter Gleichen, vielleicht nur mit dem Unterschied, daß ich mich keiner politischen Partei angeschlossen habe. Ich weiß, daß das einem Politiker auf die Dauer gefährlich werden kann. In diesem Fall werde ich wieder Schriftsteller. Der Schriftsteller Lennart Meri und der vor Ihnen sprechende Außenminister sind in der Vergangenheit eine und dieselbe Person gewesen und werden es hoffentlich auch in Zukunft sein.

Der Titel unserer Konferenz lautet „Die baltischen Staaten in der Architektur des neuen Europa". Er ist gut gewählt, denn für mich als Esten hat er einen festen Anfang, doch keinen Schlußpunkt. Der Anfang ist Estland. Nicht das in die dämmrigen Zeiten von Tacitus zurückreichende Gebiet in Nord-Europa, sondern die zum Subjekt des internationalen Rechts aufgestiegene Republik Estland, die sich am 24. Februar 1918 für selbständig erklärte, sich im langen und verheerenden Freiheitskrieg, mit der Waffe in der Hand, gegen Sowjetrußland und das zerfallende Deutschland verteidigte und am 2. Februar 1920 mit Sowjetrußland Frieden schloß; die bald darauf zum Mitglied des Völkerbunds wurde, eine moderne und dynamisch sich entwickelnde Volkswirtschaft aufbauen konnte, die jedoch im Zweiten Weltkrieg von ihrem Ostnachbarn als Ergebnis des Hitler-Stalin-Pakts besetzt und einverleibt wurde. Als erstes und fast einziges Land hat Nazi-Deutschland, der Verbündete des damaligen Aggressors, die Annexion der Republik Estland anerkannt. Dagegen hat die überwiegende Mehrheit der demokratischen Staaten die Zugehörigkeit Estlands zur Sowjetunion *de jure* nie anerkannt, und für sie lebt die in schweren Kämpfen gegründete Republik Estland fort mit allen ihren Verträgen, diplomatischen Vertretungen, im Ausland liegenden Immobilien und mit allen Rechten und Verpflichtungen der Republik Estland.

Das ist der Ausgangspunkt unserer Konferenz.

Der Schlußpunkt fehlt, wie ich angedeutet habe.

In meinen Augen ist Europa nicht nur ein Erdteil, sondern ein Programm. Ein philosophisches, ethisches, politisches, wirtschaftliches Programm, dessen unlösbarer Teil Estland immer gewesen ist und wieder werden will.

Also haben wir es mit einem Prozeß zu tun. Er hat einen Anfang, eine feste Richtung und eine Geschwindigkeit.

Alle politischen Parteien Estlands schätzen den Anfang dieses Prozesses, die Gründung der Republik Estland, die Verwirklichung des unveräußerlichen Selbstbestimmungsrechts der Völker, gleich hoch ein.

Alle politischen Parteien Estlands sind sich einig, daß das höchste Ziel unserer politischen Tätigkeit die Wiederherstellung der unabhängigen und selbständigen Republik Estland mit parlamentarischen Mitteln ist.

Meinungsverschiedenheiten gibt es in der Einschätzung der Geschwindigkeit und der Einwirkung auf die Geschwindigkeit des Prozesses. Geschwindigkeit und Taktik, Geschwindigkeit und Strategie sind in diesem Kontext Synonyme. Im vergangenen Jahr hat das Parlament bestimmt, daß Estland in eine Übergangsperiode eintreten soll. Gemeint ist ein Übergang vom rechtlichen Status einer sogenannten sowjetischen Unionsrepublik zum Status der wiederherzustellenden Republik Estland, und aus verständlichen Gründen sind wir allen Staaten dankbar, die die Zugehörigkeit Estlands zum Bestand der Sowjetunion *de jure* nicht anerkannt haben. Daraus folgte, daß das estnische Parlament und die Regierung es nicht für nötig erachten – genauer: nicht für möglich erachten – eine internationale *de jure*-Anerkennung des in der Übergangsperiode befindlichen Estlands anzustreben. Damit hätten wir einen wichtigen Garanten zur Wiederherstellung der Republik Estland verloren.

Doch es handelt sich um einen Prozeß.

Heute müssen wir uns fragen: Ist das, was im vergangenen Frühjahr richtig war, in Anbetracht des veränderten Estlands auch in diesem Frühjahr richtig? Ist dieser Standpunkt heute produktiv oder kontraproduktiv? Verteidigt er uns oder im Gegenteil, macht er uns verwundbar?

Ich erinnere nur mit einem Satz an den bewaffneten Putschversuch, gerichtet gegen das Parlament von Litauen, Lettland und Estland, der nur wegen der aktiven Reaktion der Weltöffentlichkeit nicht bis zum Ende geführt wurde. Doch das Damoklesschwert hängt nach wie vor über unserem Kopf.

Die baltische Krise ist das einzige vom Zweiten Weltkrieg an Europa vererbte Problem, für das bis heute keine Lösung gefunden wurde. Schon deshalb ist es außerordentlich und erfordert auch außerordentliche Lösungen. Die Lösung könnte die internationale Anerkennung der demokratisch gewählten Parlamente und der durch sie ins Amt eingesetzten Regierungen der baltischen Staaten sein. Die Anerkennung des Staates würde am Ende der Übergangsperiode bei völliger Wiederherstellung der Republik Estland erfolgen.

In diesem Zusammenhang freue ich mich besonders, bemerken zu können, daß die Exilorganisationen der baltischen Völker den einmütigen Standpunkt eingenommen haben, die Wiederherstellung der Selbständigkeit der baltischen Staaten und der diplomatischen Beziehungen zu unterstützen. Im Memorandum des Baltischen Weltrats vom 12. Februar 1991 lesen wir:

> Das Recht, die Regierungen der Welt um die diplomatische Anerkennung zu ersuchen oder nicht, steht den ehrlich und demokratisch gewählten obersten Räten (Parlamenten) und den von ihnen ins Amt eingesetzten Regierungen der Republik Estland, der Republik Lettland und der Republik Litauen zu. Alle drei Republiken haben sich für selbständig erklärt.
>
> Der Baltische Weltrat (BWC) hat keine Einwände, wenn eine der baltischen Republiken sich um diplomatische Anerkennung bemüht. Die Mitglieder des BWC – Estnischer Weltrat Inc., Weltföderation der Freien Letten Inc. und das Oberste Komitee der Befreiung Litauens – haben das Recht, die vom Obersten Rat und/oder der Regierung ihrer Nation gestellten Ersuche an die Regierungen der Welt um diplomatische Anerkennung zu unterstützen oder zu sperren.
>
> Der BWC unterstützt vollkommen alle Schritte der Republik Estland, der Republik Lettland und der Republik Litauen zur völligen Wiederherstellung der Unabhängigkeit durch einen freien und demokratischen Prozeß. Der BWC ruft alle Regierungen auf, zur Beschleunigung dieses Prozesses jede mögliche Hilfe zu leisten.

Unterzeichnet vom Vorsitzenden des BWC M. Kari, dem stellvertretenden Vorsitzenden Dr. C.K. Bobelis und Gunars Meierovics.

Am heutigen und am morgigen Konferenztag werden Sie sich überzeugen können, daß das estnische Volk dafür genügend politischen Willen besitzt.

Es ist eine eigene Sache, ob wir es vermocht haben, bei anderen Staaten, anderen Völkern und ihren Regierungen das politische Engagement zu wecken, das unsere Ziele versteht und unseren politischen Prozeß unterstützt. Haben wir neben unseren Rechten auch ausreichend an unsere Pflichten gedacht im sich erneuernden Europa? Haben wir genügend überzeugende Argumente gefunden für Moskau, um zu beweisen, daß das Selbständigwerden der baltischen Staaten auch den nationalen Interessen der Sowjetunion entspricht?

Können wir das mit politischen, wirtschaftlichen, die nationale Sicherheit betreffenden Argumenten begründen?

Verehrte Gäste,

45 Jahre lang sind wir eingeschlossen gewesen in George Orwells Welt, und die Rückkehr Estlands auf die politische Bühne hat viele von Ihnen überrascht. Wir wollen Ihnen das nicht übel nehmen. Sie verfügen nicht über die Erfahrungen mit dem Eisernen Vorhang. Jetzt leben wir alle in der Ära der Öffnung. West-Deutschland entdeckt mit Schrecken, Grauen und Mitleid Ost-Deutschland, das es doch zu kennen vermeinte wie die Finger seiner zweiten Hand. Das war eine Illusion. Europa war 45 Jahre lang gelähmt, und unser gemeinsamer Blutkreislauf beginnt erst jetzt, außer den Händen auch das Gehirn und das Gewissen zu versorgen. Vor diesem traurigen und doch optimistischen Hintergrund haben wir hier in Estland schon einiges erreicht.

Erstens: Die Tatsache der Annektion der baltischen Staaten ist heute allgemein anerkannt. Die einzige Ausnahme in Europa ist die Sowjetunion, die ihre Militärmacht und ihre riesige Propagandamaschine gegen die Selbständigkeit des Baltikums gerichtet hat.

Zweitens: In relativ kurzer Zeit ist es Estland gelungen, mehrere staatsrechtliche Kennzeichen wiederherzustellen. Das sowjetische Grundgesetz ist in Estland nicht gültig. Der Gesetzgeber hat die sowjetische Rechtsordnung Schritt für Schritt durch die estnische Rechtsordnung ersetzt. Die Rechtsordnung ist eines der wesentlichen Kennzeichen des Staates.

Drittens: Heute und morgen werden Sie sich von unserem politischen Willen überzeugen, an der europäischen Integration teilzunehmen. Doch nicht als Untermieter, sondern als Herren im eigenen Hause.

Und schließlich werden Sie sich überzeugen, wie gefährlich zerbrechlich die Grenze zwischen parlamentarischer Rechtsordnung und brutaler Waffengewalt in Baltikum ist. Doch gleichzeitig überzeugen Sie sich auch, wie wesentlich die öffentliche Meinung die politische Entwicklung zugunsten des parlamentarischen Prozesses beeinflussen kann. Daher würde ich es besonders begrüßen, wenn aus der heutigen Konferenz eine ständig wirkende außerstaatliche Organisation herauswachsen würde. Wir brauchen Sie auch morgen. Auch Sie brauchen uns morgen: Europa wird nie fertig werden, das Gesicht Europas muß europäischer werden.

Mit diesen Worten möchte ich schließen und Ihnen die Mitvorsitzenden der Konferenz vorstellen: Frau Marju Lauristin von der SDP Estlands, Herrn Ivar Raig von der Agrarzentrumspartei Estlands, und Herrn Trivimi Velliste von der Christdemokratischen Partei Estlands.

Ich übergebe das Rednerpult dem Leiter der ersten Session, Herrn John Finerty, dem Mitglied der USA-Helsinki-Kommission.

Ein Augenblick wie eine Träne

Erinnerung an die Augustereignisse 1991 (Nuckö, 17. August 1994)

Am Frühmorgen des 19. August erfuhren wir in Helsinki vom Putsch in Moskau. Alles wurde klar und einfach wie in der Morgendämmerung vor einer Schlacht; die Frontlinie lag deutlich vor uns. Ich rief Paul Goble[6] in Washington an, wo es noch nicht Mitternacht war. Fünf Minuten später rief Paul zurück und teilte mit, daß er schon auf dem Wege zur Rund-um-die-Uhr-Krisengruppe des Staatsdepartements sei. Ich rief den Ministerpräsidenten Edgar Savisaar[7] in Stockholm an, und wir kamen überein, daß er bei nächster Gelegenheit nach Helsinki kommen würde. Toomas Hendrik Ilves[8] habe ich zu Hause erreicht, eine Stunde später begannen die Nachrichten des „Radio Free Europe" als ununterbrochenes Fax in der Tuglas-Gesellschaft[9] einzulaufen. Dorthin, zur Marienstraße, ging ich auch mit meiner Gattin. Wir waren am Tag davor zur Eröffnung des Denkmals für die Finnlandjungs[10] eingeladen worden und wollten mit der morgigen M/S „Georg Ots" nach Tallinn zurückfahren. Im unauffälligen Nebenzimmer der Tuglas-Gesellschaft war die Infozentrale des Außenministeriums unter Leitung von Kulle Raig[11] tätig. Solche Zentralen haben wir auf unterschiedliche Weise und unter verschiedenen Vorwänden in Stockholm, Kopenhagen, Bonn und Paris ins Leben gerufen. Im Laufe der folgenden 24 Stunden wurden sie zu den eigentlichen Botschaften der Republik Estland. In der Krisensituation erwies sich Helsinki als ein idealer Ort: Die Antennen des Außenministeriums konnten die ununterbrochene Funkverbindung über die Bucht gewährleisten. Die Antennen konnte ich im vorigen Jahr mit Hilfe schwedischer Freunde anschaffen. Auf dem Rückweg von Stockholm hatten wir viel Mühe damit, mit Hilfe

---

[6] Amerikanischer Politologe, als Berater hat er große Verdienste für die Republik Estland geleistet.

[7] Estnischer Politiker, Mitgründer der Volksfront.

[8] Estnischer Politiker, Ex-Botschafter in den USA, heute Außenminister der Republik Estland.

[9] 1982 gegründete finnische Gesellschaft zur Förderung und Popularisierung Estlands und estnischer Kultur in Finnland. Benannt nach dem estnischen Schriftsteller Friedebert Tuglas (1886-1971).

[10] Estnische Freiwillige im finnischen Winter- und Fortsetzungskrieg.

[11] Estnische Journalistin, damals Leiterin der Estnischen Kulturzelle (untergebracht in den Räumlichkeiten der Tuglas-Gesellschaft), heute Generalsekretärin des Bundes der Estlandverbände in Finnland.

des Schiffsstewards die Antennenteile in Weihnachtspackpapier einzuschlagen und mit bunten Schleifen zu versehen; meine Gattin hat sie als sonderbar lange Weihnachtsgeschenke durch die sowjetische Grenzwache und den Zoll gebracht.

Die Reede von Tallinn war von Kriegsschiffen blockiert. Die „Georg Ots" konnte nicht nach Hause. Die Verbindung funktionierte tadellos. Von Pirita war das Motorboot der Regierung abgefahren. In den nächsten Stunden sollte sich herausstellen, ob das Boot Helsinki erreichen würde, ob die Blockade dicht oder durchlässig sein würde. Ein finnischer Politiker rief an und fragte, ob Estland Georgi Arbatow[12] behilflich sein könne. Der Putsch hatte ihn in Helsinki überrascht und in völlige Ungewißheit bezüglich des Schicksals seiner Familie gebracht. Wir wurden verbunden und bekamen direkte Informationen aus Moskau und Arbatows Kommentare dazu. Ich gab eine Pressekonferenz, die erste von dreien. Ich war guter Laune und konnte das nicht verbergen. Es war klar, daß die Putschisten nicht in der Lage waren, einen richtigen Putsch durchzuführen. Viele Menschen kamen zusammen; es gab viele Fragen. Die Journalisten waren von meinem Optimismus überrascht. Sie waren gut unterrichtet und wußten, daß eines der G-7-Staatshäupter voreilig die Putschisten anerkannt hatte. Ich beantwortete ihre Frage mit der Gegenfrage: „Sind Sie jemals einem General begegnet, der eine Kuh melken könnte?" Dieses Gefühl der Sicherheit ergab sich aus dem Wissen, daß es den Putschisten nicht gelang, in den ersten sechs Stunden strategische Knotenpunkte, allen voran das Fernsehen, in ihre Hand zu bekommen; das Fernsehen, dessen Monopolmacht in Rußland unvergleichlich größer ist als in der westlichen Welt. Der Gang der Ereignisse in Estland schien das zu bestätigen.

Das Boot kam durch. Die in Estland stationierten sowjetischen Truppen, die Kriegsmarine und die Grenzwache führten die Befehle nur wahlweise aus, was die Putschisten dazu zwang, Truppen aus Pleskau nach Estland zu schicken. Der Machtapparat brach zusammen, und wir waren Zeugen. Von der Seite betrachtet und über die weltweite Information verfügend war es in Helsinki leichter, zu dieser Folgerung zu gelangen, als in Tallinn. Für mich konzentrierte sich alles auf ein Ziel: Dieser aus dem letzten Loch pfeifende Dinosaurier sollte nicht auf Estland stürzen.

Edgar Savisaar und Ignar Fjuk[13] kamen an. Die Tuglas-Gesellschaft summte wie ein Bienenstock. Mit Mühe konnten wir

---

[12] Sowjetischer Historiker und Wirtschaftswissenschaftler, hoher Parteifunktionär, ab 1967 Direktor des USA - und Kanada-Instituts bei der AdW der UdSSR.

[13] Estnischer Politiker und Architekt.

eine ruhige Ecke auftreiben, um Informationen auszutauschen und um weitere Aktivitäten zu planen. Savisaars ungeduldige Energie war auf ein einziges Ziel gerichtet: ohne Zeit zu verlieren nach Tallinn zu kommen. Ich las ihm die Rohfassung des Briefes an die Mitgliedsstaaten der OSCE vor, worin ich um die Wiederaufnahme der diplomatischen Beziehungen mit der Republik Estland ersuchte. Ich begleitete ihn. Auf dem Wege betraten wir kurz das Palace-Hotel am Hafen, wo Georgi Arbatow sich aufhielt. Er war deutlich besorgter als wir. Den Grund konnte man ahnen: Estland war sich seines Zieles und seiner neuen Möglichkeiten bewußt; die Sowjetunion hatte beides verloren.

Zum Glück war der Finnische Meerbusen ruhig. Unter den glänzendweißen großen Luxusbooten nahm sich das Motorboot der Regierung wie das häßliche Entlein aus. Ein finnischer Journalist, der unsere Schritte seit der Tuglas-Gesellschaft aufgenommen hatte, knipste sein letztes Bild gerade in dem Augenblick, als Edgar Savisaar mich im Boot ansprach. Für die Geschichte war das Boot lächerlich klein. Der Ministerpräsident drückte mir die Hand und sagte: „Wenn ich bis Mitternacht Domberg[14] nicht erreicht habe, schlag' Lärm, so daß es widerhallt." Ich versicherte ihm, ich hätte das sowieso getan. Wichtig war etwas anderes: Vom Standpunkt der großen Politik aus war die Entwicklungsrichtung klar, doch die große Politik ist Berechnung. Auf der zwischenmenschlichen Ebene funktioniert die Berechnung nicht, auf der zwischenmenschlichen Ebene hat die Unbestimmbarkeit ihren Anteil, und gerade dieser Unbestimmbarkeit ist das blauen Benzindunst ausstoßende Bootchen entgegengefahren.

Am nächsten Tag waren sowohl Briefe als auch der Operativplan fertig. Ich rief meinen guten Freund Hannibalsson an, der Anfang des Jahres als einziger mitgeteilt hatte, daß Island bereit sei, die diplomatischen Beziehungen zu Litauen wiederaufzunehmen. Wegen der wütenden Einmischung der Sowjetunion blieb das jedoch aus. Hannibalsson war gerne bereit, den litauischen Außenminister Saudargas, den lettischen Außenminister Jurkans und mich so schnell wie möglich in Reikjavik zu empfangen. Doch keiner der Kollegen war zu Hause. Ich habe Landsbergis angerufen, dem es gleich einleuchtete, daß man das Eisen schmieden mußte, solange es heiß war, und der versprach, den Außenminister hinüberzuschicken. Jurkans hatte Schwierigkeiten, den richtigen Zeitpunkt zu erkennen. Er bereitete sich in London auf einen Fernsehauftritt vor. Durch Freunde mußte ich auf ihn Druck ausüben. Vom Morgen an wehte an der Tür

---

[14] Anhöhe in Tallinner Altstadt, Sitz der Regierung und des Parlaments.

der Tuglas-Gesellschaft die Fahne der Republik Estland. Sie fungierte als Botschaft. Ein unbekannter Finne hatte uns eine große schwarze Limousine zur Verfügung gestellt. Die stand vom Frühmorgen an vor der Tür. Ich befahl, die estnische Flagge am Wagen anzubringen. Gegen Mittag wurden die an die OSCE-Mitgliedsstaaten adressierten Briefe fertig. Ich rief sieben Botschaften an und teilte mit, daß ich die Briefe persönlich überreichen werde. Im Wagen habe ich die letzten Briefe unterschrieben. Auf der Nord-Esplanade machten wir an der roten Ampel halt. Auf der Straße war ein Durcheinander ausgebrochen, die Wagen hupten lange. Die Menschen riefen etwas, ich tippte auf einen Verkehrsunfall und schaute zum Fenster hinaus. Wie es manchmal in der Geschichte ist, war alles viel einfacher: Die Finnen zollten der estnischen Fahne Beifall, die wieder auf den Straßen von Helsinki erschienen war, um nie wieder zu verschwinden.

    Ich drückte mich in die Wagenecke und fühlte, was das Glück bedeutet, den glücklichsten Augenblick seines Lebens zu erkennen, noch ehe er vorbei ist.

Die Strategie der Wirtschaftsreform in Estland

*Rede auf der Konferenz der Außenminister der G-24 in Brüssel,
11. November 1991*

Meine Damen und Herren!

Anfang des vergangenen Jahres hatte ich in der estnischen Hauptstadt Tallinn vor einer etwa 10.000köpfigen Menschenmenge eine Rede zu halten. Ich sagte: Ihr habt die Unabhängigkeit gewählt. Es ist meine Pflicht, Euch zu warnen, daß diese Wahl Schweiß, Blut und Tränen mit sich bringen wird. Ich spürte und ich spüre auch jetzt noch die plötzliche Stille der Zuhörer, das fast feindselige Mißtrauen. Doch keiner hat mich ausgepfiffen.

Der Grund, warum ich Winston Spencer Churchills Worte damals vor einem Auditorium gebrauchte, das sie fünfzig Jahre lang hinter dem Eisernen Vorhang nie gehört hatte; der Grund, warum ich sie Ihnen heute wiederhole, hier, wo diese Worte hoffentlich immer noch in Schulbüchern gedruckt stehen – der Grund ist einfach und setzt sich aus zwei Bestandteilen zusammen. Gestatten Sie mir, von den verbleibenden neun Minuten eine Minute Ihrer Aufklärung zu widmen.

Der erste Grund liegt darin, daß man sogar die Demokratie und ihre Grundmauer, das freie Schaffen der Persönlichkeit, das unveräußerliche Recht der Persönlichkeit zu entscheiden und für ihre Entscheidungen einzustehen, kurz – die Demokratie und ihre Grundmauer, die freie Marktwirtschaft, der Gesellschaft nicht per Befehl aufdrängen kann, sondern sie muß entstehen aus der inneren Überzeugung der Menschen selbst, aus der Summe der Überzeugungen der Menschen, aus dem Willen des Volkes. Ich bin stolz darauf, daß dieser Wille bei den Esten bedeutend stärker ist als bei vielen anderen Völkern Europas. Damit will ich nicht sagen, daß wir klüger sind als Sie. Was ich sagen will, ist, daß wir mehr gelitten haben als Sie; wir haben den Todeshauch des totalitären Systems gespürt; und wie die Durstigen und Hungrigen können wir die elementaren Werte besser schätzen als Sie – Wasser, Brot, Sonnenschein, oder, wenn Sie Pathetik lieber haben, Freiheit, Brüderlichkeit und Gleichheit in deren nichtsozialistischer Bedeutung. Unterschätzen Sie nicht den Willen des Volkes.

Und der andere Grund: Churchills Worte stammen aus dem Unterhaus in der Zeit des Zweiten Weltkriegs. Der Krieg stand noch bevor. Viele, die diesen Worten Beifall geklatscht haben, haben keinen Sieg gesehen.

Meine Damen und Herren, Anfang des vergangenen Jahres, vor zwanzig Monaten, in diesem Jahr, vor zwei Monaten, und auch heute noch ist der Zweite Weltkrieg für das estnische Volk immer noch nicht beendet. Er hat bei uns achtmal länger gedauert als anderswo in Europa. Unser Schicksal trennte sich vom Rest Europas zur Zeit der Konferenzen in Jalta und Potsdam, und die Tatsache, daß wir heute in diesem Saal wieder an einem Tisch vereinigt sind, ist erfreulich, doch sie besagt nicht, daß der Zweite Weltkrieg in Estland zu Ende gegangen wäre. Er ist vieleicht juristisch zu Ende gegangen. Auf dem Papier. Das estnische Parlament kontrolliert die estnische Regierung. Das estnische Parlament kontrolliert die estnischen Grenzen. Doch der Übergang zur freien Marktwirtschaft ist langsam und mühsam, denn das sowjetische Wirtschaftssystem kontrolliert immer noch die estnische Wirtschaft durch die Rohstoffe, die Bankstrukturen, die nach Estland umgesiedelten und paramilitärisch organisierten Zivilgarnisonen und – *last but not least* – die in Estland stationierte sowjetische Besatzungsarmee, die immer noch im Lande ist.

Verhandlungen zwischen der estnischen und sowjetischen Regierungsdelegation haben erst vorgestern begonnen.

Kurz gesagt, das ist die Startlinie, an der Estland den Rückweg zur freien Marktwirtschaft und in die Strukturen Europas angetreten hat.

Im Vergleich zu zentraleuropäischen Staaten, den früheren sogenannten Volksdemokratieländern, sind einige Probleme bei uns schwieriger, doch einige Voraussetzungen auch besser.

Die Besetzung und die planmäßige Kolonisierung der Republik Estland hat die staatlichen, administrativen und rechtlichen Strukturen Estlands, deren Traditionen bis ins 13. Jahrhundert zurückreichen, gründlich zerstört. Im Unterschied zu der weit verbreiteten allgemeinen Meinung ist Estland nie eine Provinz Rußlands gewesen, sondern ein eigenes Gebiet mit europäischen Strukturen und klar ausgeprägter nordischer Identität. Das militärische Brechen des estnischen Widerstands, die Kolonisation Estlands und seine Integration ins sowjetische Wirtschaftssystem gipfelte 1949 in brutalem Terror. Dieser brachte die Vernichtung von Privatlandhöfen und die Kollektivierung der Landwirtschaft, sowie Massendeportationen der Bevölkerung nach Sibirien mit sich. Die leer gewordenen Wohnungen, Häuser und Dörfer wurden mit aus der Sowjetunion umgesiedelten Arbeitskräften gefüllt, mit deren Einsatz man in Estland in forciertem Tempo mit dem Ausbau der Militärindustrie begann. So wurde in Estland das sogenannte Nationalitätenproblem und die Zivilgarnison hervorgerufen. Vor dem Zweiten Weltkrieg hatte

Estland wie alle nordischen Länder eine national homogene Bevölkerung, in den heutigen Grenzen haben die Esten 90% der Bevölkerung ausgemacht. Heute ist der Anteil der Esten auf 62% gesunken. Von der estnischen Industrie sind heute 93% einseitig auf die Märkte in der Sowjetunion orientiert. Daraus ergeben sich unsere politischen und wirtschaftlichen Prioritäten.

Zur Zeit wird in Estland ein demokratisches Grundgesetz ausgearbeitet, das von den estnischen Bürgern durch eine Volksabstimmung hoffentlich auch gutgeheißen werden wird. Die Formulierung des Grundgesetzes hat unter Teilnahme von Experten des Europarats aus Deutschland, England, Kanada und den Vereinigten Staaten stattgefunden.

Parallel dazu wird auch das Staatsbürgerschaftgesetz vorbereitet. Das estnische Parlament garantiert allen nationalen Minderheiten die in Europa gültigen Menschenrechte. Wir sind stolz darauf, daß auf dem Referendum vom 2. März über 76% der Bevölkerung, unabhängig von der nationalen Zugehörigkeit des Votanten, für die selbständige unabhängige Republik Estland gestimmt haben. Dessenungeachtet halten wir es für wahrscheinlich, daß die Extremisten im Kreml zur Hemmung der Demokratisierung und der Dekolonisierung die Nationalitätenfrage stellen und versuchen werden, den Wert der in Europa gültigen Menschenrechte in Zweifel zu ziehen. Die natürlichen Verbündeten Estlands in diesem Dekolonisierungsprozeß sind die demokratischen Parteien und politischen Kreise Rußlands.

In der Wirtschaftspolitik hat das Parlament die Voraussetzungen für die freie Marktwirtschaft geschaffen.

Im Gesetz über die Grundlagen der Eigentumsreform wurden die Privatisierung des Staatseigentums und die Rückerstattung des Eigentums an die Besitzer gemäß der Rechtsnachfolge festgelegt.

Das Gesetz über die Auslandsinvestitionen schafft rechtliche Garantien für die Investoren. Das Gesetz über die Steuervergünstigungen für Betriebe mit Auslandskapital gibt den Betrieben für die ersten Tätigkeitsjahre nenneswerte Einkommensteuervergünstigungen, die bis zur völligen Steuerbefreiung reichen können. Als Ergebnis dieser und anderer parlamentarischer Akte sind heute in Estland über 600 *joint-ventures* mit Auslandsbeteiligung zustandegekommen. Die Intensität dieser Entwicklungen unterscheidet sich wie Tag von Nacht von allem, was man in der Sowjetunion beobachten kann.

Zuvor habe ich gesagt, daß Estland im Vergleich zu Zentral-Europa größere Schwierigkeiten, aber auch größere Vorteile hat.

Unser erster Vorteil ist unsere Kleinheit. Die Wirtschaft und Gesellschaft Estlands sind überschaubar und durchsichtig. Die Beziehungen zwischen Ursache und Wirkung sind sichtbar und durch die Presse augenblicklich analysierbar. Die estnischen Arbeitskräfte sind relativ gut ausgebildet und, ich glaube, besser motiviert als die Arbeitskräfte in Polen, der ehemaligen DDR oder Rumänien: Wir haben nie irgendwelche Illusionen gehabt, und trotz unserer kolossalen Menschenopfer hat Estland nie das sowjetische System ernst genommen; vielmehr sind wir in Silvesternächten immer ein bißchen verwundert gewesen, daß es sich immer noch hält. Diese gesellschaftliche Motivation müssen wir in der Wirtschaftspolitik einsetzen.

Und als einen sehr wesentlichen Zug möchte ich hervorheben, daß Estland hinsichtlich seiner Energieversorgung unabhängig ist: Fast 40% der Elektroenergie wird zu kolonialen Preisen in die Sowjetunion ausgeführt.

Die energietechnische Basis der estnischen Wirtschaft ist unser Ölschiefer. Seine Vorräte sind groß, und die Technologie ist bis zum Zweiten Weltkrieg die modernste der Welt gewesen. Wir produzierten aus dem Ölschiefer Benzin und exportierten Dieselbrennstoff sowie schwere Öle.

Als dritten Vorteil nenne ich eine entwickelte Landwirtschaft. Estland war und ist immer noch der Exporteur von Milcherzeugnissen und Fleisch. Die Arbeitsproduktivität eines Menschen ist in Estland fast dreimal so hoch wie der Durchschnitt in der ehemaligen Sowjetunion.

Und als vierten Vorteil erwähne ich eine im Vergleich zu Zentral- und Ost-Europa relativ gute Infrastruktur. Estland hat drei eisfreie Häfen für Schiffe mit großer Tonnage und einige Dutzend kleinere, die man wiederherstellen muß; ein halbes Dutzend Flughäfen, davon einer ein internationaler, und ein dichtes Eisenbahnnetz. Und die größte Entfernung zur nächsten Bushaltestelle beträgt in ganz Estland weniger als 6 Kilometer.

Vielleicht wundert es Sie, daß ich ein so optimistisches Bild präsentiere, das den Bedarf an Hilfsprogrammen in Zweifel stellt. Lassen Sie es mich erklären.

All das bisher Aufgezählte ist Vermächtnis, das Vermächtnis des unabhängigen Estland in der ersten Hälfte des Jahrhunderts. Das ist das Kapital, von dem wir gelebt haben, und heute geht dieses Kapital seinem Ende zu. Jetzt leben wir auf Kredit, leben auf Kosten der Kinder, die schon heute die Prozente des gestrigen Darlehens bezahlen müssen. Die Bewahrung des hohen Quantitätsniveaus ist überall – außer in Wissenschaft und Kultur – auf Kosten einer Qualitätsminderung geschehen. Nur ein Beispiel: Aufgrund einiger Berechnungen verbraucht Estland *per capita* neunmal mehr Energie als Schweden.

Das ist ein tragisches Beispiel. Es ist allgemein bekannt, daß man in der ehemaligen Sowjetunion die baltischen Republiken – und darunter Estland – als die entwickeltste Region ansah, als Schaufenster des Sozialismus. Am obigen Beispiel zeigt sich der Preis dieses illusorischen Schaufensters. Die Krise, von der wir betroffen sind, ist gleichzeitig wirtschaftlich, politisch und sozial. Sie ist tiefer als allgemein angenommen, und offenbart sich ausnahmslos in allen Bereichen, leider auch im Bereich der menschlichen Qualitäten.

Die Folgerung ist hart: Das Problem, das wir behandeln, ist kein Beinbruch, den man mit einem einfachen Heilmittel kurieren kann. Es ist der extreme Erschöpfungszustand des Organismus, der ihn leicht anfällig macht für allerlei Ansteckungen, und in diesem kritischen Zustand kann sogar ein Schnupfen fatal wirken.

Die wirtschaftspolitischen Schlüsse sind folgende:

Unser heutiger Zustand setzt zuerst eine verständige, koordinierte und massive Hilfe zum Überleben voraus. Das ist keine Kosmetik. Es muß ein starker Impuls sein, damit der Blutkreislauf der Marktwirtschaft in Gang kommt. Ein Elektroschock, wenn Sie wünschen, keine Herztropfen wie Validol. Wir müssen die Selbstregulation der Marktwirtschaft starten. Wenn der Impuls nicht ausreichend kräftig ist, sind die Hilfsmittel vergeudet. Verstehen Sie mich richtig: Ich spreche nicht davon, daß mehr Hilfe besser ist als weniger Hilfe. Ich spreche vom Zeitfaktor: Der Anfang benötigt einen starken Schock oder große Mittel. Wenn der Blutkreislauf der Marktwirtschaft schon funktioniert, fällt der Bedarf an Hilfe schnell ab. Das ist eine effektivere, doch auch billigere Lösung.

Im Außenministerium Estlands hat man zur Koordinierung von Hilfsprogrammen die Abteilung für Wirtschaftspolitik geschaffen, und ich wäre den G-24 sehr dankbar, wenn eine ähnliche Koordinierungszentrale auch in Brüssel ins Leben gerufen würde.

Wir haben unsere Programme in drei Gruppen eingeteilt, die gleichzeitig gestartet werden, doch verschieden lang sind.

Die primäre Aufgabe ist das Überleben. Dieses Programm setzt eine außerordentliche Hilfe voraus und dauert bis zum Juni 1992. Die vorrangigen Bedürfnisse sind Heizstoff für den bevorstehenden Winter, Medikamente für Winter und Frühling, Tierfutter und Ausbau der Telekommunikation.

Die zweite Aufgabe ist die genaue Kenntnis und Beschreibung unserer Bedürfnisse in einer Sprache und Statistik, die die Welt versteht, die Schaffung von Voraussetzungen zum Einsatz von Auslandskapital in Estland, folglich auch die Wiederherstellung des estnischen Banksystems und die Ersetzung des Rubels durch die konvertierbare estnische Krone. Auch diese Etappe hat schon begonnen und wird bis zum Ende des nächsten Jahres anhalten. Der Übergang zur nationalen Währung setzt die Kontrolle der Grenze zwischen Estland und der Sowjetunion voraus, also estnischen Grenzschutz, Zoll und Schutztruppen, also vor allem die Lösung der politischen Probleme und den Abschluß des staatlichen Vertrags zwischen den beiden Staaten.

Die dritte Aufgabe ist die Rekonstruktion der estnischen Landwirtschaft und besonders der Industriebetriebe, die Umwandlung der bisherigen Rüstungsfabriken, die Orientierung an der Ausfuhrproduktion und die Umschulung von zehntausenden Menschen für neue Arbeitsstellen in Industrie und Landwirtschaft; weiterhin die Schulung von Staatsbeamten, Diplomaten, Richtern, Unternehmern, Bankspezialisten. Auch diese Etappe hat begonnen, doch wird sie sich Ende des Jahres 1992 merklich beschleunigen.

Wie Sie sehen, sind die Schwierigkeiten groß. Sie sind groß, weil alle oben aufgezählten Aufgaben gleichzeitig erfüllt werden müssen, denn sie stehen in gegenseitiger Abhängigkeit. Hier gibt es nicht diesen märchenhaften Knoten, bei dessen Entwirrung sich alle übrigen Knoten wie von selbst lösen. Alle müssen überall alles selbst tun. Und doch wage ich auf eine Ausnahme hinzuweisen. Auch in den schwersten Jahren des totalitären Regimes wurden in Estland Kühe gemolken, Häuser gebaut, Kinder geboren, Maschinen konstruiert. Bessere oder schlechtere, doch sie alle haben eine ununterbrochene Kontinuität.

Mit einer Ausnahme.

Die sowjetische Gesellschaft ist *per definitionem* eine geschlossene Gesellschaft hinter einem Eisernen Vorhang. Eine geschlossene Gesellschaft konnte keine internationalen Beziehungen haben. Sie waren verboten, die Pflege von Beziehungen wurde bestraft. Die Wiederaufnahme von Auslandsbeziehungen, die Gründung von Botschaften, das Finden von Diplomaten ist daher unsere Achillesferse. Jetzt, wo die Tür offen steht, haben wir Probleme mit dem Übertreten der Schwelle. Wir haben Schwierigkeiten mit der Unterhaltung von Kontakten zwischen den Regierungen, so wie sie international üblich sind. Wir haben Schwierigkeiten mit dem Führen eines Dialogs mit Ihnen und mit dem Gebrauch einer Ihnen verständlichen Sprache, um Ihnen mitzuteilen, dass wir Schwierigkeiten haben mit dem Führen eines Dialogs mit Ihnen.

Die Auslandsbeziehungen sind das wichtigste Werkzeug des neuen, sich integrierenden Europa. Seien Sie uns behilflich bei der Beschaffung dieses Werkzeugs, und wir werden Ihnen behilflich sein, das neue Europa zu bauen.

Europa als Ziel

Rede im Europarat in Straßburg, 26. November 1991

Die Republik Estland, einer der vielen zentraleuropäischen Staaten, die heute ihre Selbständigkeit und ihre demokratischen Strukturen wiederherstellen, wird sehr bald neben Ungarn, Tschechien und der Slowakei ein Vollmitglied des Europarates werden, wie das heute morgen mit Polen der Fall war. Gestatten Sie mir, dem polnischen Volk und insbesondere meinem alten Freund, dem Außenminister Skubiszewski, herzlich zu gratulieren.

Wir teilen die gleiche Vergangenheit, die Totalitarismus hieß, und bewegen uns auf die gleiche Zukunft zu, die Europa heißt.

Ich nenne Europa als ein Ziel. In den Augen Estlands ist Europa kein geographischer Begriff. Geographisch ist Europa, insbesondere aber West-Europa eine erschreckend kleine Halbinsel im Westen des Festlands Eurasien, ein Pferdeschwanz, wenn man die Welt mit den Augen von Etzel oder Dschingis-Khan betrachtet.

Zum Glück ist dieser Blick uns fremd.

Den Esten ist Europa ein Ziel, denn es ist gleichzeitig ein ethisches, politisches und wirtschaftliches Programm. Auch die Kinder, die heute in Straßburg zur Welt kommen, müssen weiterhin Europäer werden. Wenn man bis zur Individualebene hinuntersteigt, ist das Ihnen nicht immer gelungen. Nach geographischer Logik waren auch Dr. Goebbels oder Heinrich Himmler oder der in meiner Heimatstadt geborene und zur Schule gegangene Alfred Rosenberg, der Verfasser des „Mythos des zwanzigsten Jahrhunderts", Europäer.

Zum Europäer wird man nicht geboren.

Zum Europäer wird man.

Wie Sie sehen, ist in den Augen der Republik Estland der Grundwert des vereinigten Europa und unserer abendländischen Kultur vor allem der Mensch und seine Rechte.

Der Mensch wird nie fertig werden.

Die Menschenrechte werden nie eine ideale und endgültige Gestalt annehmen, eine Gestalt, neben der es keinen Platz mehr gäbe für die Sehnsucht nach einem noch menschlicheren Menschen und einem noch richtigeren Recht.

Das Anliegen, diesem Ziel entgegenzugehen und nie Halt zu machen, teilen wir heute schon, unabhängig davon, daß Estland bei Ihnen mit dem Status eines Sondergasts auftritt. Geschichte oder Politik sind keine paläontologischen Phänomene. Sie behandeln keine versteinerten Zustände. Sie betrachten die Tendenzen, die Entwicklungsrichtungen.

Die Republik Estland hat erst vor drei Monaten ihre Selbständigkeit restituiert, nach fünfzig Jahren Besetzung durch einen totalitären Großstaat. Doch schon vor anderthalb Jahren hat das zum ersten Mal nach dem Zweiten Weltkrieg demokratisch gewählte Parlament und die von ihm eingesetzte Koalitionsregierung ein umfangreiches Reformprogramm mit dem Ziel begonnen, die Wirtschaft Estlands zu dekolonisieren, das Mehrparteiensystem, Privateigentum und die freie Marktwirtschaft als die wichtigste Voraussetzung der demokratischen Gesellschaft wiedereinzuführen. Das in der Sowjetunion herrschende wirtschaftliche Chaos ist Ihnen bekannt sowie die wirtschaftlichen Schwierigkeiten von zentral- und osteuropäischen Staaten, darunter Estland. Ich persönlich habe mich immer ein bißchen über die westeuropäischen Politiker gewundert und Mitleid mit ihnen gehabt, wenn sie als Ursachen eines solchen dramatischen Verfalls die in der Wirtschaftsplanung begangenen Fehler benannt haben – oder die mangelhafte Infrastruktur oder die Tatsache, daß die asphaltierten Straßen in Rußland im Herbst unbefahrbar und die Zweiggleise in Eisenbahnstationen zu kurz sind, um einen entgegenkommenden Zug vorbeizulassen, weshalb die Kartoffelernte verfault.

Ich habe nicht den geringsten Zweifel, daß Ihren Wissenschaftlern hinter diesen und anderen sehr akademisch klingenden und mir komisch scheinenden Analysen das Wichtigste entgangen ist: Der Verfall menschlicher Qualitäten, die Degradierung des Menschen und seiner Schaffenskraft in der totalitären Gesellschaft, in der Kreativität verboten ist, denn die Kreativität ist nichts anderes als das unveräußerliche Recht des Menschen, souveräne Entscheidungen zu treffen und die Bereitschaft, für sie einzustehen.

In diesem Sinne ist die Gesetzgebung des Parlaments und der Regierung der Republik Estland zur Dekolonialisierung ihrer Wirtschaft zugleich eine Gesetzgebung, die auch Menschenrechte betrifft, was oft nicht so gesehen wird. Für wichtiger halte ich, daß nur drei Monate nach der internationalen Wiederanerkennung der Republik Estland sich das estnische Parlament den UNO-Verträgen zum Schutz der Menschenrechte angeschlossen hat, darunter auch dem freiwilligen Zusatzprotokoll des Pakts der Zivil- und politischen Rechte. Dieses verleiht einem jeden Menschen, auf den sich die Jurisdiktion der Republik Estland ausweitet, das Recht, sich an das estnische Gericht oder notfalls auch an die UNO-Kommission für Menschenrechte zu wenden.

Heute bereiten wir den Anschluß der Republik Estland an die europäische Menschenrechtskonvention vor.

Der Status des Sondergastes gibt uns das Recht, uns an Ihren Zusammenarbeitsprogrammen zu beteiligen. Ich präsentiere sechs Punkte, welche für die estnische Regierung eine Priorität darstellen.

1. Informationsaustausch mit dem Europarat und seinen Mitgliedsstaaten, darunter auch die Anschaffung der nötigen juristischen Literatur und Verbindungsmittel.

2. Ausbildung von Spezialisten (für Menschenrechte, internationale Beziehungen, Lehrer).

3. Übersetzung der Grunddokumente der Menschenrechte ins Estnische mit dem Ziel, sie dem Gesetzgeber und dem Bürger zugänglich zu machen.

4. Begutachtung des Grundgesetzes: Wir schätzen die bisher geleistete Hilfe hoch ein und hoffen auf die Hilfe der Gutachter auch bei der Anwendung des Grundgesetzes, Staatsbürgerschaftsgesetzes und Wahlgesetzes.

5. Wirtschafts- und Sozialrechte.

Doch *last but not least* erwarten wir Ihre Hilfe in einer Frage, in der sich die Verletzung der Menschenrechte in Estland am drastischsten ausdrückt: Ungeachtet der Übereinkommen zwischen dem estnischen Regierungschef und der politischen Führung der Sowjetunion sind die sowjetischen Truppen nicht nach dem übereingekommenen Zeitplan aus Estland abgezogen. Die Anwesenheit der sowjetischen Truppen beeinflußt unvermeidlicherweise die politischen Beschlüsse im Parlament und stellt die Volksabstimmung zur Gutheißung des neuen Grundgesetzes im Frühling 1992 in ein mehr als zweideutiges Licht. Die estnische Regierung würde dem Ministerialkomitee des Europarates dankbar sein, wenn der Abzug der Truppen der Sowjetunion aus Estland aufgrund der schon abgeschlossenen und noch zu schließenden Verträge im europäischen Geiste des gegenseitigen Einverständnisses unter internationaler Kontrolle vor sich gehen würde.

Ich stütze mich auf die demokratischen Traditionen Estlands, die erfolgreich der Besatzungszeit des totalitären Regimes getrotzt haben, und blicke hoffnungsvoll in die Zukunft, in der Estland ein Vollmitglied dieses hohen Rates sein wird.

1992

Das ist das Jahr der Wiederherstellung der grundgesetzlichen Ordnung und der grundgesetzlichen Institutionen Estlands, der Sicherung der wiedererkämpften Unabhängigkeit. Das in Rußland entstandene wirtschaftliche Chaos droht, auch auf Estland überzugreifen, wo vorläufig notgedrungen immer noch der Rubel gilt, es an Lebensmitteln mangelt und eine Energiekrise ins Haus steht.

Doch mit dem Wiederaufbau des Staates wird nicht gezögert. In diesem Zusammenhang ist das Verabschieden des neuen Grundgesetzes durch Plebiszit, die Bildung der Staatsversammlung (des Parlaments) und Lennart Meris Wahl zum Präsidenten von höchster Bedeutung. Es wird die erste grundgesetzliche Regierung nach einem halben Jahrhundert gebildet.

Zum hauptsächlichen Hebel der rasch anlaufenden Wirtschaftsreformen wird die wiederhergestellte estnische Krone, die nach dem Grundsatz des Währungskomitees an die deutsche Mark gebunden wird.

Zugleich beginnen auch die unendlich mühsamen Verhandlungen zum Regulieren der Beziehungen mit dem Rechtsnachfolger der Sowjetunion, Rußland – ein Prozeß, der Jahre andauert.

Das schmerzhafte Licht der Freiheit

Rede anläßlich des 74. Jahrestages der Republik Estland in Stockholm, 22. Februar 1992

Der Heros des estnischen Volksepos ist Kalevipoeg. Dem Zuhörer, der sich in der europäischen Kultur auskennt, wird es nicht unbemerkt bleiben, daß der estnische Kalev und der finnische Kalevala sich klanglich nahestehen: Kalev – Kalevala. Das zeigt nicht nur die klangliche, sondern vor allem sprachliche, kulturelle, ja, historische Nähe. Wir sind mit den Finnen die einzigen in der Welt, für die *Sverige* nicht Schweden ist, sondern *Rootsi*. Und mit Skandinavien sowie einigen Regionen in England sind wir die einzigen in der Welt, denen die Zuwendung des Lebens zur Sonne und der Geburtstag Jesu nicht Christmas, sondern *jõulud, jul* heißen. Die See hat uns nie getrennt, sondern verbunden und unsere Wurzeln mit den gleichen Salzen ernährt. Kurz, ich möchte das Wort verwenden, das jetzt, beim Eintreten in oder beim Annähern an die EU, für kleine Völker, wie wir es sind, sowohl für die Schweden wie für die Esten, eine akute Wichtigkeit erlangt hat. Dies Wort ist „Identität".

Warum spreche ich heute, hier, vor dem vierundsiebzigsten Jahrestag der Republik Estland, zu Ihnen von der Identität?

Aus einem einfachen Grunde. Der estnische Staat wurde am 24. Februar aus dem Selbständigkeitsmanifest, unserem ersten staatsrechtlichen Dokument, geboren. Doch das Selbständigkeitsmanifest seinerseits bestätigt unser Recht, selbständig unseren Staat und unser Schicksal zu meistern, mit dem Hinweis auf Kalevipoeg: auf ein Bild und eine Idee, die sicher über tausendfünfhundert Jahre alt sind. Also haben wir gleichsam zwei widerspruchsvolle Geschichten: die eine, die *geschrieben ist* und solange hält, wie es Papier gibt. Und die andere, die *nicht geschrieben ist* und solange lebt, wie das Volk lebt. Erstaunlicherweise ist diese andere Geschichte dauerhafter und gerechter. Ihr fehlen die Paragraphen und Protokolle, egal ob geheime oder öffentliche. Ihr wohnt die mit unseren Händen geschaffene Landschaft inne, in der der Mensch steht. Die Geschichte lebt im Menschen, der Mensch ist die Geschichte.

Und um diese großzügige Vision abzuschließen: Diese zwei widerspruchsvollen Geschichten, die geschriebene und die ungeschriebene, verflechten sich von Zeit zu Zeit, einander verstärkend. Das geheime Hauptquartier des Rettungskomitees[15] in Tallinn, Tartuer Chaussee 11, war ein kleines Holzhäuschen – zwei Fenster, Dachboden, Holzschuppen. Es stand den Neubauten im Wege und wurde abgerissen, als im Kreml nach Chrustschow Breschnew an die Macht kam und sich die politischen Prozesse gegen Dissidenten beschleunigten. Zu dieser Zeit waren in Estland bereits über 30 Millionen Bücher vernichtet worden, mit anderen Worten, es war vernichtet worden, was ich geschriebene Geschichte genannt habe. Doch die Haustür, hinter der unser erstes staatsrechtliches Dokument geboren wurde, war achtsam aus den Angeln gehoben und auf dem Lande versteckt worden, für das Geschichtsgedächtnis des kommenden Estland. Die geschriebene Geschichte kann man vernichten, die ungeschriebene Geschichte verschwindet nur mit dem Volk.

Und so bin ich bei der Hauptfrage der estnischen Außenpolitik angelangt: Haben wir in den letzten zwei Jahren eine ausreichende Garantie schaffen können, damit der estnische Staat und das estnische Volk nicht vernichtet werden?

Die Antwort, meine Damen und Herren, ist negativ.

Auch die Tür des Rettungskomitees ist noch versteckt, für alle Fälle.

Es stimmt, wir sind tüchtig vorangekommen, und es gibt keinen Mangel an blauschwarzweißen Symbolen in Tallinn. In diesem Bereich ist die Inflation vielleicht am größten, also auch am gefährlichsten.

Doch das Damoklesschwert hängt nach wie vor über unserem kleinen Volk, das im zwanzigsten Jahrhundert noch kleiner geworden ist und, wichtiger, noch schwächer: Wir kriechen aus der Dunkelheit des Eisernen Vorhangs hervor ins schmerzhafte Licht der Freiheit. Auf schwankenden Beinen verlassen wir die Baracke, in der uns das Grundrecht des Menschen abgesprochen wurde: das Recht, Entscheidungen zu treffen und für seine Entscheidung auch Verantwortung zu tragen. Wir waren immer so sehr mit uns selbst beschäftigt, daß wir die Welt gar nicht wahrnehmen konnten, die sich um uns inzwischen verändert hat.

Das sind gewöhnliche Symptome nach einer zehrenden Krankheit, ob sie Scharlach oder Kommunismus heißt, und Sie können mich beruhigen, indem Sie sagen, daß diese Symptome vorübergehen. Ich stimme mit Ihnen überein: Alles geht vorüber. Unter der Bedingung,

---

[15] 19. 02. 1918 illegal gebildetes Operativorgan (K. Päts, J. Vilms, H. Konik), hat am 24. 02. 1918 das Selbständigkeitsmanifest Estlands ausgerufen und die provisorische Regierung Estlands ins Amt gesetzt.

daß man Zeit hat dafür. Doch für Estland droht die Zeit knapp zu werden, wir müssen die Monate und Wochen zählen.

Wir sind ein Teil Europas, genauer: der Ostseeregion. Die sozialwirtschaftlichen Prozesse Rußlands haben einen unmittelbaren Einfluß auf die Ostseeregion und vor allem auf die baltischen Staaten. Der voraussehbare Produktionsrückgang um 50% und der prognostizierte Anstieg der Inflation um 700% wird in Rußland eine gefährlich instabile Lage hervorrufen. Der Kommunismus als Religion und Ideologie hat sich gründlich kompromittiert. Das entstandene ideologische Vakuum füllt sich schnell mit der Vision aus der Zeit Peters des Großen und Katharina der Zweiten von dem einheitlichen Rußland, dem Herrscher über die Meere. Mangels eines besseren wird auch dieser Brei gegessen. Schirinowski sprach schon von Finnland als einem russischen Großherzogtum und drohte den Japanern die dritte Atombombe an, wenn sie die Kurilen nicht preisgeben. In den Präsidentschaftswahlen ist er auf einen starken dritten Platz gerückt. Auch Hitler wurde vom durch Verzweiflung manipulierten Volk zum Staatskanzler gewählt. Manipulierer gibt es in Rußland jede Menge: nach wie vor ist die Sowjetarmee mit ihren 7.000 Generalen die stärkste Organisation, die durch den Wegfall von Privilegien bedroht wird.

Estlands Außenpolitik verfügt über knappe Zeitvorräte und leider auch über einen schmalen Manövrierspielraum. Im September waren wir Europas Günstlinge, heimgekehrte verlorene Söhne, jetzt ist die Weltaufmerksamkeit auf die Bildung der Islamvereinigung an der Südgrenze Rußlands und auf das Schicksal des strategischen Kernwaffenarsenals gerichtet. Die Zugänglichkeit der Kernwaffen für Abenteurer ist auch Estlands Sorge. Doch ist und bleibt es für Estland unverständlich, warum die strategischen Waffen im fernen Kasachstan die Nuklearanlagen im nahen Paldiski oder die in Estland gelagerten chemischen Waffen an Wichtigkeit übertreffen sollen. Für die Einschätzung ihrer schrecklichen Gefahr fehlen sowohl Estland wie den nordischen Ländern die tragischen Erfahrungen von Hiroshima. Als die nach Tallinn akkreditierten Botschafter am vergangenen Montag die gnädige Genehmigung des sowjetischen Militärs für den Besuch der Marinebasis in Paldiski erhielten, wurden sie doch nicht zu den Nuklearanlagen vorgelassen, obwohl sowohl die Sowjetunion als auch die Republik Estland sich dem Vertrag zur Begrenzung der Kernwaffen angeschlossen haben, obwohl die russischen Zivilbehörden der Internationalen Atomenergieagentur in Wien zugesagt haben, Paldiski der internationalen Inspektion zugänglich zu machen. Ob Worte und Taten voneinander abweichen?

Oder differieren die Ziele der Zivil- und Militärbehörden? Ich überlasse Ihnen die Beantwortung dieser wichtigen Frage.

Und so gelangen wir zur Priorität der estnischen Außenpolitik. Dies ist die Gewährleistung der Sicherheit in der Ostseeregion. Daran sind alle Ostsee-Anrainerstaaten gleich interessiert, Estland wie Schweden, Rußland wie Deutschland. Estland braucht Stabilität, um über das Grundgesetz abzustimmen, demokatische Parlamentswahlen durchzuführen und mit schnellen Schritten auf die freie Marktwirtschaft, die Integration in Europa zuzugehen, worin wir das Hauptmittel für die Dekolonisierung Estlands und für ein Aufhalten des katastrophalen Untergangs der estnischen Wirtschaft erblicken.

Die Voraussetzung für das Erreichen dieser Ziele ist der schnelle Abzug der sowjetischen Truppen aus Estland mitsamt allen pensionierten Offizieren und ihren Familien, mitsamt ehemaligen oder heutigen, betont im Amt verbliebenen KGB-Beamten und Direktoren der Kriegsindustrie. Der Abzug der Militär- und Zivilgarnison aus Estland wird Konflikten vorbeugen, wie wir sie von der Dekolonisierung Algeriens kennen.

Zweitens müssen wir die instabile Lage Rußlands im Auge behalten und präventive Maßnahmen ergreifen, damit Estland von eventuellen sozialen Stürmen unberührt bleibt. Wir müssen schnellstmöglich unseren Grenzschutz aufbauen, so daß er international ernstzunehmen ist und auch von Rußland ebenso anerkannt wird wie die Grenze mit Finnland. Leider ist es bis jetzt nicht gelungen, den dem Innenministerium Estlands unterstellten Grenzschutz mit Waffen zu versorgen. Estland wird von über einer Million Touristen jährlich besucht; unsere Theater, Museen, 700jährigen Städte und ruhigen Küsten sind voll von Touristen aus allen vier Himmelsrichtungen, doch beim Bewaffnen des Grenzschutzes weisen die ausländischen Politiker auf Estland als ein Krisengebiet hin, als ob es sich um den Libanon handelte.

Eine effektive Grenze im Osten ist die Gewähr für Stabilität und Sicherheit, eine präventive Maßnahme, jedoch auch die Voraussetzung für die Wiedereinführung der estnischen Krone, die ihrerseits den Übergang zur Marktwirtschaft beschleunigt und die Auslandsinvestitionen gewährleistet. Das ist unser einziger Weg in einer Situation, in der die imperial gesinnten Mächte in Rußland Estland gegenüber die Zuckerbrot-und-Peitsche-Methode angewandt haben. Die Rohstoffeinfuhr aus Rußland ist trotz geltender Verträge praktisch gestoppt, und die Arbeitslosigkeit klopft an die Tür. Die imperial gesinnten Kreise in Moskau hoffen, durch die Wirtschaftsblockade und die Manipulation der öffentlichen Meinung eine Enttäuschung bezüglich der Wirtschaftsreformen hervorzurufen und zu vertiefen, die Integration der estnischen Wirtschaft in Europa zu bremsen und die nötige Motivation für eine erneute Ost-Orientierung zu schaffen, zum Verbleiben Estlands in der sogenannten Rubel-Zone. Die Manipulation der öffentlichen Meinung liegt in professionellen Händen. Und leider nicht nur in Estland.

Daher bereiten mir die vorgestrigen Aussagen des schwedischen Ministerpräsidenten Carl Bildt in den Vereinigten Staaten eine besondere Freude. Der klar formulierte Aufruf Carl Bildts zur Unterstützung der baltischen Staaten und dazu, sie nicht zu vergessen, ist in eine Zeit gefallen, wo sich in Estland parallel zu der wirtschaftlichen Krise schnell die psychologische Krise vertieft, auf die ich oben hinzuweisen versucht habe, als ich vom schmerzhaften Licht der Freiheit sprach. In unserem jetzigen Niedergang ist die Empfehlung des schwedischen Premiers, die Baltischen Staaten im Laufe der kommenden drei Monate als Mitglieder des Internationalen Währungsfonds zu akzeptieren, und die Bereitschaft der schwedischen Regierung, den Stabilitätsfonds der baltischen Staaten im IVF mit 500 Millionen Kronen zu unterstützen, besonders wertvoll.

Verehrter Herr Außenminister, Exzellenzen, meine Damen und Herren!

Vielleicht wundern Sie sich über meinen besorgten Ton. In der Tat, die estnische Staatsflagge weht auf dem Turm „Langer Hermann"[16], vor dem Hauptgebäude der UNO und in Albertville. Estland ist von mehr Staaten anerkannt worden als je zuvor. Schon vor Jahren haben wir mit der Gründung von Auslandsvertretungen angefangen, und ich bin stolz, daß sie über Nacht bereit waren, die Arbeit aufzunehmen, Phönix aus der Asche. Gerade für Estland haben die Journalisten den Ausdruck „die singende Revolution" geprägt und die würdevolle Selbstdisziplin unseres Volkes hervorgehoben. All das ist richtig. All das hat es gegeben und gibt es immer noch. Doch dem Gesang muß die Arbeit folgen – eine schwere und zielgerichtete Arbeit. Die größte Gefahr verbirgt sich, wie immer, im Inneren der Menschen. Diese Gefahr ist die Illusion, Estland wäre schon fertig. Meine Damen und Herren, Estland ist nicht fertig. In Estland sieht man immer noch die Spuren des Zweiten Weltkriegs, in Estland steht nach wie vor die Armee, die uns seit 1940 besetzt hat, in Estland kann die geschriebene Geschichte wieder zu Asche verbrennen und ihren Platz der ungeschriebenen Geschichte überlassen. In der Welt geht der Dritte Weltkrieg seinem Ende zu, den man euphemistisch den Kalten Krieg genannt hat, obwohl das in Europa,

---

[16] Mittelalterlicher Turm auf dem Domberg in Tallinn, am Regierungs- und Parlamentsgebäude.

Afrika, Asien und Amerika vergossene Blut überall gleich heiß dampft. Im hinter dem Eisernen Vorhang verschlossenen Estland hat der Zweite Weltkrieg achtmal länger gedauert. Werden der Zweite Weltkrieg in Estland und der Kalte Krieg oder der Dritte Weltkrieg gleichzeitig zu Ende gehen? Werden das Recht und der Frieden siegen? Wird der Mensch siegen? Wird das Volk siegen, sei es auch klein, doch mit seiner klar profilierten tausendjährigen Identität?

Heute steht das noch nicht fest. Dafür muß man arbeiten und sich bemühen. Wollen wir die dafür nötige Kraft aus dem Wissen schöpfen, daß wir in unserem Kampf nicht mehr allein stehen; daß wir nicht mehr die einzigen sind, die für die Grundwerte Europas einstehen; daß unsere Kraft in diesem Kampf nicht nur von der Hoffnung genährt wird, sondern auch von der Unterstützung unserer nächsten Nachbarn sowie ferner Freunde durch Wort und Tat.

Und vor allem wollen wir nicht vergessen, daß die Zeit eilt. Sogar an Festtagen, besonders an Festtagen, Exzellenzen, meine Damen und Herren, muß man der Wahrheit direkt ins Gesicht blicken.

Die Ostsee ist die Achse unseres Lebens

Rede auf der ersten Sitzung des Rats der Ostseestaaten in Kopenhagen, 6. März 1992

Herr Vorsitzender, liebe Kollegen!

Neben Estland liegt Finnland, und neben uns sitzt die finnische Delegation mit Paavo Väyrynen an der Spitze. Ihn kann ich meinen Freund nennen, und Finnland ist unser Nachbar seit über 700 Jahren. Der Vorsitzende der heutigen Sitzung ist Uffe Ellemann Jensen, der den Thor-Hammer in seinen Händen hält und die Schlüssel, die die gegenseitigen Verträge zwischen dem Baltikum und dem Atlantischen Bündnis ermöglicht und zum Abschluß gebracht haben.

Natürlich sind hier auch unsere Schicksalsgenossen Lettland und Litauen – unser Gedankenaustausch mit Algirdas Saudargas und Janis Jurkans findet nicht mit Worten, sondern mit Blicken statt. Andererseits freut es mich, Margaretha af Ugglas zu versichern, daß Estland etwas besitzt, was Schweden nicht hat: Zum Ärger der schwedischen marxistischen Historiker ist in Estland die Erinnerung an die „alte gute schwedische Zeit" noch sehr lebendig. Ich würde Hans Dietrich Genscher meinen Freund nennen, wenn es nicht eine zu abgegriffene Phrase wäre: Zusammen mit seinen Vorfahren haben auch wir vierhundert Jahre lang zum heiligen Deutsch-Römischen Kaiserreich gehört. Allerdings sind die Menschen- und Bürgerrechte in meiner Heimatstadt Tallinn im Kontrast zu seiner Heimatstadt Halle auf den Rechtskodex von Lübeck gegründet gewesen – teilweise noch zu Anfang dieses Jahrhunderts.

Auch wenn wir die Konferenz gleich beenden und auseinandergehen – jedermann in seine Heimatstadt – , sollten wir doch Uffe Ellemann Jensen und Hans Dietrich Genscher für das Modell der Ostsee dankbar sein, das sie in diesem historischen Saal geschaffen haben. Der Fußboden, der unsere Tische trennt, ist zum kleinformatigen Modell der Ostsee geworden, das unsere Zukunftshoffnungen verbindet. Und zum ersten Mal verbindet uns dieses Meer. Unsere primäre Aufgabe ist es zu entscheiden, welche Rolle wir unserem Meer zuteilen für die verbliebenen Monate dieses Jahres und für die verbliebenen Jahre dieses Jahrhunderts.

Obwohl uns die See gemeinsam ist, ist sie an jeder Küste doch verschieden. Für die Esten, wenn Sie mir gestatten, für einen Augenblick in die Linguistik abzuschweifen, ist sie keine Ostsee, für uns ist sie die Westsee, *Läänemeri*. Für unsere südlichen Nachbarn ist sie die Baltische See.

Ich leihe mir nun bei Minister Genscher einen Begriff aus, der in Europa fast verschwunden war, wodurch der Fortbestand der Werte in Europa selbst bedroht wurde. Dieses von den Marxisten verdammte Wort, das Wort, das im Zusammenhang mit der Abschaffung von Grenzen, mit der Entwicklung der Europäischen Union, mit der Einführung der gemeinsamen europäischen Währung, mit der Anwendung von gemeinsamen Gesetzen, Verordnungen, Standards und Pässen über Nacht von der akademischen Argumentation zum praktischen Bedürfnis geworden ist – dieses Wort heißt Identität.

Haben Sie keine Angst vor diesem Wort. Haben Sie Angst vor seinem Verschwinden.

Die Unterdrückung der Identität würde uns leicht eine gemeinsame Ostseeregion schenken, ein einheitliches Europa, doch es würde ein Europa der Baracke sein. Es würde das Gegenteil des wahren Europa werden. Europas Phänomene, seine philosophischen, intellektuellen und wirtschaftlichen Werte gründen sich auf den Umstand, daß Seite an Seite mit großen Völkern sogar die kleinsten Völker ihre Identität bewahren können. Wie Sie wissen, sind die Esten aus der Baracke des Totalitarismus herausgekommen, um sich Ihnen an diesem Tisch anzuschließen. Sie haben den Wohlstand, der uns fehlt, wir haben die Erfahrungen, die Sie entbehren. Der totalitäre Kommunismus hat versucht, den politischen Pluralismus, auf den sich die parlamentarische Demokratie gründet, zu vernichten. Wie Sie sehen, ist das ein mißlungener Versuch gewesen, der den imperialistischen Kommunismus selbst vernichtet hat.

Wir waren nicht imstande, diesen tausendfältigen Feind mit der Waffe zu besiegen, doch wir haben ihn mit unserer Identität besiegt. Das sollte man nicht auf eine primitive, nationalistische oder antieuropäische Weise aufnehmen. Unsere Treue der Identität gegenüber ist die Treue den europäischen Grundwerten gegenüber gewesen. Diese Treue basiert auf dem Standpunkt, daß das selbständige Denken und die selbständige Kreativität die einzigen Mittel zur Selbstverwirklichung des Menschen und der Menschheit sind. Diese Erfahrung – und das sage ich mit Stolz – diese Erfahrung, die wir durch unsere Leiden erworben haben, die Siege über den Totalitarismus geben uns eine festere Überzeugung als die Ihrige.

Das Phänomen Europa und die Stärke Europas sind erklärbar durch die Vielfalt der Kulturen, mehr noch, durch die Erkenntnis, die die letzten Jahrhunderte bestätigt haben, daß verschiedene Kulturen fähig sind, einander zu unterstützen.

Also ist die hauptsächliche und meines Erachtens auch die interessanteste Aufgabe unseres Rats der Ostseestaaten, verschiedene Identitäten zusammenzubinden, richtige und delikate Proportionen zu finden, um die Identitäten zu verbinden, ohne ihre Eigenart zu verlieren. Diese Arbeit wurde schon vor Jahren in Brüssel aufgenommen und hat sich langsam, vorsichtig und effektiv entwickelt. Wir haben einen Vorteil, einen bindenden Faktor, eine Gabe der Natur – die Ostsee, das Mittelmeer des Nordens, die Achse unseres Lebens. Es stellt viel mehr dar als einen Ort des Lachsfangens, ist eine Region, die unserer gemeinsamen Politik Form gibt, und auch eine Region, die vom heutigen Tag an durch unsere gemeinsame Politik ihre Form erhält.

Russische Truppen unter OSCE-Kontrolle hinaus aus Estland

*Rede auf der Konferenz der OSCE-Außenminister in Helsinki,
25. März 1992*

Herr Vorsitzender!

Gleichzeitig mit der Schaffung eines neuen Europas müssen wir den neuen Europäer schaffen. „Hier sitz' ich und forme Leute", hat dazu der Europäer Goethe gesagt. Wenn wir das nicht tun, sind unsere Worte leerer Wind.

Dafür hat die OSCE jetzt die ersten Werkzeuge geliefert. Ich meine die Organisationsstrukturen der OSCE und den von der neuen politischen Realität diktierten Grundsatz „Konsensus minus eins".

Das Prinzip „Konsensus minus eins" ist in Estlands Augen unvermeidlich, wenn wir die Kennzeichen Europas vertiefen und erweitern wollen außerhalb der Einflußsphären der ältesten Parlamente der Welt in Island, Großbritannien, USA, Frankreich und anderswo. Unsere Hilflosigkeit in der Lösung des Konflikts in Kroatien oder Nagorno Karabach steht uns allen frisch vor Augen. Daher richtet die Republik Estland Ihre Aufmerksamkeit auf das Ergreifen von präventiven Maßnahmen, jetzt zum erstenmal möglich gemacht durch den „Konsens minus eins".

Als präventive Maßnahmen erachten wir an erster Stelle politische Mittel, die es ermöglichen, die Stabilität in Regionen zu erhöhen, in denen die Gefahr der Vertiefung der Instabilität besteht, weiterhin das Aussenden von Beobachtern in Problemregionen, bevor der Bedarf entsteht, Friedenstruppen dorthin zu schicken, und an dritter Stelle den Einsatz von Friedenstruppen, bevor der Konflikt eskaliert. Kurz, wir müssen den negativen Prozessen immer einen Schritt voraus sein. Die OSCE hat dazu genügend moralisches Gewicht und jetzt auch genügend politischen Willen, wenn man die Rhetorik, von der FAZ „OSCE-Chinesisch" genannt, als politischen Willen nimmt. Schon in dem im Februar 1991 in La Valletta formulierten Dokument *„Principles for Dispute Settlement and Provisions for a OSCE Procedure for Peaceful Settlement of Disputes"* hat die OSCE den politischen Willen bekundet. Die OSCE ist nicht mehr der als Kind des kalten Krieges geborene Prozeß, sondern eine drei Weltteile umfassende Sicherheitsstruktur, die sich geschmeidig der neuen politischen Realität angepaßt hat.

Eine noch größere Geschmeidigkeit haben NATO und EG aufgewiesen, auch Kinder des Kalten Krieges, die schon längst aus den

Kinderschuhen herausgewachsen sind. So ist der Nordatlantische Kooperationsrat zustande gekommen, dessen Gründungsmitglied die Republik Estland ist, so sind regionale Vereinigungen entstanden und entstehen noch. Es werden immer mehr. Unsere Tippmamsells werden noch schneller schreiben, die Redner schneller reden. Und trotz all unseres guten Willens ist pro Person, die heute hier im Saal sitzt, bis heute wenigstens ein Eimer voll warmen Menschenblutes vergossen worden.

Herr Vorsitzender, Exzellenzen, meine Damen und Herren, wir sind nach wie vor hilflos. Ebenso hilflos, wie es Seine Exzellenz Geheimrat Goethe war.

Und wenn mein verehrter Freund, der lettische Außenminister, über die symbolische Rückkehr der OSCE in ihre Wiege Helsinki, die Stadt, die ich liebe wie meine zweite Heimatstadt, gesprochen hat, möchte ich zu brutalen Worten greifen. Von uns selbst hängt es ab, ob wir jetzt bei der Neugeburt oder Beerdigung der OSCE anwesend sind.

Ich wage diese Worte anzuwenden, denn in vielen Reden habe ich dieselbe Sorge wahrgenommen, wohl in höflicherer Form, auf „OSCE-Chinesisch".

Estland, wie ich bereits sagte, stellt den präventiven Mechanismus an die erste Stelle. Und besser als Sie, meine Freunde, weiß Estland, daß wir kein Geld dafür haben. Deshalb möchte ich zuerst mich selbst, dann Sie fragen: Was sollen wir tun?

Herr Vorsitzender, wir besitzen schon jetzt alle Details, woraus man einen mächtigen und effektiven Motor zusammenbauen kann. Er ist jedoch noch nicht fertiggestellt. Die Details liegen in unseren Werkstätten herum, in den vier Ecken unserer eng gewordenen Welt. Wenn Sie mir gestatten, es so zu sagen, haben wir die NATO, die EU, den Westeuropäischen Bund, den Nordatlantischen Kooperationsrat und die UNO, die wie der blaue Himmel die ganze Welt bedeckt. Einzeln genommen ist keine von diesen Organisationen vollkommen. Aber zusammen?

Zusammengebaut könnte daraus der fehlende Motor werden oder jene großzügige Vision, die Roland Dumas gestern Groß-Europa genannt hat, als deren Grundmauer mein französischer Kollege einen uns alle verbindenden Vertrag sah und in dessen Text ich einen für Estland, Lettland und Litauen so wichtigen Artikel sehe, der den Abzug von Fremdtruppen aus den Staaten festsetzt, die diese Truppen nicht gerufen haben: Wie Sie verstehen, meine ich die als Erbschaft des Zweiten Weltkriegs in Estland, Lettland und Litauen stationierten, jetzt der Jurisdiktion der Russischen Föderation unterstellten 200.000 Mann starken Militärtruppen, die wir fünfzig Jahre lang haben loswerden wollen. Nur unter dieser Bedingung wird Estland Groß-Europa seine Unterstützung geben, einem Europa von Vancouver bis Wladiwostok. Deutlicher als den Großstaaten ist uns eine einfache Wahrheit klar: Sicherheit, internationales Recht und Demokratie sind ebenso unteilbar, wie Europa unteilbar ist.

Der die OSCE-Staaten vereinigende Vertrag ist die legale Basis für den Sicherheitsmechanismus. Doch jeder Mechanismus braucht Benzin, eine treibende Kraft. Und in diesem Zusammenhang möchten wir energisch den Vorschlag des Außenministers der Niederlande, Hans van den Broek, begrüßen, die friedensbewahrende Aktivität der OSCE mit der NATO zu verbinden.

Noch biegsamer als die OSCE hat sich die NATO an die neue politische Situation angepaßt. Von der Kooperationsbereitschaft der NATO mit den zentral- und osteuropäischen Staaten zeugen die Worte Manfred Wörners (in Washington, am 23.01.1992): „Wir wollen die Konfrontation durch Kooperation ersetzen. Die von uns angebotene Hilfe steht im Zusammenklang mit der neuen Rolle der NATO, als Gleichgewichtszentrum der ganzen euroatlantischen Union zu wirken." Die NATO ist eine effektive und professionelle Organisation für die Verhinderung politischer Krisen, aber auch von wirtschaftlichen, und heute möchte ich das besonders betonen, nuklearen Krisen und Naturkatastrophen. Die illegal in Estland stationierten Fremdtruppen haben bekanntlich in Paldiski eine Nuklearanlage errichtet, zu dessen Abtransport nach Rußland der sowjetische Admiral Tschernjawin eine völlig unrealistische Frist gestellt hat, gekoppelt mit der Forderung, daß Estland eine neue Bahnlinie bauen sollte. Das Außenministerium hat sich mit der Bitte an die NATO gewandt, den Truppen der Russischen Föderation beim Abtransport der russischen Nuklearanlage beizustehen, und wir hoffen, daß Rußland diese Hilfe auch bekommt. Die jüngste Katastrophe im Kernkraftwerk Sosnowy Bor in Rußland in der Nähe der estnischen Grenze nötigt uns, beim Außenminister der Russischen Föderation, meinem verehrten Kollegen Andrei Kosyrew, Protest einzulegen, denn die estnische Regierung wurde von der Kerngefahr nicht informiert. Ich ersuche den russischen Außenminister, bis zum Ende des heutigen Arbeitstags genaue Angaben darüber vorzulegen, wieviel Tritium in die Atmosphäre freigesetzt wurde. Sollte ihm das Schwierigkeiten verursachen, ist Estland bereit, künftig einen ständigen Überwachungsingenieur zum Kernkraftwerk zu entsenden. Herr Kosyrew hat es hier auf der Konferenz für nötig befunden, über den Schutz der russischen Minderheit in den baltischen Staaten zu sprechen. In diesem Zusammenhang sei es mir gestattet zu sagen, daß sich in Narva, wo die Sowjetunion nach dem Zweiten Weltkrieg aus politischen Erwägungen eine große russische Minderheit geschaffen hat, der radioaktive Fond gestern abend verdoppelt hatte. Diese russische Minderheit braucht Schutz vor der Radioaktivität. Die Bewohner von Narva beziehen ihr Trinkwasser aus dem Fluß Narva. Während der Katastrophe in Tschernobyl war die Radioaktivität der oberen Wasserschicht im Peipus-See und im Fluß Narva nach den Meßangaben des Wissenschaftlers Lippmaa um das Zehntausendfache gestiegen. Von dieser Gefahr wurde die russische Minderheit aus irgendeinem Grund nicht benachrichtigt. Menschenrechte, die im Grundgesetz der Republik Estland vorbildlich reguliert sind, dürfen nicht zur politischen Manipulation degradiert werden. Menschenrechte beginnen mit dem Recht, am Leben zu bleiben.

Herr Vorsitzender, die Situation ist grotesk: das kleine Estland bietet der Russischen Föderation seine Hilfe an. Auf mehreren Treffen, zuletzt in Kopenhagen, haben wir unsere Bereitschaft betont, im Falle der Finanzhilfe durch die westlichen Staaten den sowjetischen Truppen, die Estland verlassen, in Rußland Wohnhäuser zu bauen. Wir bieten an, unseren Überwachungsingenieur nach Sosnowy Bor zu schicken. Wir suchen nach Mitteln, wie man aus Paldiski in unmittelbarer Nähe Tallinns die Nuklearanlage der sowjetischen Militärtruppen evakuieren kann. Obwohl der estnische Grenzschutz keine Waffen hatte, haben wir es vermocht, die als Schmuggelware für den Westen aus Rußland gelangten Narkotika und Waffen zu konfiszieren. Kurz gesagt: als Mitglied der OSCE tut Estland das, was nach den internationalen Verträgen Rußland tun müßte.

Wir könnten sagen: Das geht uns nichts an. Aber wir sagen es nicht. Im Gegenteil, wir teilen die Sorge der russischen Führung um die sozialwirtschaftlichen Probleme der russischen Offiziere, doch es wäre zu erwarten, daß Rußland für ihre Unterbringung um internationale Hilfe bäte und dies nicht den baltischen Staaten überließe.

Wir sind überzeugt vom aufrichtigen Wunsch des demokratischen Rußland, sämtliche aus der Vergangenheit herstammenden Bindungen mit der totalitären Innen- und aggressiven Außenpolitik abzuschneiden. Hier, auf der Konferenz der sich erneuernden OSCE, hat die Russische Föderation eine Gelegenheit, der internationalen Öffentlichkeit den Einklang zwischen Worten und Taten zu beweisen und der Konferenz einen genauen Plan zum Abzug der in Estland stationierten Truppen vorzulegen. Die sich erneuernde OSCE wird den Abzug der Truppen, die Wiedergutmachung der ökologischen und wirtschaftlichen Schäden unter ihre Kontrolle nehmen und beweist damit, daß sie imstande ist, sich zu erneuern, daß sie imstande ist zu Taten, die den Frieden, die Demokratie und die Menschenrechte gewährleisten. Unter dieser Bedingung, Herr Vorsitzender, werden Sie in Estland einen wohl kleinen, doch ehrlichen und konsequenten Kooperationspartner finden, einen Bewahrer der gemeinsamen Schlüssel Europas.

Meine Damen und Herren, ich danke Ihnen.

Estland, du stehst an der Schwelle einer hoffnungsvollen Zukunft

Die erste Präsidentenrede im Estnischen Fernsehen, 6. Oktober 1992

Frauen und Männer Estlands, Bürger der Republik Estland!

Zuletzt hat Sie der Präsident der Republik vor dreiundfünfzig Jahren mit diesen Worten angesprochen. Mit diesen Worten spreche ich Sie heute, am ersten Arbeitstag des Präsidenten der Republik, an.

Der estnische Trotz und der estnische Wille haben uns wieder zur Republik Estland zusammengefügt. Die eben stattgefundenen Wahlen haben der ganzen Welt und vor allem uns selbst gezeigt, daß das estnische Volk, daß Sie, estnische Wähler, Schluß gemacht haben mit der sowjetischen Vergangenheit. Bei seinen ersten freien Wahlen hat Estland den freien Weg der europäischen Demokratie gewählt.

Heute betrachten wir uns selbst im Spiegel unserer Wahlergebnisse. Uns blickt ein dürres und gequältes Estland entgegen, mit vielen Narben bedeckt, einige davon noch blutend. Doch der Blick ist fest und freundlich. Ja, es stehen uns wirtschaftliche Schwierigkeiten bevor. Aber diese wirtschaftlichen Schwierigkeiten werden umso schneller aufhören, je schneller Sie, estnische Männer und Frauen, an Ihre Kraft zu glauben anfangen und sich selbst auf die Beine helfen werden. Der Staat steht Ihnen bei. Der Staat setzt eine weitreichende Privatisierung in Gang. Sie sind Knechte gewesen, Sie werden Herren werden. Und die Republik Estland läßt keine Monopole aufkommen, die die Preise hochschrauben und Ihr Geld in ihre Taschen raffen.

Estland ist ein vollwertiger Staat nur unter der Bedingung, daß es für seine Schwachen und Schutzlosen einstehen kann. Ich meine Rentner und junge estnische Familien.

In Estland leben viele Menschen, die keine Bürger der Republik Estland sind. Ich wende mich heute an Sie alle mit ausgebreiteten Armen und versichere Ihnen, daß die Republik Estland ein Rechtsstaat ist. Der Präsident der Republik Estland ist ein gerechter Präsident auch all denen gegenüber, die keine Bürger Estlands sind. Die Republik Estland gewährleistet allen ihren Bürgern Bürgerrechte und allen Menschen Menschenrechte, wie sie in den internationalen Konventionen der UNO und des Europarats niedergeschrieben sind. Estlands Gesetzgeber, unsere Staatsversammlung, läßt sich von ihnen leiten. Ich versichere Ihnen allen: Estland ist ein Rechtsstaat.

Die Republik Estland und die von ihr gebildete Regierung werden alles tun, damit die Menschen sich sicher fühlen können. Damit

Staatsdiebstähle aufhören, damit nicht in Ihre Heime eingebrochen wird, damit Sie sich geborgen fühlen zu Hause, bei der Arbeit, auf Ihrem Acker, auf der Straße spazierend. Die Verstärkung der estnischen Polizei, des Grenzschutzes und der Armee ist und bleibt unsere Aufgabe. Wenn wir einen Rechtsstaat wollen, müssen wir den Rechtsstaat verteidigen.

Die wiedergeborene Republik Estland wird in vier Monaten ihren 75. Jahrestag begehen. In diesem Zusammenhang halte ich es für nötig, unseren Partnerstaaten in allen Erdteilen gegenüber zu betonen, daß Estland seit den Tagen des Tartuer Friedens eine offene Gesellschaft gewesen ist und es auch bleibt. Estland ist aktives Mitglied des Völkerbunds gewesen und bleibt international aktiv. Wir wollen mit voller Stimme und mit ganzem Willen mitsprechen und die Zusammenarbeit vertiefen in der UNO, im Europarat, in der OSCE und ihren Unterorganisationen, im auf die Initiative der Bundesrepublik Deutschland und Dänemark von uns gemeinsam geschaffenen Rat der Ostseestaaten. Die Integration Estlands in Europa ist uns sowohl wirtschaftspolitisch als auch verteidigungspolitisch wichtig. Unser Ziel ist ein ruhiger, sicherer und freundlicher Norden.

Eine Voraussetzung dafür ist der Abschluß der Verhandlungen mit der Russischen Föderation in einer Form, die den nationalen Interessen beider Seiten entspricht und eine feste Grundlage für fruchtbare und freundliche Beziehungen schafft. Unsere vorrangige Aufgabe ist und bleibt der „schnelle, reguläre und vollständige" Abzug der Fremdtruppen vom Territorium der Republik Estland im Einklang mit den Schlußdokumenten des Gipfeltreffens der OSCE im Sommer. Ich bin fest davon überzeugt, daß das an der Westgrenze der Russischen Föderation liegende selbständige, gleichberechtigte und kooperationsbereite Estland samt seinen Brüdern Lettland und Litauen in dem Maße ebenso den Interessen der Russischen Föderation und des stabilen Nordens gerecht wird, wie es den nationalen Interessen Estlands entspricht.

Morgen wird Ihr Präsident Beratungen mit den Parlamentsfraktionen aufnehmen, um den Kandidaten des Ministerpräsidenten zu ernennen. Das estnische Volk und die Republik Estland müssen schnell eine stabile und vertrauenswürdige Regierung bekommen. Die Weltöffentlichkeit blickt jetzt auf Estland. Estnische Frauen und Männer, seien wir dieser historischen Stunde würdig! Mit vereinter Kraft, Einmütigkeit und Selbstverleugnung haben wir die Last der Vergangenheit überwunden, nun müssen wir unsere Blicke der Zukunft zuwenden. In der Vergangenheit verbleiben nur unsere Wurzeln, woraus wir Kraft, Hoffnung und Weisheit der Vorfahren schöpfen, im jetzigen Fall aus dem Selbständigkeitsmanifest von 1918, dessen Worte heute im ganzen Lande widerhallen sollen: „Estland, du stehst an der Schwelle einer hoffnungsvollen Zukunft!"

Was für eine schöne Zeit, dieser Abschnitt der Geschichte!

Rede im NATO-Rat, 25. November 1992

Exzellenzen, verehrter Herr Generalsekretär, verehrte Botschafter, meine Damen und Herren!

Ich danke Ihnen, daß wir unter Ihnen sein können.
Ich habe die Ehre gehabt, auch früher unter Ihrem Dach zu reden und den historischen Tag am 20. Dezember vorigen Jahres mitzuerleben, als mein geschätzter Kollege, der Botschafter der Sowjetunion um 11:40 Uhr mitgeteilt hat, daß die Sowjetunion aufgehört hat zu existieren. Ich habe mir damals die Freiheit genommen, Orwell zu zitieren, um aus der Verbindung von Kultur und Politik Geschichte hervorzubringen. Heute sind dieses ein bißchen freche Zitat und das milde Stirnrunzeln des Generalsekretärs Wörner Geschichte geworden. Wie auch die Tatsache, daß ich Sie heute als der Präsident der Republik Estland anspreche, der durch demokratische Mehrparteienwahlen sein Amt angetreten hat. Dies sind die ersten freien Wahlen in Estland nach dem Zweiten Weltkrieg gewesen. Wie Sie sehen, kann die Geschichte auch erstarren wie im Dornröschen-Märchen. Ich bin meinen Wählern dankbar, doch bin ich auch der NATO dankbar, mit anderen Worten – dem politischen Willen West-Europas und Nord-Amerikas, den Demokratisierungsprozeß in meiner Heimat zu unterstützen, womit sie Europa in Europa verwirklicht haben. Obwohl dieser Beistand gezügelt, mehr von moralischer Art, platonisch gewesen ist, hat er doch ein festes Gegengewicht zu den revanchistischen Kräften geschaffen. Glauben Sie mir, ich weiß den Besuch des Generalsekretärs Manfred Wörner und des Vorsitzenden des Militärkomitees Vigleik Eide nach Estland im Frühling und Herbst diesen Jahres zu schätzen und werde mich dankbar daran erinnern; an die Matrosen der Atlantischen Schnelleinsatzmarine in den farbenfrohen Straßen der alten Hansestadt Reval oder Tallinn, an die Teilnahme Estlands an der Gründung und Wirksamkeit der NACC. Es ist nicht der Schutzschirm der NATO gewesen, unter dessen Schutz wir das amputierte Europa gleichsam wie in einem vergessenen Feldlazarett wieder herstellten, wo im Herzen des im Zweiten Weltkrieg verwundeten Volkes immer noch die Hoffnung lebte. Es ist kein NATO-Schutzschirm gewesen, jedoch ein Schatten dieses Schirmes. Ich danke Ihnen, und Sie sollten dem estnischen Volk danken. Es steht wieder aufrecht.
   Was für eine schöne Zeit, dieser Abschnitt der Geschichte!

Das estnische Volk hat diese kurze Zeitspanne nach dem Ersten Kalten Krieg und vor dem Zweiten Kalten Krieg mit maximaler Effektivität genutzt, ruhig und selbstsicher. Hinter dem Eisernen Vorhang hatten wir vierzig Jahre Zeit, Einsicht in die europäischen Werte zu gewinnen wie durstige Wanderer in der Wüste, und unseren Handlungsplan zu entwerfen. Wie Sie sich erinnern werden, hat Estland schon vor fünf Jahren die Rolle des Eisbrechers in dem Teil Europas gespielt, den Sie mit dem Fernrohr wie einen anderen Planeten erforscht und Warschauer Pakt genannt haben. Es obliegt mir nicht, Ihnen einen Vorwurf daraus zu machen, daß das ein gründlich vergessener Teil unseres eigenen Planeten gewesen ist. Daß an der Ostsee die Erinnerung an die parlamentarische Demokratie nie erloschen ist, daß ich am anderen Ende dieses Erdteils, den Sie von Satellitenbildern und durch die Berichte der in bequemen „Intourist"-Wagen sausenden Journalisten kannten, mit meiner „Nikon" neolithische Werkzeuge aufgenommen habe, die in der Tschuktschi-Kolchose „Lenin" verwendet wurden; daß in diesem Erdteil die Denkweise des achtzehnten Jahrhunderts Seite an Seite mit dem Akademiker Sacharow, der ins 21. Jahrhundert gehört, lebte und lebt. Lesen Sie Sacharow, wenn Sie nicht wissen, was man mit der NATO anfangen soll. Wenn man Ihnen suggeriert, daß mit dem Warschauer Pakt notwendigerweise auch die NATO zerfallen muß, so lesen Sie ihn. Der Akademiker Sacharow und die baltischen Staaten beantworten auch solche Fragen, die Sie heute noch nicht in Worte fassen können.

Hier, wie Sie sehen, verwandelt sich Vergangenheit in Gegenwart, Geschichte in Politik. Die Politik in unserer modernen Zeit ist wie eine Fabrik, die Zukunft herstellt. Und die baltischen Staaten sind die Experimentalwerkstätten dieser Fabrik. Estland produziert Modelle, die sich, so hoffe ich, in zehn oder zwanzig Jahren auf den Straßen Ost-Europas bewegen werden, die heute mit Wald bedeckt sind.

Was hat Estland heute erreicht, weniger als zwölf Monate nach unserer Aufnahme in die NACC?

Generalsekretär Manfred Wörner würde heute die Straßenbilder Tallinns nicht wiedererkennen. Zugegeben, unsere Wohnungen sind kalt, und die Laternen leuchten an den langen Wintertagen dumpf, denn wir müssen Energie sparen. Aber in Tallinns Geschäften können Sie IBM-Computer, dänisches Bier, „Renault"-Wagen und – wie Sie sehen – „Sabena"-Flugkarten für estnische Kronen kaufen, die Sie in den nordischen Banken nach dem Kurs konvertieren können, der sich ein halbes Jahr lang ebenso eisern gehalten hat wie die Greenwich-Meridiane. Hoffentlich nehmen Sie mir nicht übel, wenn ich Sie daran erinnere, daß Estland 1940 aufgrund des Hitler-Stalin-Pakts von der Roten Armee besetzt wurde. Doch das ist nur das halbe Verbrechen gewesen. Der Besetzung folgte die Kolonisierung Estlands, die Deportation von Esten nach Sibirien und die Umsiedlung von russischen Kolonisten nach Estland, wo man ihretwegen große Fabriken der sowjetischen Waffenindustrie mit Tausenden von Arbeitern gründete. Das Selbständigwerden Estlands und die Wiederherstellung des demokratischen Parlamentarismus ist die Wiederherstellung des Rechtsstaats. Parallel dazu läuft ein anderer Prozeß, scheinbar unsichtbar, doch mit ebenso tiefgreifenden Veränderungen: die Dekolonisierung der estnischen Wirtschaft und die Wiederherstellung von Bürgerrechten und Bürgerpflichten. Vor fünf Jahren ist unsere ganze Arbeit, Findigkeit und unser Schaffen durch eine Nabelschnur mit Moskau verbunden gewesen, 96% der estnischen Produktion wurden verbindlicherweise nach Rußland ausgeführt. Heute exportiert Estland über 50% seiner Produktion in die Weststaaten, vor allem nach Nord-Europa, in kleinem Umfang sogar hierher, nach Belgien. Unterschätzen Sie diese Veränderung nicht. Sie ist die wirtschaftliche Grundmauer der Unabhängigkeit, und unsere nationale Währung, an deren Adresse Ihre Fernsehphilosophen anfangs so viele ironische Bemerkungen richteten, hat sich als Symbol und wirksamstes Werkzeug, als sicherste Waffe unserer Dekolonisierung herausgestellt. Die Nabelschnur zur Sowjetvergangenheit wurde mit unseren Wahlen durchtrennt. Die Nabelschnur zur wirtschaftlichen Sklaverei des letzten Kolonialimperiums der Welt wurde durch die Einführung der nationalen Währung durchgeschnitten. Ihr liegt etwas zugrunde, das so gut ist wie Gold, das ist die Krone – obwohl wir Republikaner und ehrliche Protestanten sind –, und ihr Wert ist vom ersten Tag an bis heute unverändert geblieben: Acht Kronen entsprechen einer deutschen Mark.

Das klingt einfach. Versuchen Sie zu verstehen und einzuschätzen, was dahinter steht. Dahinter steht die Bereitschaft des Volkes zum Sparen oder mit anderen Worten, die idealistische Bereitschaft, nüchtern und arm zu leben, damit die wirtschaftliche Restrukturierung so schnell wie möglich vor sich geht. Ohne die Mitglieder des Tierschutzvereins hier im Saal brüskieren zu wollen, gebrauche ich eine brutale Volksweisheit: Wenn man den Schwanz des Hundes abhacken muß, hat es keinen Sinn, das Stück für Stück zu tun. In Estland ist ein günstiges Investitionsklima geschaffen worden. In Estland hat die Privatisierung der Großindustrie begonnen. Estland hat sich mit dem Antlitz wieder dem Westen zugewandt, ohne der russischen Demokratie den Rücken zuzukehren. Estland ist wieder ein in alle Himmelsrichtungen offener Staat geworden: ESTLAND IST EIN STAAT.

Hieraus, meine Damen und Herren, nehmen drei Probleme ihren Anfang, die uns zu einer gemeinsamen Schlußfolgerung führen. Gestatten Sie mir, sie aufzuzählen.

Erstens: Estland ist ein Staat, und deshalb hat sich der Druck der russischen Extremisten auf den wiederhergestellten estnischen Staat stark verschärft.

Zweitens: Der Druck auf Estland hat sich erhöht, und daher hat sich auch der Bedarf erhöht, diesen Druck auszugleichen. Verstehen Sie mich richtig: Das ist nicht gegen Rußland gerichtet, angestrebt ist eine Unterstützung des demokratischen Rußland und des Präsidenten Jelzin. Im Unterschied zu Estland, das niemals eine Provinz Rußlands gewesen ist und wo sich die Traditionen der parlamentarischen Demokratie mit dem römisch-germanischen Recht verflechten, ist die russische Demokratie jung und braucht Unterstützung. Diese Unterstützung soll freundlich, würdevoll, aber unnachgiebig sein! Das internationale Recht dient auch dann als Grundlage für Beziehungen, wenn ein Staat sehr groß und ein anderer sehr klein ist. Nur unter dieser Bedingung haben wir Hoffnung, Rußland als einen europäischen Staat zu begrüßen, der die europäischen Werte teilt. Jegliches pragmatische Abweichen von diesem Imperativ drängt die reformgesinnte russische Führung in den Schoß der Extremisten, wie das leider bei Michail Gorbatschow der Fall gewesen ist.

Drittens: Der Bedarf eines Ausgleichs im Vakuum der baltischen Region hat sich erhöht, und deshalb hat sich auch der Bedarf an Zusammenarbeit mit den baltischen Staaten vergrößert. Dieser Bedarf ist beidseitig, denn er sichert die Stabilität in Nord-Europa. Folglich entspricht eine Zusammenarbeit auch den nationalen Interessen der Russischen Föderation. Das schwarze Drehbuch von der Machtergreifung der russischen Extremisten beiseite lassend, möchte ich Ihre Aufmerksamkeit auf die Möglichkeit von spontanen Prozessen lenken. Estland ist die Region mit der stabilsten Rechtsordnung und mit der schnellsten Wirtschaftsentwicklung auf dem Territorium der ehemaligen Sowjetunion. Auf unserer Seite der Grenze läuft eine positive Entwicklung, auf der russischen Seite der Grenze vertieft sich das wirtschaftliche und soziale Chaos. Also werden Wirtschaftsflüchtlinge, das organisierte Verbrechen, der Schmuggelhandel mit Narkotika und Waffen den Druck auf die estnische Grenze erhöhen. Die Krisengefahr ist umso größer, da Rußland bis heute den Beschluß des OSCE-Gipfels in Helsinki über den schnellen, regulären und vollständigen Abzug der Truppen der ehemaligen Sowjetunion aus den baltischen Staaten nicht ausgeführt und in der letzten Zeit versucht hat, dieses mit der stabilisierenden Rolle der ehemaligen sowjetischen Truppen und der besonderen Mission Rußlands in peripheren Staaten politisch zu rechtfertigen. Diese politischen Vorwände enthalten Ideen, die für den Demokratisierungsprozeß in Rußland und für Rußland selbst verhängnisvoll werden können. Alle Staaten, die Rußland auf dem Wege zur Demokratie und zur freien Marktwirtschaft sehen möchten – sowohl die NATO-Staaten als auch Estland – müssen sich bewußt sein, daß eine solche politische Entwicklung gefährlich ist und im Widerspruch zu Rußlands eigenen Interessen steht.

Deshalb wiederhole ich zum Abschluß die Schlußfolgerung, die ich zum ersten Mal am 2. Dezember dieses Jahres in Bonn unterbreitet habe: Die Möglichkeit einer Krise ist nicht ausgeschlossen. Ihr kann man nur mit den Mitteln der präventiven Diplomatie vorbeugen. Hier verbirgt sich der fatale Widerspruch der NATO: Solange es keine Krise gibt, ist die Wirksamkeit der NATO gehemmt. Wenn die Krise ausgebrochen ist, kommt die Einmischung der NATO bereits zu spät. Dieses Dilemma ist uns allen klar geworden anhand der tragischen Lektion in Jugoslawien. Der Krieg in Jugoslawien, Blutvergießen am Dnestr und die Aufrufe der Politiker vom Typ Schirinowski, im Namen der großrussischen Mission die russische Fahne mit der Atomwaffe sowohl nach Westen, Süden wie Osten weiterzuführen, klingen wohl so, als würden sie aus der Zeit des Kolonialimperiums stammen, doch diese Aufrufe stammen von heute. Das ist eine Realität, die darauf hinweist, daß die NATO als Organisation in der veränderten Situation ihre Rolle genauer bestimmen muß. Die einfachen Zeiten des Warschauer Paktes sind vorbei, im Interesse Europas ist es, präventiv handeln zu lernen.

1993

1993 ist das Jahr der radikalen Reformen. Die Staatsversammlung verabschiedet Hunderte von neuen Gesetzen, die Kleinprivatisierung wird zu Ende geführt, die Inflation wird gebremst. Es stellen sich außenpolitische Prioritäten heraus. Zur wichtigsten und dringendsten Aufgabe wird die Abschiebung der Besatzungstruppen der ehemaligen Sowjetunion. Auf längere Sicht wird die Integration in die Wirtschafts- und Sicherheitsstrukturen Europas zum zentralen Ziel. Ein wichtiger Schritt auf diesem Wege ist der Beitritt Estlands zum Europarat. Es verdichten und erweitern sich die Kontakte Estlands mit Europa und der ganzen Welt. Unter anderem besuchen der Präsident der Bundesrepublik Deutschland, Richard v. Weizsäcker, und Papst Johannes Paulus II. Estland.

Der von den Fesseln befreite Mensch ist ein Schöpfer

*Rede an den Heiligen Vater am Tallinner Flughafen,
10. September 1993*

Eure Heiligkeit, Exzellenzen, meine Damen und Herren!

Der auferstandene estnische Staat und sein Volk hat Ihnen, mein Vater, sein Herz geöffnet, und in unserem Herzen können Sie Freude, Treue und Hochachtung lesen.

Sie haben eben den estnischen Boden geküßt, mein Vater. Keiner außer den Esten hat ihn bis zum heutigen Tag geküßt. Und auch die Esten haben ihn oft mit ihrem letzten Kuß geküßt: mit ihren erlöschenden Gedanken und der unvergeßlichen Hoffnung aus Gefangenenlagern oder von Schlachtfeldern. Unter dem Beton dieses Flugfelds liegt ein Felsen, der estnische Kalksteinfelsen, auf dem wir vor fünfzig Jahrhunderten unser Heim gegründet haben. Diesem Heim sind wir treu geblieben, und dienen damit Europa als Vorbild. Der Name des uns schützenden Heims ist Treue.

Mein Vater, indem Sie den estnischen Boden geküßt haben, haben Sie das Marienland, das Innocentius III. auf dem römischen Konzil der Heiligen Mutter geweiht hat, geküßt. Rom ist überall, und Rom ist mit uns. Ich spreche nicht von der Vergangenheit und von der ökumenischen Welt, ich spreche von Treue. In den dunkelsten Jahrzehnten des atheistischen Bosheitsstaates hat unsere Poesie trotz der sowjetischen Zensur gleichermaßen von Estland und Marienland gesprochen. Auch das ist Treue, die kein Schwert zu unterwerfen vermocht hat.

Mein Vater, nicht vom Schwert will ich reden. Ich will reden von Pflug und Weinberg, von Aussaat und Ernte, von der alltäglichen Arbeit und von der Freude über volle Kornkammern. Ich will mit Ihnen diese Hoffnung auf eine würdige und gerechte Zukunft teilen, von der Sie so mitreißend am 28. August zu meinem Botschafter beim Heiligen Stuhl gesprochen haben. Wir haben gemeinsame Hoffnungen, doch nach wie vor halten sich auf dem estnischen Boden fremde Truppen auf. Folglich ist der Zweite Weltkrieg mit seinen Folgen in Estland immer noch Realität. Wenn die Welt in ihrem bequemen Egoismus versucht, vor dieser Tatsache die Augen zu verschließen, gewinnt sie vielleicht einen sorglosen Nachmittag, doch sie bezahlt dafür mit einer sorgenvollen Zukunft. Unsere Welt ist unteilbar, wie Moral und Ethik unteilbar sind. Ich weiß, mein Vater, daß Sie kummervoll daran gedacht und um Gottes Segen für Estlands Zukunft gebetet haben. Ich hoffe, daß die katholische Welt durch den Besuch Eurer Heiligkeit neue Anregungen erhält und ihre starke moralische Willenskraft unserer Europa-Treue auf eine Weise anschließt, die es in der nächsten Zukunft ermöglicht, den Vertrag zum Abzug der fremden Truppen zu unterzeichnen, ohne von einer Seite an Bedingungen gebunden zu sein. Mit dem Abzug des letzten fremden Soldaten und dem Abbau der letzten militärischen Anlage auf diesem Boden hat das kleine Estland endgültig die Selbständigkeit des Marienlands wiederhergestellt, so wie Rußland endgültig die Würde seines großen Staates restauriert hat.

Mein Vater, am heutigen Tag begrüßt Sie das große Volk eines kleinen Staates. Klein ist es an der Zahl, groß, was die Menge der Leiden angeht, die ihm zuteil geworden sind, noch größer an Fleiß und im Glauben an die Zukunft. Diese Stadt mit ihren zum Himmel ragenden Kirchtürmen und der Bosheit trotzenden Schutztürmen ist von diesem Volk gebaut worden – gebaut aus demselben Kalksteinfelsen, auf dem Sie jetzt stehen. Dieses Volk hat die größten Werte unserer abendländischen Kultur zu bewahren gewußt, den Glauben an seine Rechte und Pflichten, den Glauben an seine eigene Arbeit und Kreativität, die es vermögen, Felsen und Sümpfe zum Grünen und Früchtetragen zu bringen. Gott hat den Menschen nach seinem Antlitz geschaffen, und der von den Fesseln befreite Mensch ist ein Schöpfer. Vor zwei Jahren sind die Fesseln des Bosheitsstaates von uns gefallen, und wenn Sie heute um sich blicken, dann sehen Sie: die Felsen grünen, die Farben sind zurückgekehrt in unsere grauen Gassen, auf den Häusern der vom Gestrüpp bewachsenen Bauernhöfe leuchten neue Dächer, und das Land hat sich der Welt geöffnet. Wieder bewegen sich Ideen, Bücher und Menschen, ohne Grenzen zu kennen, in der biblischen Freude der Wiederentdeckung der Welt.

In diesem dynamischen Streben nach einer wohlhabenderen, menschenwürdigeren Lebensordnung verbergen sich jedoch auch neue Gefahren, vor denen Sie, mein Vater, die Welt und uns gewarnt haben. Das Ziel ist der Mensch, und der Wohlstand nur das Mittel zur Selbstverwirklichung – eines von vielen. Die Gefahr, daß das Mittel zum Ziel wird, daß die Barmherzigkeit dem Egoismus weicht, die Anteilnahme der Gleichgültigkeit, die Sorge um die Zukunft der Zufriedenheit mit dem heutigen Tag, lauert auf uns. Die älteren Generationen haben durch die Dunkelheit von Jahrzehnten hindurch in ihren Herzen das Licht der Hoffnung und der Freiheit getragen und uns damit Mut zugesprochen. Jetzt spüren sie mit Bitterkeit, daß sie beiseitegefegt worden sind wie die verwelkten Blätter im Herbst, und daß viele Kinder Kaugummi einem Buch vorziehen. Wir haben es eilig, und wir müssen uns beeilen, doch nicht auf die Verlockungen, sondern auf den Menschen kommt es an. Deshalb warte ich voller Ungeduld, wann sich die estnischen Intellektuellen der Politik zuwenden, um die Mittel und Ziele auszugleichen. Ich bin Schriftsteller gewesen, und ich weiß, daß Wort, Musik und Farbe das Herz des Menschen anrühren und die Ziele des Menschen mächtiger formen als die Skalpelle des Politikers. In dieser Hoffnung stütze ich mich auf die Worte, die Ihnen, mein Vater, auch auf estnisch verständlich sind:

> Vielleicht dachte der König: Es wird nicht die Kirche schon heute von selbst entstehen –
> es wird keine Nation aus dem Wort geboren, das Körper und Blut verachtet,
> aus dem Schwert wird sie geboren, aus meinem Schwert, das Deine Worte entzwei schlägt,
> geboren aus dem vergossenen Blut ... so dachte der König vielleicht.
> Und doch wird der verborgene Atem des Geistes zum Ganzen fügen
> das entzwei geschlagene Wort und Schwert,
> das zermalmte Gehirn und blutige Hände....
> und so sprechen: Betretet zusammen die Zukunft,
> nichts soll euch trennen!

Das sind Worte aus Ihrem Gedicht, mein Vater, und ab heute werden sie in der heiligen Erde des Marienlands Wurzeln schlagen, denn achthundert Jahre lang haben wir gemeinsam die Zukunft betreten. Im Jahre 1921 hat der Heilige Stuhl die Republik Estland anerkannt, zwölf Jahre später haben wir diplomatische Beziehungen aufgenommen, und Ihr apostolischer Administrator in Estland, Monsignore Eduard Profittlich, hat in Treue an seine Gemeinde, die durch die sowjetische Besetzung den Esten zuteil gewordenen Erniedrigungen und Leiden geteilt und hat mit Zehntausenden von Esten im sibirischen Konzentrationslager den Märtyrertod auf sich genommen. Ich habe zu Ihnen, Heiliger Vater, über die Treue und das Geschichtsgedächtnis der Esten gesprochen, die uns auch trotz des Eisernen Vorhangs mit Europa verbunden haben. Unser Geschichtsgedächtnis reicht noch weiter. Gestern sind 822 Jahre seit dem Tag vergangen, als Ihr Vorgänger, Seine Heiligkeit Papst Alexander III, unserem ersten Bischof, den estnischen Mönch Nicholaus, als Gehilfen geschickt hat, und die zwischen den estnischen Ältesten und dem Heiligen Stuhl geschlossenen sieben Verträge sprechen bereits im 13. Jahrhundert von Estland und Marienland als einem Subjekt des Staatsrechts in Roms Augen.

Zum Schluß will ich Sie, Heiliger Vater, erfreuen mit der Mitteilung, daß unser Volk schon im 15. Jahrhundert die Geburt des Erlösers mit dem Anzünden von Kerzen am Weihnachtstannenbaum auf dem Platz begangen hat, auf dem Sie, mein Vater, in einigen Stunden die Messe abhalten werden. Auch diesem Brauch sind wir Jahrhunderte hindurch treu geblieben, insbesondere in den 50 Jahren, in denen das Geburtsfest Christi von der Sowjetmacht verboten und unter Strafe gestellt war. Auf unseren steinigen Feldern wächst auch Unkraut, doch vom Unkraut des bolschewistischen Kommunismus sind die estnischen Felder gereinigt, und wir werden die Verdienste des Heiligen Stuhls daran nicht vergessen. Deshalb habe ich unser Geschichtsgedächtnis und unseren Dank zusammenfassen wollen und wende mich in Ihrer Anwesenheit an die estnische Schuljugend. Ich rufe einen Wettbewerb aus, den schönsten Weihnachtsbaum zu finden, den unsere Kinder zur bevorstehenden Weihnacht dem Heiligen Stuhl schenken werden. Die Leiden und der Schmerz des Marienlands haben in Ihrem Herzen gelebt, mein Vater. Ich will, daß vor Ihren Fenstern jetzt auch die Freude der auferstandenen Republik Estland leuchten möge, wo es keinen Raum gibt für Haß und Feindseligkeit, wo man im Unterschied zu Europa keinen Tropfen Blut vergossen hat, und daß dieser älteste Weihnachtsbaum der Welt Hoffnung, Liebe und Großmütigkeit ausstrahlen möge, wovon dieses kleine Volk der großen Welt reichlich zu bieten hat.

Estland hat seinen Platz hier unter der Sonne wiedergefunden

Rede auf der 48. Session der UNO-Generalversammlung in New York, 30. September 1993

Herr Vorsitzender!

Gestatten Sie mir zuerst, Ihnen zu Ihrer Wahl zum Vorsitzenden der 48. Session der UNO-Generalversammlung zu gratulieren. Ihre Wahl ist eine Anerkennung Ihrer Person und Ihrer Fähigkeiten, jedoch ebenfalls Ihrer Heimat, der Republik Guyana. Die Esten verspüren eine besondere Sympathie für Ihre Heimat: wie Estland, ist Guyana ein kleines Land, wie Estland, wurde es erst kürzlich von der kolonialen Abhängigkeit befreit und ist ein UNO-Mitglied geworden. Wie Estland, faßt Ihr Land die Unabhängigkeit als die bestimmende Bedingung auf, damit kleine Staaten gleich den großen hier in diesem Saal die Verantwortung für eine bessere Welt übernehmen können.

Ihrem Vorgänger, Seiner Exzellenz Herrn Stojan Ganew, drücken wir unsere Anerkennung aus für die Kompetenz, die er bei der Leitung der 47. Session bewies, und unseren tiefen Dank für die Mühe, die er sich beim Besuch und der Hilfe in Estland und unseren baltischen Bruderstaaten Lettland und Litauen machte, um die moralische Autorität der UNO für eine schnellere Beseitigung des kolonialen Erbes der baltischen Staaten zu nutzen.

Ich begrüße aufrichtig unseren neuen Nachbarn in der Generalversammlung, den Staat Eritrea, und gratuliere ihm, daß er Mitglied der Staatenfamilie werden konnte.

Doch mit besonderer Wärme möchte ich von diesem Rednerpult aus dem Generalsekretär, Seiner Exellenz Boutros Boutros-Ghali danken, der in einer für die UNO und die ganze Welt so schweren Zeit mit seiner starken moralischen Überzeugung den Glauben vertreten hat, daß man den Konflikt nicht abwarten darf, sondern ihm vorbeugen muß; daß die UNO vor allem der Architekt ist, dessen Haus nicht in Flammen aufgehen darf, und erst dann der Feuerwehrmann, der zum Löschen des aus der Vergangenheit stammenden Feuers eilt. Auch dann, und besonders dann, wenn der Kuhstall eines armen Mannes in Brand gerät, der schließlich ganz Chicago niedergebrannt hat. Ich schätze den Generalsekretär Boutros Boutros-Ghali wegen der ihm eigenen Ausstrahlung des sittlichen Pflichtgefühls und der Konsequenz, mit der er die Prinzipien der präventiven Diplomatie verteidigt hat, und ich danke ihm dafür. Als kleiner Staat versteht Estland ihn und will ihn in jeder Weise unterstützen beim Schutz der Ziele und Grundsätze der UNO und bei der Anwendung der präventiven Diplomatie.

Herr Vorsitzender!

Vor drei Jahren, während der OSCE-Konferenz, bin ich in meiner Funktion als Außenminister in New York gewesen, und mir war das Betreten des Konferenzsaals verboten. Die Fernsehjournalisten interviewten mich zufällig gerade hier vor dem UNO-Hauptgebäude. Ich sagte ihnen, daß ich das nächste Mal zum Hissen der estnischen Fahne herkommen werde. Die Journalisten haben ihr höfliches Mitleid und den Wunsch nicht verborgen, das Interview schnell abzuschließen. Haben sie überhaupt versucht, dieses unrealistische Interview im Fernsehen auszustrahlen? Ein Jahr später, im September 1991, habe ich dem Hissen der estnischen Fahne an der UNO-Fahnenstange beigewohnt und gedacht: Damit ist meine Arbeit beendet. Aber wenn ich heute vor Ihnen stehe und mir dieselben mitfühlenden Journalisten vielleicht schon zum dritten Mal zuhören, dann weiß ich, daß meine Arbeit als erster demokratisch gewählter Präsident der Republik Estland nach dem Krieg erst anfängt. Es ist meine Aufgabe, Ihnen diese idealistische Selbstsicherheit und Hoffnung einzuflößen, von der die besetzte Republik Estland ungeheuer viel mehr hatte als von der Freiheit.

Auch heute sind meine Worte von Selbstsicherheit und Hoffnung getragen. Estland ist ein kleiner Staat, doch es ist ein Staat. Estland hat seinen Platz hier unter der Sonne behauptet. In diesem Sinne haben wir gemeinsame Kennzeichen, gemeinsame Erfahrungen und gemeinsame Ziele mit der überwältigenden Mehrheit hier im Saal. Der überwiegende Teil von Ihnen ist entweder ein klein wenig größer oder ein klein wenig kleiner als das an der Ostsee liegende Estland mit seinen 47.000 Quadratkilometern und einer Million Bürgern. Estland wurde seiner Selbständigkeit beraubt und zur Kolonie eines Imperiums herabgewürdigt, wie das bei den meisten hier der Fall gewesen ist. Wie auch Sie, haben wir unsere Selbständigkeit zum Preis maßlosen Leidens wiederhergestellt. Wie auch bei Ihnen, ist diese Arbeit in Estland noch unvollendet. Die Generalversammlung der UNO ist der beste Platz zur Vereinigung unserer Kräfte, damit wir zusammen, mit gemeinsamer Kraft arbeiten könnten.

Abzug von Fremdtruppen

Herr Vorsitzender, ich werde mich mit drei Problemen befassen. Der Zweite Weltkrieg dauert sonderbarerweise in Estland fort, denn trotz der Resolution der Generalversammlung 47/21 halten sich in der Republik Estland noch immer Truppen eines anderen Staates auf, die sie 1940 besetzt haben. Estland hat zwei Jahre lang geduldig über den Abzug der Fremdtruppen verhandelt, doch ohne positive Ergebnisse. Natürlich haben wir gewußt, daß hinter diesem starren Standpunkt das sich aus der sowjetischen Nomenklatura zusammensetzende russische Parlament steht, das nach der Breschnew-Verfassung gewählt und tätig gewesen ist und dessen verstecktes sowie oft auch unverstecktes Ziel es gewesen ist, die Sowjetunion in modernisierter Form wiederherzustellen. Präsident Jelzin ist ein Gefangener des imperial gesinnten Parlaments gewesen. Daher halten wir den jetzigen Moment für besonders günstig für Präsident Jelzin, um durch den Abzug seiner Truppen aus Estland und Lettland sowie durch den Abschluß eines zwischenstaatlichen Vertrags den Glauben an die russische Demokratie weltweit zu stärken. Dies würde eine stabile Sicherheit in der baltischen Region garantieren, die ein untrennbarer Teil des europäischen Nordens ist, der seinerseits einen untrennbaren Teil Europas darstellt.

In der Korrespondenz mit Präsident Jelzin habe ich die Bereitschaft ausgedrückt, ihn in der allernächsten Zeit zu treffen. Ich wäre der UNO-Generalversammlung, dem Sicherheitsrat und dem Generalsekretär Boutros Boutros-Ghali dankbar, wenn die hiesige hohe Versammlung mit ihrer moralischen Kraft dazu beitragen würde, diesen Gordischen Knoten rasch zu lösen. Das ist nicht nur ein Problem Estlands, Lettlands und Litauens. Damit unterstützen Sie die Demokratisierung Rußlands. Damit unterstützen Sie das Ansehen der russischen demokratischen Kräfte. Durch die Anwendung der präventiven Diplomatie beseitigen Sie eine potentielle Gefahrenquelle und erhöhen das Ansehen der UNO selbst. Und – *last but not least* – durch die Anwendung des internationalen Rechts gleichermaßen im Interesse von Groß- und Kleinstaaten geben Sie uns allen die Hoffnung zurück, daß auch in der Realpolitik das Recht einheitlich und unteilbar ist. Die UNO kann diese Hoffnung wesentlich unterstützen, wenn sie ihre Dienste zur Lösung der Probleme zwischen den baltischen Staaten und Rußland anbietet. Eine solche Aufgabe könnte man mit einer UNO-Vollmacht einem kompetenten europäischen Politiker anvertrauen, der gleichermaßen das Vertrauen der baltischen Staaten wie auch Rußlands genösse. Die Zeit dafür ist reif. Jetzt muß man handeln. Ein schnelles Vorbereiten des zwischenstaatlichen Vertrags entspricht den Interessen beider Seiten. Zwei Jahre fruchtlose Verhandlungen zwischen einem Klein- und einem Großstaat ist ein Zeichen von Gefahr. Der Inhalt der präventiven Diplomatie ist das Vermögen, die Gefahren rechtzeitig zu erkennen und ihnen wie ein Blitzableiter vorzubeugen. Das ist unser erstes Problem und unsere vorrangige Aufgabe.

Das zweite Problem.

Zu verschiedenen Zeiten hat man zu verschiedenen Argumenten gegriffen, um die Verhandlungen zu verhindern, um sie in eine Sackgasse zu leiten. Erstens hat die russische Seite behauptet, daß sie keine Möglichkeiten sieht, die aus dem Baltikum abgezogenen Truppen in Rußland unterzubringen. Dieses Argument hat kein legales Gewicht. Die Stationierung von Fremdtruppen auf dem Territorium eines souveränen Staates gegen den Willen dieses Staates und Volkes steht im Widerspruch zum internationalen Recht und kann nicht ein Gegenstand der Verhandlungen sein. Zugleich will ich wieder betonen, daß Estland bereit ist, zusammen mit seinen nordischen Nachbarn und anderen Partnern nach der Maßgabe seiner Ressourcen Rußland bei der Lösung dieses vor allem humanitären Problems behilflich zu sein. Wir sind den Freunden dankbar, die dazu mehr als 200 Millionen Dollar Bauhilfe versprochen haben, und sind bereit, mit ihrer Unterstützung auch unsere Bauindustrie zu mobilisieren. Wir haben das wiederholt der russischen Öffentlichkeit und den russischen Politikern versichert.

Das zweite Argument für das Belassen der russischen Truppen und ihrer Anlagen in den baltischen Staaten basiert seltsamerweise auf Menschenrechten. Gemäß diesen Gedanken, die von den russischen Konservativen vor allem in der westlichen Presse verbreitet worden sind, ist das Ausharren der Truppen der ehemaligen Sowjetunion nötig zum Schutz der Menschenrechte der russischen Bevölkerung. Am wenigsten haben die in Estland wohnhaften Russen selbst dieses Argument unterstützt, die nicht zu Figuren im politischen Schachspiel werden wollen.

Menschenrechte

In diesem Zusammenhang möchte ich die Gelegenheit ergreifen und Ihnen, Herr Vorsitzender, sowie Ihnen, Herr Generalsekretär, für die von der UNO geleistete Hilfe zu danken. Der Standpunkt der Republik Estland ist schon zu Zeiten des Völkerbunds folgender gewesen und ist es noch heute: Menschenrechte sind nie die innere Angelegenheit eines Staates. Deshalb haben wir uns in der Frage der Menschenrechte an die UNO gewandt, doch auch an die OSCE, den Europarat und den Nordischen Rat, und ich kann ihnen versichern: Keine einzige der von uns nach Estland eingeladenen 15 Kommissionen hat Verletzungen der Menschenrechte in Estland festgestellt. Das ist auch von mehreren Rednern auf der jetzigen Generalver-

sammlung betont worden. Ich notiere mit besonderer Freude, daß auch Präsident Clinton dies auf unserer vor kurzem stattgefundenen Beratung bemerkt hat. „Internationale Beobachter haben keine Beweise gefunden, die die Menschenrechtsverletzungen in diesen Staaten (Estland, Lettland, Litauen) belegen würden."
Es tut mir aufrichtig leid, daß die für Estland so selbstverständlichen und heiligen Menschenrechte jetzt plötzlich vor den Wagen des Restaurierens der Sowjetunion gespannt worden sind. Und ich schäme mich für einige hochgeachtete Journalisten, die offenbar nicht gewußt haben, daß der erste Staat, in dem die Menschenrechte der Juden garantiert wurden, 1925 die Republik Estland gewesen ist. Estland gestattet keinem, mit Menschenrechten zu manipulieren. Deshalb unterstützt Estland die Gründung des Amtes des Oberkommissars für Menschenrechte, wie auf der Wiener Weltkonferenz der Menschenrechte behandelt, sowie die Vergrößerung der zum Schutz der Menschenrechte vorgesehenen Mittel im UNO-Budget.

Estland will aktiv beim Schutz der Menschenrechte aller Ureinwohner tätig sein. Im Laufe der sowjetischen totalitären Jahrzehnte haben wir allein und leise mehrfach die Rechte der sibirischen Kleinvölker verteidigt. Wir haben vor, das jetzt öffentlich zusammen mit Anderen zu tun.

Präventive Diplomatie und Friedensschutz

Herr Vorsitzender, Herr Generalsekretär, ich will optimistisch von der Zukunft reden unter der Voraussetzung, daß wir Lösungen für die vom Pessimismus angehauchte Gegenwart finden können. Richtiger – sie anwenden können, denn im Bericht des Generalsekrteärs Boutros Boutros-Ghali „*An Agenda for Peace*" sind die Lösungen schon gefunden worden. Gestatten Sie, Herr Generalsekretär, Ihnen von Herzen zu danken für die klare Analyse und nüchternen Empfehlungen, wie man die präventive Diplomatie, Friedensschaffung und Friedensschutz anwenden soll. Die Tragödie in Jugoslawien hat nochmals bestätigt, daß das Löschen eines Feuers schwerer ist als Vorbeugung. Diese in Thora, Bibel und Koran niedergelegte Erfahrung beginnt jetzt dank dem Generalsekretär langsam auch ins Bewußtsein der internationalen Organisation einzudringen. Die präventive Diplomatie, Friedensschaffung und Friedensschutz sind eine der Hoffnungen der UNO unter der Bedingung, daß wir die Gefahr erkennen und in der Region eines potentiellen Konflikts eine streng unparteiische Friedenssicherung organisieren können.

Klar, daß die Friedenssicherung in der Region des potentiellen Konflikts streng neutral sein muß. Erinnern wir uns an die Redewendung „den Bock zum Gärtner machen". Man kann die Friedenssicherung nicht einer interessierten Seite anvertrauen. Estland unterstützt das Prinzip der Demokratie, der Unantastbarkeit der Grenzen und der Nichteinmischung in die inneren Angelegenheiten eines anderen Staates, wie es in der Charta der UNO und anderen internationalen Übereinkommen und Verträgen niedergelegt ist. Daher sind wir verstört gewesen – und ich bin sicher, daß auch Sie verstört sind – von der Empfehlung eines vor mir aufgetretenen Redners, daß es den Truppen eines gewissen Staates erlaubt sein soll, sich bis zu der Grenze einzumischen, die die Grenze eines heute schon nichtexistenten Staates gewesen ist. Und ich meine hier nicht das einstige Österreich-Ungarische Kaiserreich, wenn Sie meine Andeutung richtig verstehen.

Estland kann nur einen solchen Standpunkt unterstützen, nach dem die Wahl der Friedenssicherungseinheiten durch den Sicherheitsrat unter Gutheißung der internationalen Öffentlichkeit vor sich geht. Unter dieser Bedingung fühlt Estland die moralische Verpflichtung, sich an der internationalen Friedensbewachung und an vielem anderen in den Grenzen seiner Möglichkeiten zu beteiligen.

Demokratie und wirtschaftliche Entwicklung

Damit bin ich beim dritten Problem angelangt: die Sicherung der Demokratie und der freien Marktwirtschaft in Estland nach der Absurdität der fünfzigjährigen Kolonialwirtschaft. Estland ist unglaublich erfolgreich gewesen, aber zusammen mit Ihnen, Exzellenzen, könnten wir noch erfolgreicher sein. Demokratie und freie Marktwirtschaft sind miteinander verbunden, denn sie setzen das Recht und die Pflicht voraus, frei zu entscheiden. Zur Unterdrückung des freien Gedankens hat die ehemalige Sowjetunion, hoffentlich das letzte Kolonialimperium, mehr Geld verschwendet als zur Schaffung ihres Atomwaffenarsenals. Die Abtötung der Freiheit und die Erzeugung der Agression sind die beiden Seiten einer Medaille. Der erste Feind eines jeden totalitären Regimes ist der innere Feind, und das erste Angriffsobjekt ist das freie Denken des Menschen. Sie alle kennen den großartigen Satz von Adam Michnik, daß es einfach ist, aus dem Fisch Fischsuppe zu kochen, doch unmöglich, aus der Fischsuppe ein Aquarium mit lebendigen Fischen zu machen.

Staaten mit Übergangswirtschaft

Es sei mir gestattet, darauf hinzuweisen, daß das größte Kapital Estlands beim Übergang zur freien Marktwirtschaft der Idealismus unseres Volkes gewesen ist. Man hat es in den fünfzig Jahren der totalitären Besetzung gesammelt; die Vorräte an Idealismus in Estland sind groß, doch nicht endlos. Einmal wird die Müdigkeit kommen, der die politische Apathie und der Überdruß sowohl an Rechten wie an Pflichten folgen kann. Daher haben wir wenig Zeit. Der Austausch der Kommandowirtschaft durch die freie Marktwirtschaft wirkt sich so lange desintegrierend auf den Staat und das Individuum aus, bis der Markt zu funktionieren anfängt. Einmal funktionsfähig, arbeitet der Markt zugunsten der wirtschaftlichen und sozialen Integration. In diesem Wissen sind wir eher interessiert an Handel als an Hilfe – *not aid but trade*. Wir wollen unbedingt unsere Freihandelsverträge beibehalten und erweitern und sind dafür in Brüssel intensiv tätig.

Es war mein Ziel, darauf hinzuweisen, daß neue Teilnehmer die internationale Bühne betreten haben: Staaten mit Übergangswirtschaft. Daraus erwächst die Frage: Hat die UNO die Eigenart unserer Möglichkeiten und Bedürfnisse beurteilen können? Estland gehört ja nicht zu der ersten, zweiten oder dritten Welt. Haben wir eine vierte Welt nötig? Oder vielmehr ein einfühlsameres Reagieren auf die Welt, die sich in beständiger Veränderung befindet, und zugleich im Namen der Selbsterhaltung aktiv ist?

Nehmen wir ein Beispiel, das sowohl Ihnen als auch mir gleichermaßen unangenehm ist. Das ist die Aufteilung der finanziellen Verpflichtungen der ehemaligen Sowjetunion – darunter der UNO-Mitgliedsbeitrag- zwischen 15 Zahlungspflichtigen. Estland hat wiederholt betont, und ich betone auch heute von diesem Rednerpult aus, daß wir nicht willens sind, das zu akzeptieren. Die Republik Estland ist nie ein anerkannter Teil der ehemaligen Sowjetunion gewesen. Jetzt können wir das laut sagen, denn die Zeiten haben sich geändert, doch auch unsere Organisation muß mit der veränderten Zeit Schritt halten.

Hilfe Estlands an andere Staaten

Estland nimmt seine Pflicht wahr, anderen Staaten beizustehen, wie man in den letzten Jahren uns beigestanden hat. Estland ist erst dabei, sich von den verheerenden Folgen der fünfzigjährigen Besetzung wieder zu erholen. Und doch haben wir gut ausgebildete Spezialisten, die durch die UNO in den Ländern helfen könnten, in denen man ihr Können braucht. Ich könnte z. B. auf unsere Erfahrungen bei der Einführung der stabilen nationalen Währung hinweisen, aber auch auf solche in Estland traditionell starken Bereiche wie Gesundheitsfürsorge, Sprachwissenschaft, Tierzucht.

Reformierung der UNO

Gestatten Sie mir, mit ein paar sehr persönlichen Bemerkungen abzuschließen. Die UNO nähert sich ihrem fünfzigsten Jahrestag. Die Welt nach dem Zweiten Weltkrieg nähert sich ihrem fünfzigsten Jahrestag. Die UNO-Charta hat sich nicht geändert. Die Welt dagegen hat sich bis zur Unkenntlichkeit verändert. Diesen sich vertiefenden Widerspruch haben die empfindlichsten Mitglieder der UNO am schmerzlichsten gespürt. Das sind die Kleinstaaten. Ich glaube, daß deshalb auf die Kleinstaaten, die die Mehrheit der Staaten der Welt ausmachen, die Verpflichtung entfällt, die Weltordnung neu zu definieren. Großstaaten haben größere Verpflichtungen, Kleinstaaten größere Möglichkeiten. Das ist kein Widerspruch, das ist Gleichgewicht. Denken Sie nur daran, was für einen ungeheuren Vorteil ein Eskimokajak vor dem Supertankschiff hat: der Kajak kann auf der Stelle einen neuen Kurs einschlagen, das Supertankschiff braucht dafür gefährlich viel Zeit und Raum. Der beste Platz zum Neudefinieren der Weltordnung ist die Generalversammlung der UNO. Ich bin Generalsekretär Boutros Boutros-Ghali sehr verbunden, daß er uns unter Wahrnehmung dieses Bedarfs seine Vision einer stabilen Welt anvertraut hat unter dem Titel „*An Agenda for Peace*". Als Vertreter eines der kleinsten Staaten und eines der ältesten Völker Europas möchte ich darauf hinweisen, daß die Tendenz des letzten Jahrhunderts und besonders der letzten Jahrzehnte dafür spricht, daß die Zahl der Kleinstaaten zu- und diejenige der Großstaaten abnimmt. Auf die Tagesordnung der UNO ist die Erhöhung der Zahl der beständigen Mitglieder des Sicherheitsrats gekommen. Estland unterstützt das als einen Schritt in Richtung der heutigen Realität. Persönlich würde ich wagen, verehrte Generalversammlung, Ihnen die folgende Frage zu stellen: Sollte es im Sicherheitsrat nicht einen Platz geben für einen ständigen Vertreter der Mehrheit der Weltstaaten: der kleinen Staaten?

Ich habe keine Antwort auf diese Frage, und auch Sie haben sie nicht.

Das ist nicht tragisch. Die Suche nach Antworten wird die Zukunft der UNO und unsere gemeinsame Hoffnung sein. Heute spricht man von der fatalen Unterschiedlichkeit der Kulturen. Damit erkennt man die Fatalität der Konflikte an.

Hoffnung

Meine Damen und Herren, der Umstand, daß der Mensch Buddha oder Jahwe oder Christus oder Allah oder den Schamanen aus den weiten Wäldern Sibiriens verehrt, muß nicht unbedingt unvermeidliche Konflikte mit sich bringen. Vielmehr müssen die Kulturen unterschiedlich sein, damit der Mensch mit seinen Rechten und Pflichten einem hoffnungsvollen Menschen gleiche. Einen Tag vor der Abreise habe ich in einem Buch des berühmten finnischen Wissenschaftlers Matti Kuusi gelesen, was die Hoffnung den Menschen bedeutet. Der Mexikaner sagt: Von der Hoffnung wird man nicht satt, aber man kann sein Leben fristen; der Kanuri-Afrikaner sagt: Die Hoffnung ist der Grundpfeiler des Lebens; der Philippino sagt: Kühnheit ist die Frucht der Hoffnung; der Maltese sagt: Wer die Hoffnung begräbt, der stirbt.

In dieser Unterschiedlichkeit liegt die Einheit der Menschheit. Die in der Zeit fortdauernde und veränderliche UNO ist die kollektive Hoffnung der Menschheit.

Exzellenzen, Herr Generalsekretär, hochgeachtete Botschafter, ich danke Ihnen für Ihr Interesse und Ihre Geduld.

Ob eine Million ausreicht, um Sterne zu erforschen

*Eröffnungsrede auf dem Konzert Europa Musicale in München,
31. Oktober 1993*

Ich komme aus einem Land, das Estland heißt.

Es ist meine Aufgabe, Ihnen von diesem Rednerpult aus die Koordinaten dieses Landes zu beschreiben. Die Aufgabe der Kunst ist es, Ihnen von dieser Konzertbühne aus die Seele dieses Landes, seine Farben, Sehnsüchte und Hoffnungen aufzutun.

Ich bin einer der wenigen Präsidenten in Europa, der mit einem Blick die Hälfte seines Volkes hat sehen können. Estland ist nämlich ein sehr kleiner Staat, ein bißchen größer als Dänemark, Belgien, die Niederlande oder die Schweiz, doch bedeutend kleiner an Einwohnerzahl: Es gibt von uns ein wenig über eine Million. Wir sind der nördlichste der baltischen Staaten und liegen an der See, die von den Engländern und Franzosen die baltische See, von den Deutschen Ostsee, doch von den Esten mit der ihnen eigenen trotzigen Logik Westsee genannt wird: liegt die See doch von uns aus gesehen im Westen.

Eigentlich ist Estland eine von drei Seiten vom Wasser umgebene Halbinsel wie auch West-Europa. Vor allem deswegen und wegen unserer weitabliegenden hyperboreischen Lage haben die in der Kulturgeschichte Europas so wesentlichen Völkerwanderungen Estland unberührt gelassen. Daraus ergibt sich ein für uns charakteristischer Zug: Wir gehören zu den wenigen Europäern, die fünfzig Jahrhunderte lang beständig ein und denselben Ort bewohnt und unter den harten Bedingungen des Nordens in der steinigen und moorreichen Landschaft eine eigene Kultur geschaffen haben. Erblicken Sie in den 50 ununterbrochenen Jahrhunderten nicht einen Rekord, der ins Guinness-Buch gehört? Für Europa viel wichtiger ist unsere Erfahrung, daß sich diese Kultur im harmonischen Verhältnis mit der Umwelt entwickelt und keine ökologischen Konflikte hervorgerufen hat wie im alten Griechenland oder Italien. Vielleicht spiegelt sich diese Konfliktarmut in unseren Volksliedern oder in unserer professionellen Musik wider, die manchmal als monoton empfunden wird. Die Esten selbst empfinden ihre Geschichte, Landschaft oder Farben keinesfalls als monoton. Als ein kleines Volk eines kleinen Landes gebrauchen wir keine Teleskope, sondern Mikroskope. Unser Mont Blanc ist 318 m hoch, und es sind Lieder über ihn gedichtet worden. Unsere Hügel, größere Bäume und von der letzten Eiszeit auf den Feldern verbliebene erratische Felsblöcke haben alle ihren Namen bekommen wie lebende Menschen. Jeder Hektar ist dokumentiert – sei es in einer Redewendung, einer Legende, der Literatur oder einem wissenschaftlichem Artikel. In Estland muß man vorsichtig ausschreiten, um nicht auf die lebendige Geschichte zu treten. Der Este steht mit Estland in beständigem Dialog. Das ist ein leises Flüstern. Die Pause ist die klingendste Note in der estnischen Musik.

Vorhin habe ich angedeutet, daß ich mit einem Blick die Hälfte des Volkes habe umfassen können – eine halbe Million. Sie sind auf einem Feld, Sängerfeld genannt, in der Nähe unserer Hauptstadt Tallinn versammelt gewesen. Dieses Riesenfeld könnte man auch Thermopylai oder Cannae oder Verdun nennen, denn es ist nach dem Zweiten Weltkrieg unser letztes Schlachtfeld gewesen, hinter dem das schwarze Vergessen der Vernichtung gähnte. Doch unsere Schießbogen sind Soprane, unsere Kanonen Bässe und unsere Vercingetorixe estnische Dirigenten und Komponisten gewesen, in deren Hand die Musik ihre Urfunktion wiederentdeckt hat: aus der Unterhaltung oder dem Vorwand für Abendtoiletten ist die Musik zum Träger der Identität, zum schützenden Schild für das ganze Volk geworden. Einige der hier Anwesenden erinnern sich vielleicht an den Titel aus der Presse „die singende Revolution". Das ist keine Metapher gewesen. Erst vor einigen Jahren ist dies Wirklichkeit gewesen, und heute ist es eine weit zurückliegende Geschichte.

Dennoch will ich sagen, daß dieses einmalige Bild von einem Volk, das ein Lied singt, in mir neben Hoffnung, Stolz und Selbstsicherheit auch Bedrängnis und Furcht erweckt. Die Hälfte eines Volkes hat Platz auf einem Feld. Wie viele Menschheiten würden Platz haben in einem Kubikkilometer? Die Kultur – und Musik als ihr allgemeinverständlichster Teil – ist verpflichtet, auch unbequeme Fragen zu stellen. Die Kultur ist, wie ich sie verstehe, die einzige Umwelt, die die Reproduktion der Menschheit gewährleistet.

Doch im Zusammenhang mit Estland habe ich, dem singenden Volk zuhörend – und mitsingend – , noch eine Eigenart begriffen. Esten gibt es wenig mehr als eine Million. Folglich sind die Beziehungen zwischen dem Staat und dem Volk ganz anders als in Frankreich, Deutschland oder Schweden. Unsere Beziehungen sind familiärer Art. Jeder Erwachsene kann in jedem estnischen Dorf Geld leihen, um nach Hause zu fahren, oder Gummistiefel, wenn er sie benötigen sollte. Ist eine Million ausreichend, um Künste zu pflegen, Sterne, das Sumerische oder die Atomstruktur zu erforschen, auf professioneller Ebene zu musizieren, so daß wir nochmals nach München eingeladen würden?

Die Eigenart Estlands besteht gerade darin, daß wir es als Familie vermocht haben, estnischer Staat und estnische Kultur zu sein.

Wir haben unsere Identität mit der Waffe verteidigt, aber mehr noch mit Traditionen, die die ältesten in Europa sind. Vielleicht wird Ihr empfindliches Ohr diese alten Schichtungen auch aus unserer Musik heraushören. Doch wir haben unsere Identität vor allem deshalb verteidigt, um in Europa zu bleiben, Europäer zu bleiben und Europa zu helfen, das Phänomen Europa zu bewahren – die Vielfältigkeit seiner Kulturen. So soll es anhand des Staatlichen Symphonieorchesters Estlands Ihrem Urteil überlassen werden, inwieweit es uns durch Musik gelungen ist. Wenn mich mein Gedächtnis nicht täuscht, haben wir unsere Konzertsaison am 3. Juni 1583 eröffnet, als die Stadt Tallinn für 52 Reichstaler, 114 Pfund Roggen und 10 Ellen Tuch einen Musiker anheuerte, der das Jahr hindurch verpflichtet war, den Städtern professionelle Musik zu bieten. Heute, in den ersten schweren Jahren der Wiederherstellung der Selbständigkeit, ist das Gehalt unserer Symphoniker nur um weniges höher als das Gehalt der Musiker vor vierhundert Jahren. Das spricht für Idealismus und Treue gegenüber der europäischen Kultur, aber auch von Ihrer Pflicht, Hochwürden, meine Damen und Herren, den Begriff Europa samt den Grenzen Europas ostwärts zu erweitern. Das ist meine hauptsächliche Botschaft an *Europa Musicale*. Ich bin dem Schirmherrn von *Europa Musicale*, dem Präsidenten der EG-Kommission Jacques Delors dankbar, daß er diesen wundervollen Saal und dieses großartige Mikrophon einer politischen Botschaft zur Verfügung gestellt hat, die die estnischen Musiker – ich hoffe es – jetzt überzeugend bestätigen und in Ihrem Herzen aufkeimen lassen werden.

Wir sind gekommen, um zu bleiben

Neujahrsbotschaft, 31. Dezember 1993

Liebe Landsleute in Estland und in der Welt!

In zehn Minuten werden die Kirchen- und Rathausglocken in Estland das neue Jahr einläuten und dann ihr zeitloses Ticken fortsetzen. Doch für uns alle bleibt die Zeit doch für einige Augenblicke stehen, damit wir eine Antwort suchen könnten auf die Frage: Wo kommen wir her? Wo gehen wir hin?

Vor einem Jahr habe ich dieselbe Frage gestellt, und in hundert Jahren wird jemand wieder dieselbe Frage an Ihre Kindeskinder stellen. Er wird die Frage auf Estnisch stellen. Vor ein paar Dutzend Jahren habe ich die Frage zum ersten Mal in Ihrem Herzen zum Klingen gebracht. Damals ist es eine Warnung gewesen. Jetzt ist es eine feste Zusicherung: wir sind gekommen, um zu bleiben.

Weihnachtsfrieden hat uns ins Gleichgewicht gebracht, und nur ausgeglichen kann man etwas Gemeinsames in Worte fassen. Ich habe Ihnen einen Eid geleistet und mich durch diesen Eid verpflichtet, meine Macht zum Besten des estnischen Volkes und unserer Republik nach all meinen Fähigkeiten, meinem Können und meiner besten Einsicht einzusetzen und meine Pflichten zu erfüllen. Habe ich Ihre Sorgen und Hoffnungen richtig verstanden? Auf diese Frage muß ich selbst die Antwort finden, aufgrund Ihrer Briefe, Reden, Gespräche, doch trotzdem selbst und allein. Aber ich hoffe von ganzem Herzen, liebe Landsleute, daß wir zu den gleichen Schlußfolgerungen gelangen werden.

Was sind die schlechten und die guten Seiten des vergangenen Jahres gewesen?

Das Jahr ist für die meisten von uns sowohl materiell wie geistig schwer gewesen. Am schwersten hat es die ältesten und die jüngsten Generationen getroffen, und das zu wissen ist qualvoll. Den älteren Generationen sind wir Dank schuldig vor allem als Kinder, die wir mit ihrer Hilfe aufgewachsen sind, und als Esten, denn gerade die älteren Generationen haben die unauslöschliche Flamme der Hoffnung in ihrer Brust getragen, daß Estland seinen selbständigen Staat wiederherstellen wird, und diese Hoffnung haben sie der Dunkelheit des Reichs des Bösen trotzend an uns weitergegeben. Noch können wir nicht den Etat nach dem Gebot unseres Herzens zusammenstellen. Umso mehr haben wir die Pflicht, mit unserer Seele, Sympathie und persönlichen Hilfe den älteren Generationen diese ungeheure Dankesschuld abzutragen und sie auch heute zum Vorbild zu nehmen: sie haben das wenigste Geld, doch den größten Glauben. Die Ältesten erinnern sich, daß auch zu Anfangszeiten der Republik Estland das Leben alles andere als leicht gewesen ist. Die Ärmsten leben, strahlen am stärksten den ruhigen Glauben aus, daß unser Staat zu Kräften kommt. Wollen wir sie zum Vorbild nehmen: Sie glauben an keine Wunder, sondern an das Werk der Hände, das Wunder bewirken kann. Diese Erfahrung der alten Generation ist immer noch lebendig und ist unser größtes moralisches Kapital in der jetzigen moralischen Krise.

Die Jugend hat es schwer, die Studenten haben es schwer, die junge estnische Familie hat es schwer. Wir können von einer Bevölkerungskrise sprechen: Nach der Sitzung der schöpferischen Verbände ist in den letzten drei Jahren ein Geburtenrückgang zu verzeichnen. Für uns als Volk folgt daraus der Schluß, daß Estland eine gut funktionierende Familienpolitik benötigt. Der Erzieher zu Freiheit und moralischen Werten ist kein Individuum, sondern diese einzigartige Einheit, die in Estland Familie genannt wird. Morgen wird Papst Johannes Paulus II., ein aufrichtiger Verehrer unseres Volkes, mit anderen Argumenten über dasselbe Moralproblem sprechen. Die Hauptidee seiner Botschaft heißt: „Aus der Familie wird der Frieden der Weltfamilie hervorgehen." Von mir aus möchte ich hinzufügen, daß die Jugend mehr als zu früheren Zeiten von den älteren Generationen Selbstvertrauen, Selbstbewußtsein und den Glauben an die Republik Estland und folglich an die Zukunft der estnischen Familie lernt. Das wird Ihren heutigen Festtisch nicht reicher decken, doch das nährt reichhaltiger Ihre Initiative. Und mehr noch: ich habe nie daran gezweifelt, daß die Investition in die Jugend, anders gesagt, in die Bildung, die Wissenschaft, die schönen Künste die nützlichste Investition ist. In der Vorkriegsrepublik Estland haben wir den Denkmälern und Paraden Schulhäuser und Lehrer vorgezogen. So ist es gewesen, und so wird es bleiben, denn gerade das ist ein Teil der estnischen Identität. Das ist kein zynischer Gedanke, sondern ein humanistischer, dem man eine marktwirtschaftliche, oder richtiger, eine rationale Form gegeben hat.

Unser Mißmut kommt aus unserer Ungeduld. Doch die Wiederherstellung eines Staates erfolgt nicht durch Betätigung eines Lichtschalters, wodurch augenblicklich das biblische Licht aufleuchtet. Der Staat wird wie ein Kind geboren: mit Schmerzen und Wehen. Doch wie ein Kind wird er aus der Liebe geboren und gebärt seinerseits Liebe.

Und jetzt will ich Ihnen versichern, daß wir bei weitem mehr Grund für Liebe als für Mißmut haben. Dieses Jahr ist reich an Kritik gewesen, doch vor allem für die Ohren, nicht für die Augen oder den Verstand. Wollen wir nicht vergessen, liebe Landsleute, daß das ja nur das erste Jahr ist, in dem sämtliche in der Verfassung vorgesehenen staatlichen Strukturen ihre Arbeit aufgenommen haben: das dreistufige Gerichtssystem, der Rechtskanzler, der Befehlshaber der Schutztruppen. Erst in diesem Jahr konnte die alltägliche Arbeit in der Staatsversammlung, in der Regierung der Republik und des Präsidenten anfangen. Sie alle kennen den Satz aus der Bibel: „Der Prophet gilt wenig in seinem eigenen Land". In diesem Jahr habe ich erfahren, daß das gleichermaßen für Staaten gilt. Mehr in der Welt als in Estland hat man vor allem die Tatsache zu würdigen gewußt, daß die Staatsversammlung in diesem Jahr 218 Gesetze verabschiedet hat. Ich bin überzeugt, daß man den Wert dieser Arbeit in den kommenden Jahren ausgeglichener zu schätzen weiß als in diesem Jahr. Wir können stolz sein, daß die Kleinprivatisierung in Estland zu Ende geführt worden ist; daß die Inflation gebremst wurde; daß das Ausmaß des Außenhandels gestiegen ist. Und daß man all das unter den Bedingungen der sich verstärkenden Stabilität erreicht hat, trotz potentieller Krisen. Das unsichtbare, doch zugleich das gewichtigste Ergebnis dieser unserer gemeinsamen Arbeit ist die Zunahme des internationalen Vertrauens in die Republik Estland. Der neue Bericht von *Freedom House* der USA nennt Estland, Tschechien und Ungarn als die Staaten, in denen die Demokratie und Selbständigkeit nicht umkehrbar sind. Von einigen osteuropäischen Staaten kann man sagen, daß dort nicht so sehr die Demokratie gewonnen, sondern der Totalitarismus verloren hat. Manchmal sagt man das auch von Estland. Und daraus ergibt sich für die Zukunft das Hauptziel unserer Arbeit: die volle Geltung des Prinzips der Verfassung und der Gewaltenteilung in Estland. Wir reden viel über den Rechtsstaat, ohne zu wissen, was das denn eigentlich ist. Wir reden von der Demokratie, ohne die Opposition in den Aufbau des demokratischen Rechtsstaates einzubeziehen. In Estland herrscht nach wie vor eine erfreulich große Nachfrage nach Literatur, aber das Grundgesetz ist nicht im Buchladen zu haben.

Wir werden einige Sorgen ins neue Jahr mitnehmen: Wir müssen die Kriminalität unterdrücken, die unseren Staat herabwürdigt und es den Esten nicht gestattet, sich auf der Straße oder auf dem Dorfweg als der Herr seines Landes zu fühlen;

Wir müssen unsere Grenzen wirksamer kontrollieren, um das Einsickern der Kriminalität in unser Land zu stoppen und über richtige europäische Grenzen verfügen zu können;

Wir müssen Vertrauen säen und das Mißtrauen erbarmungslos ausjäten, das von politischer Blindheit, Dummheit oder von einer Estland feindlichen Hand erzeugt wird;

Wir müssen begreifen lernen, was der Staat ist. Durch die freien ehrlichen Wahlen hat das estnische Volk der Welt gesagt, daß wir als Staat leben wollen. Jetzt müssen wir beweisen, daß wir uns auch als Staat zu benehmen wissen.

Und schließlich: Den Sieger erkennt man auch am Großmut, auf der Stirn des Verlierers sind Bosheit, Neid und Haß gezeichnet. Das Jahr ist schwer gewesen, doch mit umso größerem Selbstbewußtsein können wir sagen, daß unser erstes grundgesetzliches Jahr das Jahr unserer ersten bescheidenen Leistungen gewesen ist. Das nächste Jahr wird für uns von umwälzender Bedeutung sein: Die letzten Fremdtruppen werden Estland verlassen, und nach langer Zeit kann Estland freundlich in alle vier Himmelsrichtungen lächeln.

Am schönsten ist das lächelnde Estland.

Dafür, liebe Landsleute, wünsche ich Ihnen aus Kadriorg Glauben, Erfolg in der Arbeit und ein glückliches neues Jahr!

1994

1994 ist das entscheidende Jahr vom Standpunkt des strategischen Ziels Estlands – des Abzugs der Fremdtruppen. Es wird klar, daß die in Rußland immer noch vitalen reaktionären Kräfte die militärische Präsenz im Baltikum beibehalten wollen. Mit westlichem Beistand greift Estland zu allen diplomatischen Mitteln, damit der Abzug der Fremdtruppen aus Estland gleichzeitig mit ihrem Abzug aus Deutschland zu Ende geführt wird. Im Sommer trifft sich Bill Clinton mit den baltischen Präsidenten in Riga. Bald danach wird in Moskau der Vertrag zum Abzug der russischen Truppen unterzeichnet. Und dieser Abzug wird mit knapper Not bis zum 31. August beendet.

Vor dem Hintergrund dieser zentralen Ereignisse setzen sich in Estland die Wirtschaftsreformen mit den Merkmalen einer Schocktherapie fort.

Was jetzt in Russlands Weiten gärt?

*Rede auf dem feierlichen Empfang in Hamburgs Rathaus,
25. Februar 1994*

Exzellenzen, meine Damen und Herren!

Als ich Hamburgs schlanke Kirchentürme vor mir sah, hätte ich denken können, daß ich zu Hause bin, in der alten Hansestadt Tallinn an der Küste des Finnischen Meerbusens. Doch ich bin hier und führe einen ehrenvollen Auftrag aus, den ich heute für besonders wichtig halte: Ich bin gekommen, um Ihnen eine Botschaft aus Estland zu bringen, aus dem Lande, das eigentlich gar nicht so weit von Hamburg entfernt liegt.

Der Geist der Hanse, mit der außer Tallinn noch mehrere estnische Städte verbunden gewesen sind, ist immer weltoffen gewesen. Es war ein unternehmerischer, doch auch stolzer Geist, als es um die Freiheit oder den Kampf um die Freiheit ging.

An der Wand des Tallinner Rathauses hat sich bis heute ein Spruch erhalten, der diesen Hansegeist in richtigen Worten zum Ausdruck bringt: „Fürchte Gott, sprich, was wahr, tu, was gerecht, und scheu dich vor keinem." Heute möchte ich mich nach diesem jahrhundertealten Rat richten und Ihnen sagen, was wahr ist, und was jetzt meinem Volk und mir vorschwebt.

Die Freiheit einer jeden Person, die Freiheit der Wirtschaft und des Handels, doch zugleich die Freiheit des Geistes, der Kultur und der Wissenschaft sind untrennbar miteinander verbunden. Sie sind die Grundmauern einer lebenskräftigen Demokratie.

Nie in den Jahrzehnten der totalitären Unterdrückung haben die Esten den Glauben an diese Freiheit preisgegeben. Das Freiheitsideal hat sich in unserer Seele jahrhundertelang erhalten und entwickelt dank der Bindungen, die uns an das übrige Europa gekoppelt und die wir gemeinsam verstärkt haben. Ohne überflüssige Bescheidenheit möchte ich sagen: Im mitteleuropäischen Nordosten wird sich kaum ein anderes Volk finden, das enger mit Europa verbunden gewesen wäre als die Esten. Heute fällt das sofort auf in der Lebensart und den Sitten eines jeden Esten.

Und gerade deshalb, weil wir im geostrategischen Sinne an einem gefährlichen Ort leben, hat sich in uns mehr als in anderen europäischen Völkern das Gespür für Probleme und Gefahren verschärft, die uns aus der Nachbarschaft drohen. Dieser Sinn für Gefahren verschwindet allmählich aus unserer modernen Welt. Um die Sache zu verbildlichen: die Mikroben erkennen den Menschen, der Mensch die Mikroben nicht. Aber der Mensch weiß sich vor ihnen zu schützen. Sind doch die kleinen und von der übrigen Welt schon vergessenen baltischen Staaten eigentlich diejenigen gewesen, die das große und mächtige sowjetische Reich letztendlich zu Fall gebracht haben – und das friedfertig, ohne einen Gewehrschuß, ohne einen Tropfen Blut zu vergießen. Wir haben nach unserem gesunden Verstand gehandelt und oft im Gegensatz zu Ihren Ratschlägen, die eine Neigung zu Eigennutz oder Konformismus erkennen ließen.

Im Geist des strengen Spruches im Tallinner Rathaus möchte ich Ihnen geradeheraus sagen, daß das estnische Volk und ich Grund zur Besorgnis haben. Der Westen nimmt nicht wahr, was heute in Rußlands Weiten gärt.

Es ist subjektiv verständlich, daß der Westen nach dem Zusammenbruch der Sowjetunion von einer Art Siegestaumel gepackt wurde. Ebenso ist es subjektiv verständlich, daß die Hoffnungen und Sympathien des Westens sich vor allem auf die echten oder angeblichen Reformkräfte Rußlands konzentrierten. Daher droht West-Europa die Gefahr, das Erhoffte statt der Wirklichkeit zu sehen.

Wir alle, auch das estnische Volk und andere Völker in Zentral- und Ost-Europa möchten genauso wie West-Europa ein wirtschaftlich und sozial stabiles Rußland begrüßen. Aber wenn wir die Ereignisse der letzten Jahre und Monate betrachten, müssen wir eigentlich von klammem Zweifel ergriffen werden, ob sich dieses Ziel uns nähert oder sich vielmehr von uns entfernt.

Was beunruhigt die Esten und nicht nur die Esten, wenn wir die Entwicklungen im heutigen Europa betrachten? Es wundert uns, daß der Westen russische Soldaten und Panzer nach Sarajewo gebracht hat. Ist es nicht der Grundpfeiler der westlichen Politik seit Bismarck und dem Berliner Kongreß, im Namen des Friedens die Russen möglichst weit weg vom Balkan zu halten? Nach dem Zweiten Weltkrieg haben die USA und der Westen über achtzig Milliarden Dollar investiert, um den Titoismus sein Leben fristen zu lassen und die Russen von der Adria fernzuhalten.

Fragen wir uns nun: Kann man einen Staat, der selbst mit härtesten ethnischen und ethischen Problemen ringt, in der Rolle des Richters und Friedensengels auf das Territorium anderer Staaten lassen? Die Beklemmung nimmt noch zu, wenn wir die jüngste Mitteilung des russischen Außenministeriums lesen. Darin wird behauptet, daß Rußland die Frage der russischen Nationalgruppen in Nachbarstaaten nicht nur mit diplomatischen Mitteln lösen kann. Es geht um solche Nationalgruppen, die sich meistens als Troß oder Nachhut der Besatzungsarmee in ihren heutigen Wohngebieten angesiedelt und sich dort eingerichtet haben, nachdem die lokalen Ureinwohner massenhaft nach Sibirien deportiert wurden.

Aus dieser Mitteilung Moskaus kann man nur einen Schluß ziehen: Notfalls kann Rußland auch andersartige Maßnahmen ergreifen. Welche, das haben die Esten und andere kleinere Völker in der neueren Geschichte auf die bitterste Weise an eigener Haut verspürt.

Also macht es uns besorgt, daß in der russischen Außenpolitik und im russischen politischen Denken in der letzten Zeit wieder die Irrationalität überhand nimmt. Seinerzeit hat Solschenizyn die Russen aufgerufen, vom Imperium Abstand zu nehmen und sich auf eigene Probleme zu konzentrieren. Er hat den Ausdruck „Selbstbeschränkung" gebraucht und den Russen empfohlen, sich mit der Suche nach Lösungen für Rußlands wirtschaftliche, soziale, doch auch geistige Probleme zu beschäftigen. Das Postulat ihres großen Landsmannes ignorierend, sprechen die führenden Politiker Rußlands urplötzlich wieder von der besonderen Rolle Rußlands, von seinen Verpflichtungen als einem Garanten des Friedens auf dem ganzen Territorium der ehemaligen Sowjetunion. Einer der engen Ratgeber von Präsidenten Jelzin, Dr. Karaganow, hat diesen Gedanken kürzlich in der formell gleichsam bescheiden wirkenden, inhaltlich jedoch direkten Formulierung ausgedrückt, indem er Rußland in den Grenzen des ganzen bisherigen sowjetischen Imperiums die Rolle des Ersten unter den Gleichen zusprach – *primus inter pares.* Das erinnert mich an George Orwells Satz, gesagt im Hinblick auf den sowjetischen Kommunismus: „Alle sind gleich, doch einige sind gleicher als andere!"

Warum widerstrebt es dem neuen, postkommunistischen Rußland, das behauptet, mit den schrecklichen Traditionen der Sowjetunion abgerechnet zu haben, zuzugeben, daß es die Esten, Letten und Litauer 1940 und 1944 gegen den Willen dieser Völker und gegen das Recht auf Selbstbestimmung erobert und annektiert hat? Daß es seine kleinen Nachbarn fünfzig Jahre lang erbarmungslos russifiziert und sowjetisiert und sie damit fast an die Grenze des Todes der Nation geführt hat? Und kürzlich, am heutigen Tag, hat der russische Vizeaußenminister Krylow auf die Anfrage der baltischen Staaten offiziell mitgeteilt, daß Estland, Lettland und Litauen 1940 freiwillig der Sowjetunion beigetreten seien. Es fehlt nur noch, daß Zehntausende von Esten – auch meine Eltern und ich selbst – freiwillig darum gebeten hätten, nach Sibirien deportiert zu werden!

Meine Damen und Herren, wie soll man all das mit Fug und Recht erklären? Das haucht in größerem oder kleinerem Maße Irrationalismus aus, was die russische Politik bedauerlicherweise unvoraussagbar macht. Es gibt noch eine andere bedauerliche Tendenz, die im demokratischen Westen bequemlicherweise als Realpolitik ausgegeben wird. Das ist die Neigung zu der bekannten Haltung, die man *appeasement* nennt. Diese Haltung unterstützt die imperialistischen Kräfte in Rußland, trotz Ihres gegensätzlichen guten Willens. Die imperialgesinnten Kräfte glauben, daß sie die schweren Probleme ihres Staates und Volkes auf dem Wege der Expansionen und der Drohungen gegenüber Nachbarn lösen können. Wer heute dem russischen Staat und dem russischen Volk wirklich helfen will, muß die russische Führung konsequent davon überzeugen, daß die Zeit der imperialistischen Expansionen vorbei ist. Wer das nicht wahrnimmt, unterstützt die Gegner der Demokratie in Rußland und anderen postkommunistischen Staaten.

Wie gesagt, meine Damen und Herren: Estland liegt Deutschland und Hamburg sehr nahe. Die westliche, vor allem die deutsche Politik steht an einem schicksalshaften Scheideweg: ob man sich mit dem im Osten Kräfte sammelnden großstaatlichen Imperialismus abfindet, ob man ihn finanziert, ob man für einige Zeit sogar Profite macht? Das, verehrte Zuhörer, würde eine Politik sein, die nicht weiter als bis zum Rande des eigenen Suppentellers reicht. Oder wird unser Wille ausreichen, die Werte der Demokratie, Freiheit, Verantwortung und des Friedens auf dem riesigen, sich von der Ostsee bis zum Stillen Ozean erstreckenden Gebiet zu vertiefen? Wenn wir das letztere wünschen, sollte sich der demokratische Westen daran machen, die Stabilität der östlich von der deutschen Grenze liegenden mittleren und kleinen Staaten zu sichern. Ich meine das Mittel-Europa, das für mich bei der estnischen Grenzstadt Narva an der Ostsee anfängt und sich bis zur Adria und dem Schwarzen Meer erstreckt, die Ukraine miteingeschlossen.

Wenn es uns gelingt, diesen Staatengürtel mit der demokratischen Welt zu verbinden, wird von dort aus ein günstiges Wirkungsfeld auf Rußland Einfluß nehmen. Wir könnten, wir müßten eng in den Westen integriert sein. Mit einer klaren Position und nicht als ein verschwommenes Niemandsland könnten wir dann als Brücke zwischen Ost und West fungieren und den demokratischen Kräften in Rußland beistehen. Wir könnten Demokratie, Marktwirtschaft, Erfahrungen mit den Eigentumsverhältnissen und nicht zuletzt Rechtsstaatlichkeit vermitteln.

Wenn aber die Zone der mitteleuropäischen Staaten, zu der auch Estland gehört, ihrem Schicksal überlassen und schutzlos dem Gutdünken der eventuell imperialgesinnten Wünsche Moskaus anheimgestellt bleibt, wird der Preis für diese Politik so immens anwachsen, daß Europa ihn nicht mehr bezahlen kann.

Meine Damen und Herren, ich habe zu Ihnen von unseren schwersten Sorgen gesprochen. Das Baltikum ist wirklich zum Prüfstein Europas geworden. Wenn aber der Wille ausreicht, die Ursachen dieser Sorgen zu beseitigen, dann winkt uns die ruhige Landschaft einer hoffnungsvollen Zukunft. Dafür sprechen überzeugende Argumente. Wir sehen gemeinsame Interessen Estlands, des nordwestlichen Rußlands und der ganzen Ost- und Nordseeregion. Wir sehen eine Erdgasleitung, die die norwegische Energie durch die freien baltischen Staaten direkt hierher, ins Herz Europas, Hamburg bringen würde. Wir sehen eine moderne Autobahn – „Via Baltica" – von St. Petersburg durch Estland, Lettland und Litauen bis Berlin und noch weiter sich erstrecken. Wir sehen Freihandelszonen und neue Betätigungsfelder, neue Initiativen. Wie anno dazumal, würde Tallinn zum freundlichen Vermittler einerseits zwischen Hamburg und den Hansestädten, andererseits zwischen Nowgorod und russischen Gebieten werden. Eine solche hanseartige Zusammenarbeit ist die natürliche Entwicklungsperspektive der Anrainerstaaten unserer häuslichen Ostsee und ihres Nachbarn, der Nordsee.

Meine Damen und Herren, sowohl innenpolitisch, wirtschaftspolitisch wie auch sozial gehört die Republik Estland zu den stabilsten Staaten dieser Region. Die Republik Estland versichert Ihnen ihre Tatbereitschaft, Solidarität und Freundschaft.

Wir versuchen Ihre Lage zu verstehen. Ich wünsche, daß auch Sie versuchen mögen, unsere Lage zu verstehen. Estland ist und bleibt sich treu, Estland ist und bleibt ein demokratischer und selbständiger Staat, und das entspricht den europäischen Interessen, also auch den deutschen Interessen, folglich auch den Interessen der Hansestadt Hamburg.

Europa nach dem Eisgang

Rede auf dem staatlichen Empfang im Schloß Fredensborg,
12. April 1994

Eure Majestät, Ihre Königlichen Hohheiten, meine Damen und Herren! Das dänische Königsschloß liegt in Kopenhagen, aber der Garten des dänischen Königs liegt in Tallinn. Tallinn selbst, die Hauptstadt der Republik Estland, bedeutet aus dem Estnischen übersetzt *dänische Stadt*.

Mit diesen zwei Sätzen will ich zuerst meine Liebe zur Ostsee, dem Mittelmeer des Nordens, erklären, die uns lange vor McLuhans Vision eines Weltdorfes zu einem Dorf, zu Nachbarn, zu Anrainern zusammengeschlossen hat. Als ich sagte: „Lange vor McLuhan", habe ich wirklich an längstvergangene Zeiten gedacht. An weit zurückliegende Zeiten, in denen nördlich von Estland auf den Karten der Welt noch Leere gähnte. Ich hoffe, meine Freunde aus Finnland damit nicht vor den Kopf zu stoßen. Ich meine ferne Zeiten bis zum Jahre 1035, als die dänische St. Kanut-Gilde die Bezeichnung *Dux Esthoniae* im Titel getragen hat. Ich spreche aber nicht von Titeln, sondern von der Tatsache, daß die Kraftlinien unserer gemeinsamen See von zwei kleinen Halbinseln ausgegangen sind und sich auf zwei kleine Halbinseln konzentriert haben, auf Dänemark und Estland. Nach dem Willen Gottes, der Natur und des Menschen, und nicht einem Zufall zufolge, sind Estland und Dänemark ähnlich auch in der Größe, genauer: darin, daß sie beide Kleinstaaten sind. Und auch das sage ich mit Sympathie und Liebe. Erstens würde mich der Gedanke von Estland als einem Großstaat wie Spanien unter Carlos V., wo die Sonne nie unterging, erschrecken. Ich stelle mir mit Schrecken vor, daß das Estnische Außenministerium in dem Fall ebenso groß sein müßte wie dasjenige der Russischen Föderation oder der Vereinigten Staaten und mit ebenso großen bürokratischen Widersprüchlichkeiten in seinen Dokumenten. Deshalb erinnere ich mich mit aufrichtigem Dank an die Worte meines ehemaligen Kollegen und pfeiferauchenden Freundes Uffe Ellemann-Jensen, die er während des Abendessens, das der Gründungsversammlung des Rats der Ostseesanrainer folgte, am 6. März 1992 hierselbst in Kopenhagen aussprach: „Ein Staat, der sich zur See öffnet, kann kein Kleinstaat sein".

Dieses dem belgischen König Leopold entliehene Zitat nötigt mich, Ihre Majestät, der Geschichte, unserer gemeinsamen menschlichen Schwäche, den Rücken zuzukehren – wenn Sie mir gestatten,

Ihnen die dem Präsidenten Estlands eigene Schwäche zuzuschreiben – , und uns mit dem Gesicht der Zukunft zuzuwenden, zu dem Rohstoff, der von der Gegenwart zur Geschichte umgearbeitet wird.

Dem dänischen Königreich und der Republik Estland wurde die Ostsee vererbt. Auf Estnisch heißt sie nicht Ostsee, sondern Westsee. Schon das beweist, daß sie eine zweibahnige Landstraße gewesen ist und auch in der Zukunft sein wird. Und wie auf einer beliebigen Landstraße müssen auf unserer gemeinsamen See gewisse Regeln gelten, die allen zehn Ostseestaaten Sicherheit gewährleisten werden. Heute ist es ein Brauch, von der Zeit nach dem Kalten Krieg zu sprechen. Dem Winter folgt bekanntlich der Frühling, und ein Kennzeichen des Frühlings ist der Eisgang. Der Übergang von einer Stabilität zur anderen, zu einer sommerlichen Stabilität. Wir alle sehnen uns nach dem Sommer, ohne uns Rechenschaft abzulegen, daß der unvermeidliche Eisgang unvermeidlicherweise auch Gefahren in sich birgt. Der Eisgang und die Erneuerung Europas hat mit dem Zerfall des Ottomanischen, Romanoffschen, Hohenzollernschen und Habsburgschen Imperiums und mit der Verwirklichung des Rechts auf Selbstbestimmung der Völker angefangen, überall, außer innerhalb des Kolonialimperiums der Romanoffs. Dort haben nur die Finnen, Esten, Letten, Litauer und Polen das Selbstbestimmungsrecht ausüben können, dank ihrer traditionellen Zugehörigkeit zum westeuropäischen Kulturareal. Die übrigen Völker des Romanoffschen Imperiums wurden von einer Handvoll von Terroristen dieses Rechts beraubt, und erst heute setzen sich in Rußland die Prozesse fort, die in Europa am Anfang des Jahrhunderts zu einem Ergebnis geführt haben.

Wir alle beobachten mit Sorge und Sympathie den schweren Zweikampf zwischen Demokratie und Imperium in Rußland. Auch in dieser Hinsicht haben Dänemark und Estland gemeinsame Narben, folglich auch gemeinsame Hoffnungen. Infolge des Hitler-Stalin-Pakts wurde Dänemark dem Dritten Reich und Estland der Sowjetunion zugesprochen. Dänemark hat seine Selbständigkeit einige Monate früher als Estland verloren, doch Estland hat seine Selbständigkeit erst 45 Jahre später wiederhergestellt. Erst jetzt, im vergangenen und diesem Jahr, können wir diesen Männern danken, die an den Fronten und danach in Gefangenenlagern für Estlands Selbständigkeit gekämpft haben. Erst jetzt geht für uns der Zweite Weltkrieg zu Ende, erst jetzt ist Estland und der europäischen Öffentlichkeit versprochen worden, bis zum 31. August die letzten Fremdtruppen aus Estland abzuziehen. Wir sind überzeugt, daß nach dem gemeinsamen Willen der europäischen Demokratie Rußland seine Verpflichtung auch erfüllen wird. In diesem Zusammenhang möchte ich Ihnen, Majestät, und durch Sie dem dänischen Volk den herzlichsten Dank meines Volkes übermitteln für die Hilfe bei der Verwirklichung des Selbstbestimmungsrechts der Esten und bei der Wiederherstellung der Republik Estland. Wir werden nie die dänischen Freiwilligen in den Kämpfen von 1919 und die Hilfe der 40 Kavaliere des Estnischen Freiheitskreuzes mit Seiner Majestät dem dänischen König an der Spitze vergessen. Noch weniger werden wir die dänische Hilfe bei der Eröffnung der estnischen Vertretung in Kopenhagen am 20. Dezember 1990 vergessen, die faktisch noch vor der offiziellen Wiederaufnahme der diplomatischen Beziehungen zwischen Dänemark und Estland in der dramatischen Augustwoche 1991 zur Botschaft der Republik Estland wurde, als mir die Ehre zuteil wurde, als erster Außenminister der Republik Estland Sie, Majestät, kurz vor Mitternacht zu besuchen – mit einer Fahrgeschwindigkeit, die von der Kopenhagener Polizei großzügig übersehen wurde. Ich kann Ihnen versichern, daß der dänische Glaube an das estnische Volk und die dänische Sympathie für uns unser Selbstvertrauen beim Ausbau des estnischen Staates zum vertrauenswürdigen Partner verstärkt haben. Ihr Botschafter und unser Freund wüßte von den großen Veränderungen in der estnischen Politik, Wirtschaft, Sicherheitspolitik und im Tallinner Straßenbild zu berichten, die nach Ihrem Besuch in Tallinn vor weniger als zwei Jahren stattgefunden haben. Diese Veränderungen haben sich schnell vollzogen, denn das estnische Volk war zu großen Selbstaufopferungen bereit. Als Quelle dieser Selbstaufopferung diente der Idealismus. Die größten Opfer zur Wiederherstellung eines gerechten und harmonischen Staates mußten estnische Bauern und estnische Rentner bringen, die jahrzehntelang die Erinnerung an Estland als einen europäischen demokratischen Rechtsstaat in ihrem Herzen bewahrt hatten.

Ich möchte mich hier vor allem auf unsere positiven Programme beschränken. Daher erwähne ich nur kurz, daß unsere zweijährigen Verhandlungen mit der Russischen Föderation zur Normalisierung unserer Beziehungen und zur Beseitigung der Folgen der Kolonialpolitik der ehemaligen Sowjetunion bedauerlicherweise wenig erfolgreich waren. Estland setzt die Russische Föderation nicht der ehemaligen aggressiven Sowjetunion gleich. Deshalb wären wir Präsident Boris Jelzin dankbar, wenn auch er sich offiziell von der sowjetischen Aggression gegen die baltischen Staaten 1940 distanzieren würde, wie er das im Herbst bei seinen Besuchen in Warschau, Prag, Bratislava und Budapest getan hat. Diese Geste den kleinen baltischen Staaten gegenüber wäre eines Großstaates würdig und würde wesentlich dazu beitragen, das aus der Vergangenheit herstammende Mißtrauen zu zerstreuen, das Ansehen des reformgesinnten Rußland in der Ostseeregion und in ganz Europa zu vergrößern.

Eure Majestät, meine Damen und Herren! Die Republik Estland versteht ihre Rechte und Pflichten in der Ostseeregion. Mehr noch: die Republik Estland sieht ihre Zukunft als Mitglied der Europäischen Union. Hier vertrauen wir der unterstützenden und helfenden Rolle Dänemarks.

Zweitens. Vor kurzem hatten wir die Freude, das von Dänemark geschenkte Patrouille-Schiff in die estnischen Kriegsmarine aufzunehmen. Dieses Schiff, wie auch andere ähnliche Hilfe, spielt eine gewichtige Rolle für die Sicherheit in den estnischen Territorialgewässern und an den Grenzen der Republik Estland. Es gewährleistet auch die Sicherheit Skandinaviens, darunter Dänemarks, denn die Sicherheit der Ostseeregion ist ein ebenso untrennbares Ganzes wie die Ostsee selbst.

Drittens. Als Mitglied des Europarates ist die Republik Estland ein aktiver Verteidiger der Demokratie und der Menschenrechte. Der Rechtsstaat in Estland ist nicht selektiv wirksam, sondern schützt die Interessen sowohl der Bürger Estlands wie die der Ausländer. In diesem Zusammenhang möchte ich Dänemark besonders für die Hilfe danken, die es für die Unterbringung der Offiziere der aus Estland abziehenden russischen Truppen in Rußland zu leisten bereit war. Spiegelbildlich obliegt uns die Pflicht, die Bürger der Republik Estland in Estland unterzubringen, die durch Deportationen und andere Faktoren in Rußland verstreut leben und zurück in ihre Heimat wollen. Ich hoffe, daß auch in diesem Bereich in Dänemark der Wille vorhanden ist, uns zu helfen und auf diese Weise wesentlich mitzuwirken, die Ostseeregion stabil, spannungsfrei und kooperationsfreudig zu machen.

Eure Majestät, meine Damen und Herren! Das sind unsere gemeinsamen Gegenwartsprobleme. Sie wurzeln in unserer gemeinsamen Vergangenheit, in den Zeiten des Danebrog und noch weiter zurück, doch lösen müssen wir sie Hand in Hand schon heute und morgen.

Ab heute gibt es keine Fremdtruppen mehr auf estnischem Boden

Rede auf Maarjamäe [17], 31. August 1994

Liebe Landsleute in Estland und in der weiten Welt! Liebe Freunde im Ausland, verehrte Staatshäupter und Regierungen, die Sie hier durch Ihre Botschafter vertreten sind! Exzellenzen!

Wir sind hier auf Maarjamäe versammelt, um dem estnischen Volk, Europa und der ganzen Welt zu sagen: Ab heute gibt es keine ausländischen Truppen mehr auf estnischem Boden. Ab heute wird es nur von unserer eigenen Verständigkeit, Einheit und unserem nüchternen Blick in die Zukunft abhängen, daß es auf ewig so bleibt.

Unsere Zusammenkunft ist nicht ein Ereignis, das nur Estland angeht. Sie schließt sich zeitlich und mehr noch inhaltlich der Zusammenkunft in Berlin, der sich wiederherstellenden Hauptstadt der Bundesrepublik Deutschland, an, und betont nochmals, daß das Schicksal Estlands sowohl in der Vergangenheit als auch in der Zukunft und Gegenwart untrennbar ist vom Schicksal Europas und der demokratischen Welt.

Am heutigen Tag blicken wir zurück in die Vergangenheit, um die Zukunft zu formen, um unsere Ziele zu bestimmen und unsere Grundsätze zu festigen. Vielen Landsleuten in Estland, vielen Freunden im Ausland, vielen unseren nächsten Nachbarn bedeutet der heutige Tag vor allem das Beenden des traurigsten Kapitels unserer Geschichte. Das ist zweifellos richtig. Doch richtig ist auch, daß der heutige Tag dem von ausländischen Truppen freigewordenen Estland ein neues Kapitel aufschlägt, das wir gemeinsam zu schreiben haben.

Den Esten, meinen lieben Landsleuten, will ich am heutigen stillen Festtag zuerst sagen, daß wir niemals die Leiden der Vergangenheit vergessen werden, die Opfer des estnischen Volkes und all die zahlreichen Landsleute, denen das Schicksal nicht bestimmt hatte, bis zum heutigen Tag zu leben. Das Vergessen der Vergangenheit verdammt uns dazu, sie zu wiederholen, hat ein Weiser gesagt. Doch gleichzeitig rufe ich Sie alle auf, im Namen all jener Werte und Ziele zu handeln, die uns in den langen Jahrzehnten der Besetzung zusammengeschlossen haben: Das war unsere Sehnsucht nach Demokratie, besserem Leben und häuslicher Geborgenheit, und so wird es bleiben.

---

[17] Berg (dt. Marienberg) in Tallinn.

Diese Ziele zu erreichen, jetzt, nach dem Abzug der Besatzungstruppen, ist gleichzeitig einfacher und auch schwerer. Einfacher, weil wir jetzt freier sind, uns auf die Lösung der häuslichen Probleme zu konzentrieren. Schwerer, weil wir bisher die Ziele Estlands eng aufgefaßt haben und es als unsere erste Aufgabe verstanden haben, die Unabhängigkeit wiederherzustellen und die ausländischen Truppen loszuwerden. Das hat uns in unserer politischen und gesellschaftlichen Fähigkeit diszipliniert. Mit dem Erreichen des Ziels können wir leicht unsere bisherige zielgerichtete Disziplin einbüßen. Und doch müssen und können wir sicherlich gemeinsam die Ärmel aufkrempeln, um einen solchen estnischen Staat aufzubauen, so wie wir ihn uns ersehnt haben. Jetzt haben wir keine Zeit mehr, alte Rechnungen zu klären. Die Zukunft Estlands braucht jedes Händepaar. Jetzt ist es an der Zeit, nach Verbündeten und Freunden zu suchen, jetzt ist es an der Zeit, die Verbündeten zu vereinen.

Am heutigen Tag ist es unsere Pflicht, den zahlreichen Freunden Estlands im Ausland herzlich zu danken, unseren lettischen und litauischen Brüdern, den Völkern des Nordens mit der schwedischen und finnischen Regierung an der Spitze, unseren Partnern in Europa mit der Regierung der Bundesrepublik Deutschland allen voran, insbesondere unseren Freunden in den USA mit Präsidenten Clinton an der Spitze, für ihre konsequente Unterstützung und ihren klar ausgedrückten politischen Willen. Ohne die Anstrengung ihrerseits hätte Estland nicht erreichen können, was wir bis heute erreicht haben. Ich hoffe, daß unsere Dankespflicht heute in das Bewußtsein eines jeden Esten einzieht. Dank Ihnen, verehrte Kollegen, ist die Republik Estland heute wieder ein Teil von Europa und der westlichen Welt. Wir sind nicht immer einer Meinung mit Ihnen gewesen, und werden es auch in der Zukunft kaum immer sein. Doch unser gemeinsames Schicksal hat immer über unseren geringeren Meinungsverschiedenheiten gestanden.

Zugleich wende ich mich an die Freunde Estlands im Ausland mit dem Aufruf, sich vor der Illusion zu hüten, die „baltische Frage" hätte mit dem Abzug der Besatzungstruppen aus Estland ihre endgültige Lösung gefunden. Die baltische Frage wird auch künftig an der Tagesordnung bleiben. Wir brauchen Ihre Hilfe zur Gewährleistung unserer nationalen Sicherheit, zur vollständigen Integrierung Estlands in die Demokratie der westlichen Welt und in die freie Marktwirtschaft. Wir sind Ihre vertrauenswürdigen Verbündeten, denn Estland ist ein Teil von derselben Kultur und derselben Welt. Wir brauchen Ihre fortgesetzte Unterstützung, vielleicht sogar mehr Unterstützung gerade jetzt, wo die Zukunft abgesichert und weniger dramatisch erscheint.

Ich will mich mit Worten des Dankes auch an unsere neuen, obwohl alteingesessenen Nachbarn wenden, insbesondere an die Russische Föderation, die das größte Hindernis vor der Formung von gutnachbarlichen Beziehungen unserer beiden Staaten beseitigt hat. Als Esten werden wir nie vergessen, was das Jahr 1940 und die darauffolgenden Zeiten Estland gebracht haben. Das Vergessen würde dem Verrat an sich selbst und seinen Zielen gleichkommen und neuen harten Prüfungen in der Zukunft den Boden bereiten. Doch gleichzeitig darf und kann die tragische Vergangenheit unserer Völker nicht die einzige Ausgangsbasis bei der Gestaltung neuer Beziehungen sein. Sowohl Rußland wie Estland haben bewiesen, daß sie imstande sind, die Schatten der Vergangenheit zu überwinden. Deshalb bezeichnet der heutige Tag einen wichtigen Schritt zur Verbesserung der Beziehungen zwischen der Republik Estland und der Russischen Föderation.

Die Esten sind Realisten und wissen, daß die Wunden der Vergangenheit nicht nur deshalb über Tag heilen werden, weil die russischen Truppen abgezogen sind. Doch von heute an können wir einander als gleichwertige Mitglieder der internationalen Öffentlichkeit und Nachbarn ansprechen, denen das Schicksal bestimmt hat, nebeneinander zu leben. Die Esten wissen, daß der Peipus-See sich nicht durch Zauber zu einem sicheren Ozean ausweitet, und ebenso wissen die Esten, daß wir zusammenarbeiten können. Wie Estland, hat auch Rußland eine uralte und eigene Kultur. Wir wollen uns beim Ausgestalten unserer Beziehungen ab heute darauf und auf die gegenseitige Respektierung der Prinzipien des internationalen Rechts stützen. Wir sind zur Kooperation fähig, eine andere Wahl haben wir nicht.

Ein Kapitel der Geschichte abschließend, um das nächste aufzutun, wollen wir hier auf Maarjamäe an alle denken, die heute nicht mehr unter uns weilen; an all jene, die in der Vergangenheit für den estnischen Staat gekämpft haben, und an all jene, die heute in der ganzen Welt die Republik Estland unterstützen. Der heutige Tag gehört ebenso ihnen wie uns. Wollen wir allen gedenken, denen die estnische Erde zur letzten Ruhestätte geworden ist – nur so können wir die Schatten der Vergangenheit überwinden. Wollen wir denjenigen Ehre bezeugen, die vor fünfzig Jahren als das erste Bootsvolk Europas den Weg in den Westen antraten, um zusammen mit der Freiheit das bittere Brot eines Emigranten zu kosten, und wollen wir all den Staaten danken, in denen unsere Landsleute ihr neues Heim aufbauten, ihre Identität und eine unauslöschbare Loyalität der Republik Estland gegenüber beibehaltend. Gedenken wir derer, die niemals das sichere Ufer erreichten und bis heute in der Ostsee namenlos geblieben sind; gedenken wir des in Frankreich vergessenen

Chevaliers der Ehrenlegion Paul Longuet und seines Gefährten Fredric Marty; gedenken wir des jungen amerikanischen Diplomaten Henry Antheil, dem ersten Gefallenen der USA im Zweiten Weltkrieg – auch sie sind in Estland gefallen, samt Bürgern vieler anderer europäischen Staaten. Die würdigste Weise, diejenigen zu ehren, die ihr Leben für die Ehre Estlands und die Freiheit Europas geopfert haben, ist, sich auf das Wesentliche zu konzentrieren: der Republik Estland ihren rechtsnachfolgenden Platz im stabilen, demokratischen und wohlhabenden Europa zu sichern. Außerdem wollen wir Europa unsere Geschichtserfahrung mitbringen: die Jahrzehnte der Besetzung haben Estland ein Zehntel unserer Bevölkerung gekostet. Unter Berücksichtigung von Proportionen kommt das dem Leben von einer halben Million Finnen, acht Millionen Deutschen, fünfundzwanzig Millionen Amerikanern gleich. Das ist unsere Botschaft an Europa. Die Demokratie ist kein Sockel für Auserwählte, die Demokratie ist ein Prozeß, der nie zu Ende geht.

Liebe Landsleute, liebe Freunde im Norden und Süden, Osten und Westen! Die vor 76 Jahren ausgerufene Republik Estland beginnt ein neues Kapitel ihrer Geschichte: Es gibt keine ausländischen Truppen mehr in Estland.

Dieser Tag ist da.

Gott schütze Estland!

Im Juli 1994: Der vorletzte Augenblick

*Treffen mit den Vertretern der Parteien der Staatsversammlung,
11. Dezember 1995*

Meine Damen und Herren! An der Tagesordnung stehen die Juliverträge und der Wunsch der Mitglieder der Staatsversammlung, Details über den Abschluß und die Unterzeichnung der Juliverträge zu erfahren. Unter Juliverträgen verstehen wir drei Verträge: den Vertrag zum Abzug der russischen Truppen aus Estland, das Übereinkommen über die sozialen Garantien der Militärpensionäre und den Akt, der die Demontage der atomaren Anlagen in Paldiski reguliert hat.

Damit ist auch der Umfang und der Gehalt der Verträge bestimmt. Ich habe in der Presse auch die Verhandlungen verfolgt, die in der Staatsversammlung stattgefunden haben, und habe mit Bedauern konstatieren müssen, daß das vom Standpunkt unserer Staatlichkeit wichtigste Problem übersehen worden ist. Das vom Standpunkt unserer Staatlichkeit wichtigste noch zu klärende Thema ist, daß weder die Sowjetunion, solange sie noch existierte, noch die Russische Föderation in irgendeinem Dokument je zugegeben haben, daß die Republik Estland im Jahre 1918 proklamiert wurde, ihr Selbstbestimmungsrecht mit der Waffe in der Hand im Freiheitskrieg verwirklicht hat, und daß in der Folge des Freiheitskrieges das damalige Sowjetrußland und die Republik Estland das Tartuer Friedensabkommen schlossen, wodurch Estland zum erstenmal in der modernen Geschichte als Subjekt des internationalen Rechts in die Familie der Staaten der Welt aufgenommen wurde.

Das war, ist und wird auch weiterhin das zentrale Thema in unseren Beziehungen zu der Russischen Föderation sein, und das Erreichen dieses Zugeständnisses ist für uns lebenswichtig. Nicht deshalb, weil wir unbedingt von der Russischen Föderation erwarten, schwanzwedelnd ihre Schuld zuzugeben. Wir haben die aufgezwungene Verpflichtung, die Russische Föderation so zu nehmen, wie die Russische Föderation sich selbst bestimmt hat.

Die Russische Föderation hat sich bestimmt als einen neuen Staat, der keinerlei Beziehungen zur alten Sowjetunion hat, außer daß er alle Verpflichtungen der Sowjetunion übernommen hat. Das hat sie bilateral mit verschiedenen anderen Staaten geregelt. Daraus folgt, daß die Russische Föderation jene Abmachungen im Auge behält, die die ehemalige Sowjetunion beispielsweise zum Abbau der Kernwaffen getroffen hat oder auch diejenigen in Anbetracht der Schulden der Sowjetunion. Vom Standpunkt der estnisch-russischen Beziehungen ist aber am wichtigsten und bestimmendsten, daß die ehemalige Sowjetunion auf der erinnerungswürdigen Sitzung seines Volksabgeordnetenkongresses vom 23.-25. Dezember 1989 das Vorhandensein des Hitler-Stalin Pakts und dessen direkten Einfluß auf die Zerstörung der Unabhängigkeit Polens zugegeben hat. Diese Kausalbeziehungen hat sie aber mit keinem Wort, mit keinem Dokument jemals auf die Besetzung Estlands, Lettlands und Litauens durch die sowjetischen Truppen 1939-1940 ausgeweitet.

Das ist der Kern unserer Außenpolitik, und hier müssen wir erfolgreich sein. Wir müssen es sein; jetzt leider von einer merklich schlechteren Position aus, als es 1992/93/94/95 möglich gewesen wäre. Um bei den Verhandlungen mit Rußland überhaupt etwas Positives zu erreichen, war es nötig, nach dem Erreichen der Unabhängigkeit Estlands Schritt für Schritt die zentralen Fragen zu lösen, und die erste Frage war natürlich der Abzug der russischen Truppen aus Estland.

Ich hätte es gern, wenn Sie sich jetzt eine Chronologie von diesen Treffen und Verhandlungen vor Augen halten würden, die im Januar 1992 anfingen und in deren Verlauf die Vertreter der Republik Estland und der Russischen Föderation siebzehn Mal zusammengekommen sind. Das zentrale Thema dieser Zusammenkünfte war der Abzug der sowjetischen, später der Truppen der Russischen Föderation, und diese Verhandlungen haben keinerlei Ergebnisse gezeigt. Ich möchte Sie daran erinnern, daß diese Sackgasse 1994 zwischen dem 15. und 20. Juli ihren Höhepunkt erreichte, als sich die Delegationen von Estland und Rußland in der Nähe von Helsinki trafen, wo die Finnen zwar keine Vermittlerdienste anboten, jedoch etwas, was sie wagen konnten bereitzustellen – nämlich neutrales Territorium und freundliches Milieu, damit diese auch in Finnlands Augen sich gefährlich hingezögerten Verhandlungen zum Durchbruch kommen sollten. Dieser Durchbruch blieb auch auf diesem Treffen unerreicht.

Natürlich hätten wir diese Verhandlungen bis heute fortsetzen können, aber aus zwei Gründen haben wir das nicht getan – erstens näherte sich die endgültige Beseitigung der Folgen des Zweiten Weltkriegs in Europa, und zweitens näherten sich die 2+4-Gespräche, die schon 1989 angefangen hatten. Ich erinnere Sie: Unter „2+4" verstehen wir die Verhandlungen von Deutschland, der ehemaligen DDR und den vier Verbündetenstaaten zur Wiedervereinigung von Deutschland und zum Abzug der Truppen der Russischen Föderation vom Territorium der Ex-DDR. Diese Frist lag gefährlich nahe, diese Frist war der 31. August 1994.

Wir sind mit unserer Übersicht jetzt im Juli 1994. Die Verhandlungen der Delegationen zwischen Estland und der Russischen Föderation hatten zu nichts geführt. Was erwartete uns? Uns erwartete eine Situation, in der der Abzug der Truppen der Russischen Föderation aus Europa von der Tagesordnung verschwand und die Frage vergessen worden wäre. Sie ist auch heute vergessen. Die Tatsache, daß Estland die Verträge nicht ratifiziert hat, würde heute allen führenden Zeitungen wie eine komische Überraschung vorkommen und zwar wie eine sehr unangenehme Überraschung für diese unsere Partnerstaaten, durch deren Unterstützung die Unabhängigkeit Estlands Bestand hat.

Ich brauche Sie wohl nicht daran zu erinnern, daß die Unabhängigkeit Estlands nicht anhand unserer Kavallerie, unserer U-Bootflotte, unserer Panzertruppen Bestand hat. Sie hat deshalb Bestand, weil es, um Rousseaus Worte anzuführen, in Europa eine Art gesellschaftlichen Übereinkommens gibt. Und die Grundlage dieses gesellschaftlichen Übereinkommens ist der beiderseitige Wunsch, nicht das Kräftegleichgewicht zu verletzen. Dieser Wunsch ist nicht aufrichtig, wir brauchen hier nicht lange zu erörtern, wie aufrichtig Rußlands Wunsch ist, seine Grenzen nicht zu erweitern. Schon im Juli 1994 erhielten wir darüber ausreichende Auskünfte.

Wie soll man Rußland im Juli 1994 verstehen? Wir können natürlich wie die Amerikaner von Rußland sprechen und es wie die Schweiz behandeln. Im Fall Rußland wissen Sie, daß es eine russische Verwaltung gibt und russische Parteien. Es gibt einen wichtigen Wirkungsfaktor – die russische Armee, über die es keine Zivilkontrolle im westeuropäischen Sinne gibt. Es gibt noch mehrere zentripetale Kräfte, es gibt die GUS mit ihren inneren Interessen und Mißklängen, die größer als die Interessen sind, und diese Möglichkeiten mußte man damals in Betracht ziehen. Man mußte davon ausgehen, daß die russische Zentralmacht nicht die dominierende Stellung erreicht hatte, die sie erreichen wollte und in deren Richtung die Entwicklung Rußlands verlief.

Rußland hatte damals noch nicht seinen Machtanspruch wiederhergestellt, wie es heute von neuem geschehen ist. Es war ein gewisser Mißklang zwischen Jelzin und den Ultrarechten sowie Altkommunisten zu spüren. Und der Wunsch Jelzins, sich nicht mit diesen Rechtskräften zu identifizieren, die auch von der russischen demokratischen Presse und der westeuropäischen Presse mit wachsender Unruhe rotbraun genannt wurden.

Jetzt können wir auch die Umstände in Estland nicht schweigend umgehen. Viel klarer als für die Gestalter der estnischen Politik ist für unsere Westpartner der 31. August 1994 der Tag gewesen, bis zu dem der Abzug der russischen Truppen aus Europa beendet sein mußte. Natürlich können und müssen wir in diesem Saal hier, in der Staatsversammlung, in der Republik Estland von den Interessen der Republik Estland ausgehen, aber wir können nicht behaupten, daß Estland in seiner Gewichtigkeit Deutschland gleichkommt. Man hat sie gleichgesetzt und mehr als ein Mal, aber eine solche Gleichsetzung von Estland und Deutschland ist gelinde gesagt ein wenig leichtsinnig, vielleicht sogar verantwortungslos, und in jedem Fall ist abzuwägen, ob Estland überhaupt imstande ist, eine solche Politik zu betreiben, die den Fortbestand Estlands, die Unabhängigkeit Estlands gewährleistet.

Also, im Juli 1944, nach einer abermaligen Sackgasse bei den Helsinkier Verhandlungen, hat Estland an der Schwelle der außenpolitischen Isolierung gestanden. Und jene war sehr ähnlich dieser Isolierung, in die uns die biedere hausbackene Politik von Päts geführt hatte. Mein Verhalten meinem Vorgänger gegenüber ist widersprüchlich gewesen. Päts war ein ganz gemütlicher Staatsmann, als er seine Laufbahn begann. Als aber in Europa neue Spannungen aufkamen, war er total unfähig, sich in den neuen europäischen Kraftlinien zurechtzufinden. Das Ergebnis dessen war die tragische Isolierung Estlands 1939 und all das, was darauffolgte.

Im Sommer 1994 ist diese Gefahr der Vereinsamung Estlands unseren Westpartnern ziemlich klar gewesen. Man kann nicht sagen, daß das ihr Sorgenkind Nr. 1 gewesen wäre. Estland ist zu klein dafür. Aber es war doch irgendwie eine moralische Frage. Es war deshalb eine moralische Frage, weil niemand in der demokratischen Welt jemals daran gezweifelt hätte, daß Estland 1918 seine Unabhängigkeit deklariert hat und fähig war, im Unterschied zu anderen Völkern des Imperiums von Romanoff und Beria, seine eigene Unabhängigkeit mit der Waffe in der Hand zu verwirklichen. Und sobald zu sehen war, daß die Delegation unseres Außenministeriums in Helsinki wieder einmal nichts erreicht, haben unsere sehr guten Partner darauf mit einer Art Druck auf Rußland reagiert.

In Rußland seinerseits waren im Juli 1994 die Machtzentralen bei weitem noch nicht so klar konturiert wie vier Monate später, als die russische Armee Tschetschenien den Krieg erklärte. Wie Sie wissen, hat das russische Parlament dies aus den Zeitungen erfahren, und das ist ein schönes Beispiel dafür, was das Fehlen der Zivilkontrolle bedeutet. Das führt uns momentan ein wenig vom Thema weg, aber die Zivilkontrolle ist natürlich keine Revision der Buchhaltung.

Die Zivilkontrolle von Armeen ist, wenn das Parlament die Außenpolitik bestimmt sowie die Fortsetzung dieser Außenpolitik mit militärischen Mitteln. Wenn der Kriegsminister handelt und dies erst später dem Parlament mitteilt, so ist das ein Beispiel von fehlender Zivilkontrolle. Ich möchte hier hinzufügen, daß, wenn wir die Kontrolle der Buchhaltung als Zivilkontrolle auffassen, die beste Zivilkontrolle einer Armee zweifellos diejenige zu Pinochets Zeiten in Chile gewesen ist.

Aber wollen wir zum Hauptproblem zurückkehren. Das Hauptproblem war die handgreifliche Gefahr, daß wir nach dem 31. August 1994 allein bleiben. Nicht ganz allein – wir wären von den Truppen der Russischen Föderation beruhigt worden, manch einer im positiven, das estnische Volk im negativen Sinne. Und als es Mitte Juni klar wurde, daß die russische Delegation keinen Willen, vielleicht auch keine Vollmacht hatte, sich mit der Republik Estland zu einigen, da kulminierte sich der Druck unserer Westpartner – der Druck der USA, Frankreichs, der neutralen Staaten und auch Deutschlands auf Rußland. Dieser Druck war spürbar.

Wollen wir nicht vergessen, daß Estland bis dahin in seiner Wirtschaft schon große Fortschritte gemacht hatte, die für unsere Westpartner vielleicht sogar unerwartet kamen und auf jeden Fall unsere Fähigkeit in der Politik übertrafen. Dies zeigte, daß Estland über Voraussetzungen verfügte, ein vertrauenswürdiger Partner zu werden. Und der Druck auf Moskau, einen Ausweg aus der Sackgasse zu finden, war deutlich spürbar. Ich erinnere Sie daran, daß die russische Verwaltung zu der Zeit sehr heterogen war. Der russische Präsident war, wie auch jetzt, Boris Jelzin, der russische Kriegsminister war Pawel Gratschow, und der russische Außenminister war Andrei Kosyrew. Wenn wir uns auch nur mit diesen drei Namen begnügen, war vier Monate später Gratschow der Mann, der den Krieg in Tschetschenien anfing. Das zeigt, daß beim Umgang mit Rußland sehr schwer zu bestimmen ist, wer eigentlich in Rußland Entscheidungen trifft und in wessen Hand im Juli 1994 die Hauptmacht lag.

Dies war eine wachsende Sorge aller unserer Partner – am Montag sagt Jelzin dies, am Dienstag Gratschow das Gegenteil, und Kosyrew liegt zwischen den beiden. Das ist typisch. Und in dieser Situation habe ich von den Westpartnern Informationen erhalten, denen zu entnehmen war, man hätte Erfolg gehabt und Rußland wäre bereit zuzugeben, daß es genötigt sei, nochmals die Verhandlungen über den Abzug seiner Truppen aus Estland aufzunehmen. Das war viel mehr, als man hätte erwarten können.

Sie wissen, daß es dem Präsidenten eines beliebigen Staates leichter ist, mit seinen Kollegen Kontakte zu halten. Und obwohl in einer parlamentarischen Republik diese Kontakte ein anderes Gewicht haben können als z. B. in Frankreich oder den USA, wo das

Grundgesetz dem Präsidenten bedeutend mehr Rechte zugesteht, besteht doch die Möglichkeit, mit dem einen oder dem anderen oder einem dritten Gedanken auszutauschen. Wenigstens mir ist der innere Machtkampf in Rußland und die zentrale Rolle Gratschows ohne jeden Zweifel klar gewesen.

Ungefähr in dieser Lage habe ich die erste Mitteilung bekommen, daß die nächsten Tage vollkommen von diesem Machtverhältnis in Moskau abhängen würden, und daß ich mit einer Delegation des Außenministeriums nach Moskau fahren müßte, um einen Durchbruch im Verhältnis zum russischen Präsidenten Boris Jelzin zu erreichen. Das Ergebnis war ungewiß, es hing von irgendeinem Faktor ab, den ich noch nicht kannte. Das Außenministerium war bereit: der Außenminister Luik, der Vizekanzler Mälk, eine Reihe anderer Mitarbeiter des Außenministeriums, die bis dahin dauernd Verhandlungen geführt hatten und in deren Koffern alle estnisch-russischen Vertragsvarianten und die getroffenen Abmachungen lagen.

Abmachungen werden auf den Verhandlungen so getroffen, daß in den Verträgen gewisse strittige Textteile in eckigen Klammern stehen, und je nachdem, wie die strittigen Textteile beiderseitig gelöst werden, werden die eckigen Klammern beseitigt. So geht es zu. Einige Tage zuvor erfuhr ich, daß die Russische Föderation mit Boris Jelzin an der Spitze die estnische Delegation am 26. Juli in Moskau erwartet. Unser Ziel war es, den Durchbruch zu erreichen und politischen Willen zu bekunden, damit die Delegationen sich ohne Zeitvergeudung ans Verhandeln machen konnten. Als unsere Delegationen sich trafen, bestanden dafür geringe Aussichten.

Die russische Delegation fing nicht bei Null an, sondern mit einem sehr starken Angriff auf Estland. Der Sprecher war der russische Präsident – der Angriff war scharf und benötigt keine lange Erörterung. Und in dieser schlimmen Situation gelang es uns, zunächst eine neutrale Atmosphäre zu schaffen, und die estnische Seite beschloß, dies dahingehend auszunützen, gleich einen Schritt weiterzukommen und mit dem endgültigen Redigieren der mitgebrachten Vertragstexte zu beginnen. Diese Arbeit fand zwischen den Delegationen statt. Es ging um drei Verträge. Rußland hatte alle drei als ein Paket auf den Tisch gelegt – nach dem Prinzip *„take it or leave it"*. Das Ergebnis ist Ihnen bekannt.

Ich möchte nur eine Sache nennen – warum gerade der 26. Juli? Warum nicht der 25., ein Montag, oder der 27.? Die Antwort ist sehr einfach – sie ist mir während der Verhandlungen klar geworden, und am nächsten Tag konnte ich es überprüfen. Am 26. Juli fuhr der Verteidigungsminister Gratschow von Moskau nach Belgrad, um einen Teil dieses Krieges vorzubereiten, dessen Blut wir im Fernsehen gesehen haben.

Die Welt hat den Gang nach Moskau als einen der meisterhaftesten Durchbrüche der estnischen Diplomatie angesehen. Die Erwartungen unserer Partnerstaaten waren viel geringer. Ich bin stolz auf diese Verträge; sie haben Entwicklungen verhindert, die uns vorzustellen jetzt im nachhinein schwerfällt.

Und ich möchte Sie nochmals ermahnen, nicht zu vergessen, daß vier Monate später der Krieg in Tschetschenien begonnen hat. Daß der Krieg in Bosnien tobte, daß die Bereitschaft Europas, sich in den bosnischen Krieg einzumischen, nicht sehr groß war. Die Gewißheit, daß die Sicherheit und der Frieden in Europa unteilbar sind, ist zum Preis von 200.000 Toten und 2.000.000 Flüchtlingen in Bosnien erkauft worden. Sie ist mit 40.000 Getöteten in Tschetschenien und mit einer Stadt, die auf der Landkarte ausradiert worden ist, bezahlt worden. Ob das die Alternativen Estlands gewesen wären oder nicht, soll Ihrem Gewissen überlassen bleiben. Was ich konnte, was ich vermochte, was ich für Estland für wesentlich gehalten habe – das wurde in Moskau erreicht.

Durch Wirtschaft zur Sicherheit

Rede auf der Frankfurter Beratung, 23. September 1994

Herr Vorsitzender, meine Damen und Herren!

Setzen wir voraus, daß sich während der bevorstehenden deutschen Wahlen irgendeine Partei sich zum programmatischen Ziel setzen würde, das Dritte Reich sowohl ideologisch als auch in seinen Grenzen wiederherzustellen. Das Ergebnis wäre das Einsetzen des Rechtsmechanismus und das Verbot der Partei, noch bevor die Presse der Nachbarn der Bundesrepublik darauf reagieren könnte.

Estland dagegen befindet sich in einer anderen Situation. Die Partei Sjuganows in der Russischen Föderation hat es sich zum politischen Programm gemacht, die Sowjetunion sowohl ideologisch als auch in ihren Grenzen und Einflußsphären wiederherzustellen. Das russische Rechtssystem ist erst im Werden und kann darauf nicht wie das Verfassungsgericht in Karlsruhe reagieren. Zur Vogel-Strauß-Politik gehört auch, daß scheinbar der vom sowjetischen System getötete Mensch irgendwie weniger getötet erscheint als der vom Nationalsozialismus getötete Mensch. Ich unterlasse die Frage, welches totalitäre System mehr Millionen Menschenleben auf seiner Rechnung hat: jedes Menschenleben ist heilig, obwohl es so scheint, als wäre das Menschenleben in Europa heiliger als in Ruanda. Ich lasse die Doppelmoral beiseite. Beim reichlichen Angebot von Kosmetik in der Konsumgesellschaft würde meine oder Ihre Schamröte auf dem Bildschirm sowieso unbemerkt bleiben in den zehn Sekunden, die CNN den Problemen widmet. Ich will durch diese skeptischen Bemerkungen zum Ausgangspunkt meines Vortrags gelangen: Das fundamentale Problem Estlands und der beiden anderen baltischen Staaten liegt in der Tatsache, daß wir in einer kritischen Lage nicht imstande sind, unsere Sicherheit wirksam zu schützen, und daß in einer kritischen Lage keiner kommt, um unsere Sicherheit zu schützen.

In dieser realistischen Schlußfolgerung sind wir, meine Damen und Herren, einmütig, ob es uns gefällt oder nicht. Ich meine die Politiker, die Verfasser politischer Beschlüsse, nicht die Dichter, meine früheren Kollegen, die mir auch jetzt näher sind als Politiker.

Wenn Estlands Sicherheit international nicht garantiert ist, muß Estland selbst dafür einstehen. Daher auch der Titel meines heutigen Vortrags „Durch Wirtschaft zu Sicherheit".

Der historische Wendepunkt

Estland und seine baltischen Geschwister müssen ihre Sicherheit in drei verschiedenen Richtungen aufbauen. Erstens müssen wir mit dem Westen so intensive Beziehungen entwickeln, daß ein beliebiger Druck der Moskauer Extremisten auf Estland und die baltischen Staaten ihnen teurer zu stehen käme als der eventuelle Nutzen. Hoffentlich ist Ihnen nicht entgangen, daß ich von Extremisten und nicht von der Regierung der Russischen Föderation spreche. Ich bin überzeugt, daß die schweren Verhandlungen mit Präsident Boris Jelzin am 26. Juli eine neue Situation geschaffen haben, woraus sich zwei Schlüsse ergeben. Wir konnten in drei grundsätzlichen Fragen übereinkommen und zweien von diesen an demselben Tage und der dritten einige Tage später eine juristische Form und unsere Unterschrift geben. Im Unterschied zur Bundesrepublik, die den 31. August als das Ende der Zeit *nach* dem Zweiten Weltkrieg auffaßt, versteht die Republik Estland den 31. August als das Ende des Zweiten Weltkriegs *selbst* auf dem der estnischen Jurisdiktion unterstehenden Territorium. Das ist der Wendepunkt zum Besseren in unseren Beziehungen zu der Russischen Föderation, und wir müssen diese historische Gelegenheit intensiv entwickeln und vertiefen. Natürlich sind diese drei Verträge die ersten von vielen. Anders gesagt, viele Probleme, darunter die gegensätzliche Interpretation des 1920 zwischen Estland und Rußland geschlossenen Tartuer Friedens als eines die Souveränität der Republik Estland bestätigenden Abkommens, haben keine Lösung gefunden, die dem internationalen Recht entspräche. Die Nichtbeachtung dessen zwingt sowohl der Russischen Föderation als auch der Republik Estland eine Rolle auf, die nicht den nationalen Interessen beider Seiten entspricht. Gemäß der Mitteilung des Außenministeriums der Russischen Föderation vom 4. Juli ist dieser international geltende Vertrag für Rußland ungültig. Zur Begründung wird die vom Arsenal des Kalten Krieges ausgeliehene Behauptung angeführt, die von der Sowjetunion besetzte Republik Estland wäre freiwillig der Sowjetunion beigetreten. Daraus ergibt sich der Standpunkt, dessen Wert für die Russische Föderation äußerst fraglich ist, das geheime Zusatzprotokoll zum am 23. August 1939 zwischen Hitler und Stalin geschlossenen Pakt, aufgrund dessen Estland und seine baltischen Geschwister durch die Rote Armee militärisch besetzt wurden, besäße selektiv weiterhin Geltung. Selektiv in dem Sinne, daß das Geheimprotokoll für Polen als einen Großstaat nicht gilt, für Estland und andere baltische Staaten aber doch. Diese Auffassung ist nicht konstruktiv und vor allem für Rußland selbst schädlich, denn sie untergräbt in den Augen der internationalen Öffentlichkeit die Vertrauenswürdigkeit der Russischen Föderation. Ich bin überzeugt, daß sowohl die estnische als auch die russische Seite gemeinsame Interessen haben, diese Frage am Verhandlungstisch auf eine Weise zu lösen, die den Erwartungen der internationalen Öffentlichkeit entspräche. Wir sind uns bewußt und dankbar, daß die Bundesrepublik und die westlichen Staaten die baltischen Staaten nie als einen Teil der Sowjetunion anerkannt, sondern die juristische Kontinuität unserer Staaten betont haben. Zugleich fürchten wir, daß nach dem Abzug der Truppen der Russischen Föderation aus den baltischen Staaten die bisherige Nichtanerkennungspolitik der Weststaaten ihre Aktualität einbüßt und die gefährliche Illusion geschaffen werden könnte, das baltische Problem wäre gelöst und von der Tagesordnung verschwunden. Deren ungewollte Folge wäre die Ermutigung der russischen Extremisten, die gleichermaßen unerwünscht und gefährlich für Präsident Jelzin, für die Republik Estland, für die Stabilität der Ostseeregion und für West-Europa wäre, die Bundesrepublik natürlich inbegriffen. Ich erblicke darin ein fruchtbares Arbeitsfeld für die internationale Zusammenarbeit, um eine korrekte juristische Lösung zu finden, denn das entspricht den gemeinsamen Interessen von uns allen. Also sind wir in den estnisch-russischen Beziehungen beim historischen Wendepunkt angekommen, der uns beiderseitig die Möglichkeit und Verpflichtung gibt, gegenseitig Souveränität und nationale Sicherheitsinteressen zu respektieren, die rhetorische Konfrontation aufzugeben, internationalen Normen und Gebräuchen beiderseitig Achtung zu erweisen, ohne daß eine Seite der anderen Sonderrechte in der nationalen Sicherheit oder im Bereich der Menschenrechte nur deshalb einräumt, weil die eine Seite ein sehr großer und die andere ein sehr kleiner Staat ist. Die demokratische Welt ist kein Warenhaus, wo Staaten nach ihrem Gewicht eingeschätzt werden.

Komplexe wahrnehmen, um sie loszuwerden

Die oben genannten Ziele muß man erreichen, ohne Rußland unwillentlich zu provozieren. Rußland wird sich allmählich mit der Selbständigkeit Estlands und der anderen baltischen Staaten als einer Unvermeidlichkeit abfinden, was man nicht über das Verhalten Rußlands einigen GUS-Staaten gegenüber sagen kann. Als ein aktuelles Beispiel will ich den Wunsch Rußlands anführen, den Erdölexport aus den Staaten Kaukasiens und Zentral-Asiens zu kontrollieren. Gleichzeitig hat Rußland die Rolle Estlands und der anderen baltischen Staaten als Eisbrecher beim Auseinanderfall der Sowjetunion nicht vergessen. Die baltischen Staaten haben Ideen kreiert. Die baltischen Staaten haben das morsche System des Totalitarismus zersetzt wie Pilze die modernde Natur. Die russischen extremistischen Kreise empfinden die baltischen Staaten bis heute als eine Gefahr. Das ist der Anlaß für den antiestnischen, rhetorikgesättigten „kalten Krieg" im Bereich der Menschenrechte, in der wirtschaftlichen Diskriminierung, in der Frage der Zolltarife. Aber das ist ein zweischneidiges Schwert. Ich will ein klassisches Beispiel anführen: Moskau hat nur für Estland, doch nicht für Lettland und Litauen die Weltpreise für Energie geltend gemacht. Das Ergebnis: Estland ist heute unabhängig von der russischen Energie, im Gegensatz zu Lettland und Litauen, die abhängig sind von der russischen Energie und dadurch manipulierbar. Die aufgezwungene Schocktherapie im Frostwinter 1990/91 ist in der estnischen Gesellschaft eine ideale Einleitung gewesen für die programmatische Schocktherapie, die Estland in einigen wirtschaftspolitischen Kennziffern an erste Stelle unter den mitteleuropäischen Staaten gebracht hat.

An Investitionen und Reinvestitionen steht Estland unter den Vishegrader und den baltischen Staaten bei weitem an erster Stelle. Politisch ergibt sich daraus, daß die weitere Integration Estlands in Europa zeitgleich mit den anderen baltischen und Vishegrader Staaten vor sich gehen muß. Unterschiedliche Sicherheitszonen führen zum Fehlen der Sicherheit. Die Sicherheit jedoch ist unteilbar und verträgt keine schwächeren und stärkeren Glieder. Estland hat den Schluß gezogen, daß der Garant unserer Sicherheit die Vertrauenswürdigkeit unserer Wirtschaft sein soll. Hieraus ergibt sich unsere nächste Aufgabe. Wir müssen sowohl dem Westen wie dem Osten gleichermaßen nötig sein. Unter dem Westen verstehen wir die Europäische Union, die uns in Kürze kulturell, wirtschaftlich, historisch und emotionell sehr nahestehenden Partner, die Staaten des Nordens, umfassen wird. Unter dem Osten verstehen wir die Russische Föderation, vor allem Groß-Petersburg mit sieben Millionen Einwohnern samt seinem Hinterland, aber auch die Ukraine und Kasachstan. Das letztere, an der Fläche West-Europa gleich, auffällig reich an Bodenschätzen, wird in Kürze in Estland seine Botschaft eröffnen: Kasachstan ist einer der fünf Staaten am Kaspischen Meer. Über die Wolga-Wasserstraße und durch estnische Häfen will es bis ans Weltmeer und in den Welthandel gelangen. Das an der chinesischen Grenze liegende Kasachstan hat die Nützlichkeit Estlands für sich entdeckt.

Worauf gründet sich Estlands Vertrauenswürdigkeit?

Fünfzig Jahre hinter dem Eisernen Vorhang der Okkupation haben auf zwei gegensätzliche Weisen auf das estnische Volk und den Staat eingewirkt, negativ und positiv.

Erstens sind wir nach wie vor ein europäischer Staat, doch mit einigen Kennzeichen der dritten Welt. Das primäre Kennzeichen ist unser Bedürfnis, Estland zu dekolonisieren. Dadurch genießen wir Sympathie bei den Staaten der dritten Welt.

Zweitens verfügen wir immer noch über ein immenses Kapital an Idealismus. Die Schocktherapie setzt eine zeitweilige Selbstaufopferung im Namen eines klaren Ziels voraus. Das Ziel Estlands ist die schnelle Integration in die EU, WEU und NATO. Dafür hat das Parlament in bemerkenswert kurzer Zeit die nötige legislative Basis geschaffen, worauf sich unsere Geldpolitik und Wirtschaftsreform gründen.

Der Eckstein der Geldpolitik ist erstens der ausgeglichene Staatsetat und zweitens der Grundsatz, daß die Menge des emitierten Geldes nicht größer sein darf als die Menge der Valuta zur Deckung. Die strenge Unabhängigkeit der Zentralbank Estlands ist durch Gesetze gewährleistet.

Oben habe ich die Dekolonisierung genannt. Ich werde das mit einigen einfachen Zahlen illustrieren. In den Jahren der Besetzung waren 97% des estnischen Warenaustausches mit der ehemaligen Sowjetunion verbunden. Bis zum letzten Jahr konnten wir uns auf den Westen umorientieren und die Abhängigkeit vom östlichen Markt vermindern. Heute ist Estland weniger abhängig vom östlichen Markt als Finnland zu Beginn der 80er Jahre.

Zugleich will ich betonen, daß es für Estland kein grundsätzliches Ziel ist, dem Ost-Markt den Rücken zuzukehren. Im Gegenteil, das Ziel ist das Ersetzen der kolonialen Abhängigkeit durch normale Handelsbeziehungen. Unser primäres Ziel ist es, nach der Normalisierung der Beziehungen weiterzuschreiten zu ausgeglichenen Partnerschaftsbeziehungen. Wir sind interessiert am Meistbegünstigungsvertrag mit Rußland und können die bisherige Praxis nicht akzeptieren, wonach Rußland die Zolltarife als Mittel des außenpolitischen Drucks einsetzt. Wir sind zu einer intensiven Entwicklung des Transithandels mit Rußland durch estnische Häfen bereit, unter der Bedingung, daß dieser durch Handelsbeziehungen mit dem Westen ausbalanciert ist. Eine solche Möglichkeit ist die Nord-Süd-Erdgasleitung aus Norwegen durch Finnland, den Finnischen Meerbusen, die baltischen Staaten und Polen in die neuen Bundesländer Deutschlands, und die Ost-West-Gasleitung, die durch estnische

Häfen dem russischen Energieexport einen Ausgang liefern würde. Der ausbalancierte Handel ist einer der Grundpfeiler der Sicherheit. Estland ist aufrichtig daran interessiert, daß die Wirtschaftsreformen in Rußland tatsächlich unumkehrbar werden, daß wir in Rußland einen stabilen Handelspartner gewinnen können, der seine Zollabgaben nicht wöchentlich ändert.

Estland weiß die äußerst schwierigen wirtschaftlichen, ideologischen, politischen und militärischen Probleme, die die Führung der Russischen Föderation beschlossen hat zu lösen, einzuschätzen und anzuerkennen. Nach der Einschätzung eines russischen Wirtschaftswissenschaftlers hat Rußland eine Stabilität erreicht, die er eine Stabilität in der Talsohle nennt. Und doch scheint es, daß man Rußland wegen des Aufhaltens der Inflation und des Produktionsrückgangs beglückwünschen soll. Die deutschen und estnischen Einschätzungen stimmen hier überein, denn unsere Sicherheitsinteressen und unsere Erfahrungen entsprechen sich. Die wichtigste Erfahrung ist die Überzeugung, daß Sicherheit unteilbar ist.

Integration und Investitionen als Sicherheitsgaranten

Estland ist bisher der einzige Staat gewesen, der ohne Zwischenetappen zum Freihandel übergegangen ist. Estland ist schon heute europareif.

Meine Frage lautet: Ist Europa reif für Estland?

Neben den politischen und sicherheitspolitischen Mechanismen hat die estnische Gesetzgebung günstige Bedingungen für Auslandsinvestitionen geschaffen:

1. in Estland gilt eins der einfachsten Systeme der Einkommenssteuerberechnung,
2. die Einkommenssteuer ist niedrig (26%),
3. die Ausländer haben das Recht, Land zu erwerben,
4. es gibt keine Repatriierungssteuer auf das eingeführte Kapital,
5. aus dem ausbalancierten Staatsetat ergibt sich ein Gehalt für unsere relativ qualifizierten Arbeitskraft von durchschnittlich 140 $ monatlich.

Ich bin der Meinung, daß wir heute, drei Wochen nach dem Abzug der Nordwest-Truppeneinheit der Russischen Föderation vom Territorium, das der estnischen Jurisdiktion untersteht, gerade dieses Ereignis als einen Wendepunkt beurteilen müssen. Es haben sich grundsätzlich neue Möglichkeiten und Verpflichtungen aufgetan, die man nüchtern einschätzen und schnell nutzen muß. Die Natur mag keine Leere und noch weniger die freie Marktwirtschaft. In Estland finden Sie eine europäische Denkweise samt kompetenter Kenntnis der Probleme Rußlands, die momentan vielleicht das wertvollste

Kapital darstellt. Die EU und leider auch die Bundesrepublik haben das nicht zu schätzen gewußt wie die EFTA-Länder und einige noch ferner liegende und exotischere Länder, Japan inbegriffen. Es ist dem Menschen ureigen, sich an die gestrige Erfahrung zu klammern. Zum Glück ist der Gegenpart des Menschen die Menschheit, die lange vor Norbert Wiener die einfache Wahrheit entdeckt hat: Die Voraussetzung der Selbsterhaltung liegt in beständiger Veränderung.

1995

Bis 1995 ist die schmerzhafteste Etappe der estnischen Wirtschaftsreformen überwunden, und es zeigen sich mehr und mehr die Ergebnisse: die Wirtschaft beginnt zu wachsen. Estland zieht ausländische Investoren an. Anfang des Jahres tritt der Freihandelsvertrag Estlands mit der EU in Kraft, und im Juni wird der Assoziationsvertrag zwischen Estland und der EU unterzeichnet. Nach den regulären Parlamentswahlen kommt es in Estland zu keinem Linksruck wie in mehreren osteuropäischen Staaten. Die Reformen setzen sich fort.

Den Mittelpunkt der Außenpolitik bildet die Sicherheitspolitik, insbesondere deshalb, weil das politische Verhältnis zu Rußland durch den Krieg in Tschetschenien überschattet wird.

Über Sicherheitspolitische Aspekte aus estnischer Sicht

*Rede auf dem sicherheitspolitischen Forum in St. Gallen,
25. Januar 1995*

Herr Vorsitzender, meine Damen und Herren!

Das Thema meines Vortrags lautet „Sicherheitspolitische Aspekte aus estnischer Sicht". Es werden jedes Jahr tausend ähnlicher Vorträge gehalten, wo der Name Estland durch den Namen irgendeines anderen Staates ersetzt wird. In den Wohlfahrtsstaaten ist eine eigene Art von akademischen Schaben entstanden, die von einer politischen Küche zur anderen trippeln und Texte wiederholen, in denen in der Regel, wenn überhaupt, nur der Name des Staates geändert worden ist. Sie verschleudern mehr Geld als die Friedensbewahrer der UNO, ihre Metasprache ist bedeutungsschwer, aber für gewöhnliche Sterbliche unübersetzbar, und untereinander haben sie eine wirksame solidarische Rundumverteidigung errichtet. In der Zeit, in der die internationalen Organisationen der Welt vor unseren Augen wegschmelzen wie Butter in der Sonne der Sahara, wo das muntere Gegröle aus den Bierlokalen vom Gekrache der Raketen aus verschiedenen Ortschaften der Welt übertönt wird, wo abgerissene Köpfe auf dem Asphalt wie Fußbälle über den grünen Stadionrasen rollen, haben die hochgeschätzten akademischen Schaben das Gaukelbild einer Welt geschaffen, in der Sicherheit, Stabilität und Menschenrechte von Tag zu Tag zunehmen. Das überzeugendste Argument ist gewöhnlich der Umstand, daß durchschnittlich einmal wöchentlich ein Waffenstillstand geschlossen und noch öfter ein munterer Tagesbefehl erlassen wird, in dem die Explosion eines Kanonengeschosses oder einer Rakete zur beethovenesken Apotheose der Verbrüderung der Menschheit ausgerufen wird.

Vor diesem Hintergrund haben die Kleinstaaten in der letzten Zeit begonnen, die Rolle der Spielverderber zu spielen. Kleinstaaten, ein wenig größer als die Schweiz oder Estland oder auch ein bißchen kleiner, die zusammengeschlossen etwa zwei Drittel von der Weltbevölkerung und eine überwiegende Mehrheit in der UNO ausmachen, fangen an, Zeichen der Ernüchterung aufzuweisen. Die illusionäre Welt von CNN ist ihnen unbequem geworden, denn für einen empfindlichen Kleinstaat ist der heutige Tag unsicherer denn je. Für Kleinstaaten ist es gefährlich, in Illusionen zu leben. Die Kleinstaaten nehmen im Gegensatz zu den Großstaaten anscheinend eher wahr, daß unsere veränderte Welt, laut McLuhan, zu einem globalen Dorf zusammengeschrumpft ist, in dem die Entfernungen, schützenden Alpen und Ozeane nichts und niemanden mehr trennen und in dem die Dorfhütten brandgefährliche Strohdächer haben. Wir sind gemeinsam daran interessiert, Illusionen und Euphemismen den Rücken zuzukehren und die Realitäten nüchtern, konstruktiv und genau zu beschreiben.

Die Sicherheit ist ein Prozeß, der jedem Staat, philosophisch betrachtet, seinen Fortbestand sichern muß. Ich kenne keinen einzigen Fall in der Geschichte, wo sich der Staat als eine vorübergehende Erscheinung definiert hätte. Das würde einen psychologischen Kollaps mit sich bringen. Das Individuum weiß, daß eines der Kennzeichen des Menschenlebens der Tod des Individuums ist, und darauf gründet sich das christliche, mohammedanische, buddhistische und schamanistische Gleichgewicht. Doch der Mensch wohnt in seiner Population, in seiner Kultur, Sprache und seinen Traditionen, die es schon vor ihm gegeben hat und die nach ihm fortbestehen. Im Gegensatz zu dem Episodenhaften des Individuums empfindet er seinen Staat, dessen Bürger er ist, als eine fortdauernde Struktur. Der Inhalt der Sicherheitspolitik ist die Gewährleistung des ewigen Fortbestands des Staates. Das setzt erstens Selbständigkeit, zweitens innere Stabilität und drittens eine realistische Möglichkeit voraus, äußeren Gefahren vorzubeugen oder sie abzuwehren.

Ein stabiles Sicherheitssystem setzt den Verzicht auf Euphemismen voraus. Zu häufig vom Frieden zu reden verrät Kriegsgefahr. Den intensivsten Kampf für den Frieden haben beispielsweise Deutschland und die Sowjetunion unmittelbar vor dem Ausbruch des Zweiten Weltkrieges geführt. Nach der Potsdamer Konferenz sprach man intensiv über die Erneuerung und Demokratisierung der Sowjetunion und über eine friedliche Partnerschaft, was schließlich den Auftakt zur Gründung der NATO und des Warschauer Paktes gab. Befreiung bedeutete in unserem Jahrhundert zumeist Eroberung, die freien Wahlen, das Fehlen der freien Wahl, die Sicherung des Friedens, das Anwachsen von Armeen und die Modernisierung der Waffen, das Gewährleisten von Menschenrechten und demokratischen Grundrechten, deren Verneinung und die Sicherung des Selbstbestimmungsrechts, das in den 14 Punkten des Präsidenten Wilson formuliert wurde, deren Gegensatz. Norbert Wiener, dessen 100. Geburtstag wir kürzlich feierten oder es vielmehr unterließen, hat in seinem Testament, einem kleinen Büchlein mit dem Titel „Kybernetik und Gesellschaft", darauf hingewiesen, daß sich die Strukturen paradoxerweise nur dann bewahren können, wenn sie beständig im Wandel begriffen sind. Dieses universale Gesetz, gleichzeitig Natur- und Sozialgesetz, gilt auch für die Staaten. Die Politiker lesen keinen Norbert Wiener. Politiker lesen nur Politiker und alle vier oder fünf Jahre die Stimmen der Wähler. Norbert Wiener haben sie den Satz entgegengesetzt: „Stabilität, Stabilität über alles!"

In der Sicherheitspolitik gäbe es weniger Probleme, wenn die Kleinstaaten Kleinstaaten als Nachbarn hätten und die Großstaaten Großstaaten. Das ist leider *per definitionem* unmöglich. Potentielle Gefahrengebiete, wo man sicherheitspolitische Komplikationen voraussetzen kann, konzentrieren sich zumeist auf Regionen, wo ein Großstaat an einen Kleinstaat grenzt, und noch mehr auf Regionen, wo ein Großstaat mit fraglicher Demokratie an einen demokratischen Liliputanerstaat grenzt.

Im Obengesagten drücken sich sowohl die gemeinsamen Interessen von Estland und der Schweiz aus, deren Zeuge ich während meiner Visite hier gewesen bin, wie auch die aus unseren geopolitischen Lagen sich ergebenden Verschiedenheiten. Die Schweiz ist das Herz Westeuropas, geschützt durch den Brustkorb der Alpen. Estland dagegen ist die Haut Westeuropas, die auch nur durch eine winzige Schramme den gesamten Organismus Westeuropas empfindlich stören kann. Einfacher gesagt: Estland hat sich immer als einen Teil von West-Mittel-Europa begriffen, was dazu führt, daß die Ostgrenze Estlands *de facto* die Ostgrenze Westeuropas bildet, jedoch nicht in einer Qualität wie die Ostgrenze Finnlands, die seit dem 1. Januar auch *de jure* die Grenze zwischen der Europäischen Union und der Russischen Föderation ist. Dies hat keine Spannungen in den Beziehungen zwischen Finnland und der Russischen Föderation zur Folge, so daß wir auf eine Analogie hoffen können, daß die *de facto*-Ostgrenze Westeuropas keine Spannungen in estnisch-russischen Beziehungen verursachen wird.

Meine Damen und Herren! Der Staat und seine Sicherheit beginnen bei einer klar definierten Staatsgrenze. Der Anspruch eines Staates, ernstgenommen zu werden, beginnt bei der Moral seines Volkes, bei seiner Fähigkeit, seine Grenze zu kontrollieren und im Krisenzustand auch zu verteidigen. Scheinbar fällt diese Aufgabe Kleinstaaten schwerer als Großstaaten. Ich betone: scheinbar. In Wirklichkeit haben die Kleinstaaten einen Vorteil gegenüber den Großstaaten: die Grenze eines Kleinstaates ist *per definitionem* zehn-, hundert- oder tausendmal kürzer als die eines Großstaates. Das Ziel ist keineswegs unerreichbar, wie man gewöhnlich denkt. Hinzu kommt die Motivation, welche beim Verteidiger immer größer ist als beim Angreifer. Auch füge ich, wenngleich nur zögernd, die Garantie der internationalen Zusammenarbeit und Sicherheit hinzu. Aus der Geschichte und den Erfahrungen des Alltags wissen wir, daß aus einem Funken ein Brand auflodern kann, der die Strohdächer des globalen Dorfes sofort in Flammen setzen kann. Den Funken abzuhalten ist einfacher als den Brand zu löschen. Doch die Effektivität der präventiven Diplomatie der internationalen Organisationen ist gering und trotz der feierlichen Delegationen zynisch gewesen. Der sowjetische Überfall auf Finnland 1939 hat im Völkerbund eine Lawine von Deklarationen ausgelöst, die nicht den Krieg, sondern den Völkerbund selbst unter sich begraben hat. Der kürzliche Golfkrieg dagegen hat ein Beispiel von der effektiven internationalen Zusammenarbeit beim Ersticken des Krieges geboten, wiewohl das Beispiel Kuwaits überzeugender gewesen wäre, wenn Kuwaits Boden ebenso arm wäre wie der Boden Estlands oder der Boden von Arkansas. Das auf den Grundwerten der Demokratie basierende internationale Recht und die Sicherheitsgarantien müssen die Menschenrechte verteidigen, die sich in der Souveränität des Staates ausdrücken, nicht aber in Bodenschätzen. In der demokratischen Welt ist die Sicherheit unteilbar, soweit die demokratischen Staaten ein gemeinsames Fundament haben: ihre gemeinsamen demokratischen Prinzipien, und das auf dem gemeinsamen Fundament errichtete Haus hat ein gemeinsames Dach.

Das ist das Ziel, zu dem sich die demokratischen Staaten hinbewegen, doch bewegen sie sich mit unterschiedlicher Geschwindigkeit und leider auch mit unterschiedlichen moralischen Werten. Die Versuchung, Prinzipien zu verkaufen und als Entgelt die Möglichkeit zu erhalten, lästige politische Beschlüsse dem nächsten Parlament oder der nächsten Generation aufzuhalsen, ist groß. Besonders treffend ist in diesem Kontext der fatale Ausspruch Louis XIV: *Après nous le déluge!*, der auch heute noch eine realpolitische Aktualität besitzt. Diese realpolitische Versuchung ist doppelt gefährlich, denn in der heutigen, sich schnell verändernden dynamischen Welt kann Louis XIV. selbst von der Sintflut erfaßt werden.

Nach diesen, keineswegs zu pessimistischen Erkenntnissen will ich mich den sicherheitspolitischen Aspekten aus estnischer Sicht widmen.

Die Republik Estland ist ausreichend realistisch und weiß, daß die Bereitschaft, die Sicherheit Estlands international zu gewährleisten, in den nächsten Jahren fehlen wird. Wir stehen zur Zeit in einem grauen, verschwommenen Sicherheitsvakuum, was nicht gerade bequem ist. Mangels eines Besseren haben wir daraus eine zeitweilige Formel für die Garantie der Sicherheit Estlands in der Übergangszeit hergeleitet, die folgendermaßen lautet: Sicherheit ist Integration plus Normalisierung.

Unter Integration verstehen wir die Notwendigkeit, Beziehungen zwischen der umstrukturierten estnischen Wirtschaft und den politischen, soziokulturellen Verteidigungsorganisationen und deren westeuropäischen Bruderorganisationen zu schaffen und maximal zu fördern. Die Leitachse der Entwicklung ist der künftige Beitritt Estlands zur EU. Am 1. Januar ist unser Freihandelsabkommen mit der EU in Kraft getreten. Momentan sind intensive Verhandlungen zur Ausarbeitung und Unterzeichnung des Assoziationsvertrags im Gange. Das ist schon an sich untrennbar vom politischen Dialog über die Ziele der Sicherheitspolitik. Estland ist nicht mit der Erweiterung des Sicherheitsgebiets nach geographischen Regionen einverstanden. Wir gehen von dem Standpunkt aus, daß man bei jedem Staat gleiche Kriterien anwenden muß, wobei die oben erwähnten Grundsätze der Demokratie und des Rechtsstaats an erster Stelle stehen. Die erste Voraussetzung zur Erweiterung des Sicherheitsgebiets ist der Wille Europas, Europa zu bleiben, mit anderen Worten, der politische Wille.

Zweitens: Europa ist im Eurozentrismus befangen gewesen. In Sicherheitsfragen drückt sich das einigermaßen feudal aus, es wird nämlich vor allem die Frage erörtert, ob die NATO und die EU bereit sind, sich ostwärts zu erweitern. In Estlands Augen ist das aber eine „Zweibahnstraße", mit anderen Worten, Estland ist kein geographisches Objekt, sondern ein staatsrechtliches Subjekt. Zum Inhalt der Verhandlungen gehört gleichzeitig auch der Wunsch eines jeden Staates, sich den sicherheitsgewährenden Organisationen anzuschließen. Es ist kein Hof von Louis XIV, wohin nur Auserwählte eingeladen werden.

In der Formel, die ich oben nannte, hat sich die nationale Sicherheit aus zwei Summanden zusammengesetzt, aus Integration und Normalisierung.

Unter Normalisierung versteht Estland die Normalisierung seiner Beziehungen zu Rußland, die ein langer, aber kein hoffnungsloser Prozeß ist. Diese Behauptung halte ich für besonders wichtig, vor allem vor dem Hintergrund der Tschetschenien-Krise, die die öffentliche Meinung Westeuropas aufgeschreckt hat. Natürlich ist das ein tragisches, und mehr noch, ein gefährliches Ereignis, doch muß Europa bereit sein, seine Mitverantwortung wahrzunehmen. Zu leichtsinnig, geradezu naiv wollte Europa glauben, daß man die Demokratisierung Rußlands mit einem Immobilienverkauf von einem Besitzer an einen anderen vergleichen kann, einem Akt, den ein Notar mit seiner Unterschrift und einem Stempel bestätigt. Vor dem Hintergrund des brutalen Krieges in Tschetschenien ist es nötig zu unterstreichen, daß es auch die einzige Hoffnung Rußlands ist, seine Gesellschaft und seine Besitzverhältnisse zu demokratisieren. Der Naivität der westlichen Politiker verdanken wir die Illusion, daß dies so einfach zu bewerkstelligen sei wie bei einem Notar. In Rußland, wo nur eine schwindend kleine Anzahl von Intellektuellen die demokratischen Ideale verstanden und mit ihrem Leben verteidigt haben, die von der überwiegenden Mehrheit der Politiker nie ernst genommen, geschweige denn gelesen wurden, ist die Demokratisierung eine qualvolle Entwicklung, verbunden mit zahlreichen Rückschlägen, die vermutlich zwei Generationen lang dauern wird. Das Auftauchen von Mercedes-Wagen im Moskauer Straßenbild deutet eher auf Maßnahmen bei einem Schönheitswettbewerb hin als auf einen demokratischen Umbruch. Die Hoffnung wird vielmehr von der Tatsache genährt, daß nie zuvor in der russischen Geschichte so viele russische Schulkinder in den englischen *public schools* ausgebildet wurden. Erste Früchte können wir erst nach zwei Generationen erwarten, bestenfalls ein wenig früher, bei Rückschlägen wie Tschetschenien auch später.

In dieser schwierigen Situation verfügt Estland dennoch auch über ein eigenes realistisches sicherheitspolitisches Programm, das bereits jetzt unbestrittene Errungenschaften aufweisen kann. Nach dem Abzug der letzten russischen Truppen am 31. August 1994 vom Territorium, das der estnischen Jurisdiktion unterliegt, haben die Beziehungen zu der Russischen Föderation eine grundsätzlich neue Qualität angenommen. Als ich vorhin die Notwendigkeit erwähnte, eine vollständige Kontrolle über die Grenze zu gewährleisten, faßte ich die estnisch-russische Grenze nicht wie die Chinesische Mauer auf, sondern eher wie einen Filter, der keinen Waffenhandel, keine Narkotika, Kernwaffen oder organisierte Kriminalität durchläßt, doch offen ist für Handel, Kulturkontakte und Tourismus. Die erfolgreiche Umstrukturierung der estnischen Wirtschaft, die Gewährleistung der Menschenrechte, besonders aber der höhere Lebensstandard im Vergleich zu Rußland haben in Estland ein durchaus neues soziales Klima geschaffen. Die Aufrufe der Moskauer imperiumgesinnten Parteien zur Wiederherstellung der Sowjetunion finden bei der überwiegenden Mehrheit der russischen Bevölkerung nicht die geringste Sympathie.

Der Krieg der Russischen Föderation mit der Tschetschenischen Republik hat die bisherige positive Entwicklung verlangsamt, doch nicht gestoppt. Die Krise hatte einen direkten Einfluß auf die innere Stabilität, und die Lage kann sich verschlechtern, noch bevor sie wieder besser wird. Diese Unvorhersehbarkeit ist ein ernstes Problem für Estland, dessen Hauptstadt nur 300 Kilometer von der russischen Grenze entfernt liegt.

In diesem Kontext wird besonders verständlich, was die Erweiterung der stabilen Gebiete bedeutet. Am Beispiel Tschetschenien hat die Welt erfahren können, daß auch in sehr entfernten Gebieten aufbrechende Konflikte imstande sind, die Beziehungen unter den führenden Großstaaten anzuspannen, was negative Folgen für die Sicherheitssituation Europas haben kann. Wenn es unser Ziel ist, ein sichereres Europa zu schaffen, müssen die internationalen Organisationen, die auf Kosten der europäischen Steuerzahler ins Leben gerufen wurden, auch in der Weihnachtszeit, insbesondere während der Friedensfeier, für den Frieden tätig sein. Vor diesem Hintergrund klingt es wie ein schlechter Witz, daß vor Weihnachten, als es noch Hoffnung gab, die Krise am Verhandlungstisch und nicht auf dem Kampffeld zu lösen, die Organisation für Sicherheit und Zusammenarbeit Europas (OSCE) unerreichbar war: Die Mitglieder hatten sich getrennt, um Weihnachten zu feiern.

Frieden, Stabilität und Menschenrechte sind zu wichtige Werte, um sich nur in Pausen zwischen Weihnachtstruthähnen mit ihnen abzugeben.

Wenn der Staat schläft

Interview im „Radio Free Europe" (Interviewer Mihkel Mutt; abgedruckt im Magazin „Looming" 1995, Nr. 3)

Herr Präsident, wie frei ist ein Präsident beim Geben eines Interviews? Ist er nicht im höchsten Grade eine Amtsperson, bei der man meint, in jedem seiner Worte die Stimme des Staates selbst zu hören?

Wenn man mich fragt, was ich lieber habe: Hackfleischsoße oder Boeuf à la Stroganof, so hoffe ich, daß man aus meiner Antwort nicht den estnischen außenwirtschaftspolitischen Kurs herausliest. Wenn man aber wissen will, wer mir mehr gefällt: na, sagen wir, Jelzin oder Rabin, so würde ich mich einer Antwort enthalten, so lange wie möglich.

Sie haben in Ihrer Neujahrsbotschaft das folgende Thema angeschnitten: nämlich, daß einerseits die Wirtschafts- und Finanzkreise der Welt nicht knausern mit Lob für Estland. Z. B. hat die Zeitung „Postimees" vom 9. Januar die Übersetzung des Artikels „Die Einstufung der ex-sozialistischen Länder" aus der Zeitschrift „The Economist" publiziert, wonach drei Staaten führen: Slowenien, Tschechien und Estland. Andererseits lebt ein ziemlich großer Teil unserer Leute an der Armutsgrenze. Ruft das nicht beim gewöhnlichen Bürger Absurditätsgefühle hervor? Hat seine Selbstaufopferung denn keine Grenzen?

Natürlich hat sie Grenzen. Der Leser liest in der Zeitung, wie erfolgreich Estland ist, doch zugleich ruft er aus: „Ich habe Hunger!" Dieses Fingerspitzengefühl, wie weit man gehen kann, ohne den Kontakt mit dem sich nicht immer selbstverleugnenden, doch immerhin ehrlichen estnischen Bürger zu verlieren – dieses Gefühl läßt manchmal einige von unseren Politikern im Stich. In Estland gibt es jetzt in der Tat gewisse innere Spannungen. Doch möchte ich betonen, daß diejenigen, die am lautesten über Armut klagen, selbst bei weitem nicht die Ärmsten sind. In dieser Hinsicht ist Estland ein sonderbares Land. Das Idealismuskapital, auf das wir solide aufbauen konnten, ist eigentlich unser größtes Kapital. Leider ist das nur der ältesten Generation bewußt, die jetzt wirklich am dürftigsten lebt. Am lautesten erheben aber die Vertreter der Mittelklasse ihre ärgerliche Stimme, diejenigen, die vom Zusammensturz Rußlands gerade in dem Augenblick betroffen wurden, als sie Ehrenrentner werden sollten, und die nun mit ihrem „Lada" herumfahren, den die letzten Herrscher der ESSR ihnen in ihren letzten Tagen samt Kühlschränken und den aus Finnland importierten Saunamöbel zuteilen konnten (präziser: das Recht, sie zu kaufen).

Ein Teil der Esten verbindet unsere Zukunft fest mit der Europäischen Union. Im „Spiegel" Nr. 50 des vorigen Jahres ist ein Beitrag über den Beitritt der ehemaligen sozialistischen Länder zur EU erschienen. Vor diesem Hintergrund kommen einem die superoptimistischen Prognosen einiger estnischer Politiker sehr voreilig vor. Wenn z. B. sogar Tschechien nicht hofft, vor 2005 diesem „Klub" beitreten zu können (wenn sich die jetzigen wirtschaftlichen Zahlen halten), was soll man denn da noch von Estland reden?

Naja. Zugegeben – was soll ich antworten? Daß es unter estnischen Politikern wie unter den Politikern eines jeden Staates Menschen gibt, die auffallend ungebildet sind? Das ist ja eine statistische Selbstverständlichkeit.

Der Europa-Anschluß bedeutet eine immense technische Arbeit. In Finnland z. B. wurde mit dem Übersetzen von Euronormen vor mehr als zehn Jahren begonnen. Das wird wohl die umfangreichste Übersetzungsarbeit sein, die von einem Staat aus ähnlichen Gründen je geleistet worden ist.

Denn Europa bedeutet Einheit nur solange, wie die Grundlage seiner Einheit nicht nur die Einheit der demokratischen Überzeugungen ist, sondern auch die Einheit der Lebensqualität. Lebensqualität bedeutet die Einheit der Wirtschaft, der Agrikultur, des sozialen Sicherheitsgefühls usw., die sich ihrerseits in Zehntausende von Vorschriften zersplittert.

Es scheint sehr komisch, und trotzdem sagt man oft: „Wir sind nicht dafür vom Joch des Moskauer Plankomitees freigekommen, um uns dem Joch des Brüsseler Plankomitees zu unterwerfen". Das ist vielleicht die größte und gefährlichste Demagogie, denn sie ist so leicht zu mißbrauchen. An das Moskauer Plankomitee haben die Esten völlig eindeutige Erinnerungen, doch Brüssel kennt man nicht – man weiß beispielsweise nicht, daß Brüssel einige seiner Dokumente schon jetzt auch auf Estnisch veröffentlicht.

Diese Prozedur des Europa-Anschlusses dauert gerade deshalb so lange, weil man die völlig verschiedenen Interessen von fünfzehn – oder meinetwegen zwanzig – Staaten mit völlig verschiedenem kulturellen Hintergrund so zusammenbiegen muß, daß sich die Unterschiede minimalisieren. Das ist eine ebenso feine Arbeit wie die eines Gehirnchirurgen.

Sind denn diese Dokumente wirklich in allen fünfzehn oder zwanzig Sprachen nötig?

Bei einigen würde natürlich Englisch genügen. Aber bei manchen, die beispielsweise direkt die Qualität der Landwirtschaftsprodukte betreffen, wäre es sehr zweckdienlich, es jeder Gemeinde, jedem Dorf zugänglich zu machen.

Zugleich denkt man bei uns über Europa sehr unterschiedlich. Estland ist wieder ein historisches Volk geworden. In Ihrer Neujahrsbotschaft haben Sie noch erwähnt, daß wir frei sind, unseren Weg zu wählen. Welchen? Der empfindlichere Teil der Esten hat schon begriffen, daß alles, was aus dem Westen kommt, bei weitem kein Himmelsmanna ist und uns nicht paßt. Sollte Estland nicht nach einem eigenen, individuellen Entwicklungsmodell suchen, wie das zum Beispiel einige Intellektuelle empfohlen haben? Oder ist die Geschichte dafür zu kurz, und man hat schon alles ausprobiert?

Nichts hat man ausprobiert! Gerade dabei sind wir eben. Wir kommen aus einer Vergangenheit, wo alles sehr einfach war. Alles, was aus Moskau kam, ist *a priori* schlecht gewesen. Hier mußte man gar keine Entscheidungen treffen oder analysieren, sondern nur herausfinden, wie man mit mehr oder weniger Schlauheit oder Kühnheit Moskaus Verordnungen umgehen konnte. Eine völlig andere Zeit wartet auf uns. Ein Beweis dafür ist der Umstand, daß Europa heute sowohl an Staaten als auch an Nationen vielfältiger ist als je zuvor. Die Völker haben ihre Identität entdeckt. Sie sprechen ihre Mundart, brauen ihr Bier und erfinden, notfalls nachträglich, ihre historisch-kulinarischen Küchenrezepte. Europa vervielfältigt sich in seinen Farben und seinem Reichtum. Es vermag das, weil viele staatliche Funktionen, die früher die hundertprozentige Aufmerksamkeit der Zentralregierung voraussetzten, jetzt an Stellen delegiert sind, so daß ungeheuer viel Zeit und Möglichkeiten für die Kultur und die Selbstverwirklichung bleiben.

Man liest und hört, daß einige politische Gruppierungen in Estland es für nötig halten, daß Estland klarer und lauter seine Unterstützung für Tschetschenien ausdrücken soll. Man argumentiert folgendermaßen: Eben war es noch so, daß wir selbst die Unterstützung und Anerkennung der demokratischen Welt brauchten, jetzt obliegt es uns, den Freiheitskampf anderer Kleinvölker zu unterstützen.
Wo verläuft Ihrer Meinung nach überhaupt die Grenze, wann, wieviel und wie man jemanden in einer solchen Situation unterstützen soll, um nicht statt Nutzen Schaden zu bringen?

Diese Grenze verläuft jeden Tag neu. Nicht wie der Äquator, der immer südlich des ersten nördlichen Breitengrades und nördlich des ersten südlichen Breitengrades liegt. In den zwischenstaatlichen Beziehungen ist sie das Ergebnis des tagtäglichen politischen Prozesses, und das muß man sich jeden Tag von neuem vor Augen führen. Man muß reale Möglichkeiten sehen können. Das ist sehr schwer. Ich erinnere mich, wieviel Dank wir einem außerordentlich sympathischen und romantischen Mann namens Hannibalsson schuldig sind. Er, der isländische Außenminister, ist derjenige gewesen, der das ganze Westeuropa herausforderte, die Selbständigkeit Litauens anzuerkennen. Leider war es so, daß Hannibalsson davon Schaden und auch Litauen in diesem Augenblick keinen Nutzen hatte. Denn das Blutbad von Vilnius, die Generalprobe von Grosny, ist trotz Hannibalssons ritterlicher Geste nicht ausgeblieben. Und dennoch ist es ganz klar, daß die Welt von dieser starken moralischen Einheit geleitet wurde und immer mehr geleitet werden muß, die auf der Erkenntnis gründet, daß nur die Demokratie die Stabilität der Welt gewährleisten kann, eine Demokratie, die sich auf die aus dem internationalen Recht sich ergebenden praktischen Beschlüsse stützt.

Hat der estnische Staat alles, was von ihm abhängt, für Tschetschenien getan?

Ich hoffe, daß auch die Rundfunkhörer wissen, daß der estnische Staat mehr als irgendein anderer Staat getan hat. Ich meine, daß die Erklärung des estnischen Außenministeriums vom 28. Dezember die Problematik in einer guten Weise verdeutlicht. Der Staat wies in seiner Erklärung lakonisch darauf hin, daß die zwei OSCE-Dokumente auf breiten Konsens gestoßen und deshalb auch für die Russische Föderation verbindlich sind. Mit seiner Erklärung hat er darauf aufmerksam gemacht, daß Rußland diese Verträge verletzt hat. Und sämtliche drauffolgenden Erklärungen – als die Regierungen in Europa und den USA allmählich aus ihrem Weihnachts- und Silvesterkater erwachten und zu ihrer Überraschung feststellten, daß sie in einer gänzlich veränderten Welt voller Kriegsstaub leben – sind auf die eine oder andere Weise von dieser Erklärung ausgegangen. Ich möchte auch daran erinnern, daß Linnart Mäll[18], ein sehr aktiver Mensch, nicht immer ein guter Politiker, aber sicherlich mit einem sehr ehrlichen Herzen, die Organisation der Unvertretenen Völker ins Leben gerufen hat. Vor einigen Tagen hat sie sich in Den

---

[18] Estnischer Orientalist und Übersetzer, aktiv auch in der Politik.

Haag versammelt, auch da steht die Tschetschenien-Frage auf der Tagesordnung.

In diesem Zusammenhang: Ist Ihres Erachtens der Westen des weiteren Zerfalls der Großstaaten in der Welt überdrüssig geworden? Ist in dem Sinne die Historie beendet? Wem es gelungen ist, sich während des Umbruchs die Selbständigkeit zu erkämpfen, hat sie bekommen, wem es nicht gelungen ist, soll für ewig das Nachsehen haben?

Die Historie endet, wenn der letzte Mensch sich sein Grab geschaufelt, mit irgendeinem Trick den Sarg von innen zugenagelt und sich selbst das Gebet gelesen hat. Ich weiß nicht, was die Zukunft bringen wird. Ich weiß nur, daß alle Staaten zu allen Zeiten immer gehaßt haben, was störend ist, und versucht haben, lästige Sachen zu verschieben – wie auch jede Familie es tut. Nur der Bauer verhält sich vielleicht anders, denn er weiß, daß er nicht den Frühling auf den Herbst verschieben kann. Aber der Städter oder der Staat lebt immer in der Versuchung, heute etwas unbeschlossen zu lassen.

Natürlich liegen gewisse Widersprüche darin, was die internationalen Organisationen deklariert haben und wie die Staaten sich tatsächlich benehmen. Nehmen wir z. B. das Recht der Völker auf Selbstbestimmung. Hier besteht ein Widerspruch zwischen Realpolitik und den Grundsätzen.

Es ist undenkbar, daß die Staaten zusammenkommen und sagen: „Ab heute gilt das Recht zur Selbstbestimmung nicht." Das tun sie nicht. Aber sie wären glücklicher, wenn keine unerwarteten Probleme plötzlich vor ihnen auftauchten. Menschliche Schwächen sind ihnen eigen, aber der Staat sollte besser als der Mensch wissen, daß das Aufschieben das Problem nicht löst, sondern auch die Bezahlung der „Zinsen" dieses Problems verschiebt – der Preis kann sich übermorgen als viel höher herausstellen. Die Erfahrung zeigt, daß das icht die beste Politik ist.

Kann man Ihrer Antwort entnehmen, daß z. B. Spanien die Lösung des Problems der Basken aufschiebt, die Türkei das der Kurden usw. und daß diese Völker einmal irgendwann ihren eigenen Staat haben werden?

Hier sind wir nun dieser Grenze nähergekommen, von der ich anfangs gesprochen habe. Wäre ich auf Ihrem Geburtstag, könnten wir das offen besprechen, aber als Präsident möchte ich mich der Antwort enthalten.

Zuerst müßte man die Beteiligten selbst befragen, ob, und wenn ja, welchen baskischen Staat sie denn wollen.

Ich habe bewußt die Kurden nicht genannt. General Laidoner[19] trägt ein bißchen Schuld an dieser „Moskowskaja Soljanka", die da zusammengekocht wurde, als er auf eine ziemlich touristische Art kam, gesehen, aber nicht gewonnen hat. Die Kurden haben bewiesen, daß sie bereit sind, für ihren Staat zu kämpfen. Doch auch hier sind die Dinge nicht eindeutig. Die Kurden wurden von der Sowjetunion ausgebildet und „gemästet" als ihre fünfte Kolonne, als die Sowjetunion im Taumel des Hitler-Stalin-Pakts immer noch nicht die Hoffnung aufgegeben hatte, sich den Zugang zum Persischen Golf zu verschaffen. Die Situation von 1944-1946 dauerte dort an. Die Verbündeten mußten Schmerzgriffe anwenden, um die sowjetische Agentur zu neutralisieren. Das ist bis heute nicht gelungen. Die Tragik der Kurden liegt nicht so sehr darin, daß die Türkei im Interesse des türkischen Staates ihre Bewegung niederdrückt, sondern daß ein großer Teil von ihnen, ohne das selbst zu wissen, manipulierbar ist – auch jetzt.

Durch ihre klügeren Vorsprecher haben Esten die Meinung geäußert, daß Estland als eine Art Brückenkopf zwischen zwei Welten fungieren könnte. Glauben Sie persönlich, daß die zehntausenden Russen, die hier jahrzehntelang gelebt und im Unterschied zu den Esten ihre Hand in Moskau und anderen Zentren im Spiel haben, sich nach dieser Rolle sehnen? Die russische Finanzwelt, deren Fänge bis hierher hinüberreichen, ist von einer ganz anderen Größenordnung als die estnische. Kurz: Fürchten Sie nicht, daß Rußland schließlich trotz allem über die Köpfe der Balten hinweg zu operieren beginnt?

Einerseits ist diese Befürchtung begründet und bleibt noch sehr lange bestehen – dreißig, vierzig, fünfzig Jahre. Das ist die Zeit, die Rußland braucht, um ein europäischer Staat zu werden.

Rußland ist wie ein Klavier, es gibt da schwarze und weiße Tasten, hohe und niedrige Töne. Dort findet sich alles vom Strolch bis zum Akademiker Sacharow, bis Sergei Kowalew. In Rußland gibt es immer Kriegshetzer, die das einstige russische Imperium, egal, ob das romanoffsche oder sowjetische, nicht nur restaurieren, sondern auch erweitern möchten. Um das zu wissen, brauche ich nicht einen Hampelmann anzuführen, der seine Stiefel im Indischen Ozean waschen will.

---

[19] Johan Laidoner (1884-1953), estnischer Staatsmann und Militär, Oberbefehlshaber der Truppen der Republik Estland im Freiheitskrieg und später.

Zweifellos sind solche Kreise bereit, auch die sogenannten „milden Mittel" einzusetzen (Bankwesen, Geldwäsche, organisierte Kriminalität, Waffenhandel, Drogen). Sie gebrauchen Estland als Korridor zum Westen. Auch möchten sie ein Bild von Estland schaffen, das einen kleinen, bösen und stümperhaften Staat zeigt, der viel verspricht, aber seine Versprechungen nicht einhalten kann. Das würde uns isolieren. Wenn wir vor dieser Gefahr die Augen verschließen, sitzen wir in der Patsche. In dieser Hinsicht baue ich auf die Verständigkeit des estnischen Volkes, die sicher höher liegt als der Durchschnitt der estnischen Politiker.

Andererseits – wir machen zu selten halt, um kritisch zurückzublicken und zu sehen, was sich verändert hat. Die gebildeteren Russen, die zu sowjet-estnischen Zeiten aktiv waren, haben begriffen, daß die Republik Estland ein solches „Versuchspolygon" ist, wo sie sich viel besser verwirklichen können als in der Russischen Föderation. Ob gut oder schlecht, bei uns gelten Gesetze. Wir haben unser ausgebildetes Gerichtssystem. Natürlich stehen wir erst am Anfang des Weges. Aber hier kann man schon jetzt etwas tun und Ergebnisse erzielen, die gewiß sind. In Rußland fehlt die Gewißheit. Dort kann ein Gesetz, Dekret oder auch einfach ein Telefonanruf in vierundzwanzig Stunden alles auf den Kopf stellen. In Estland ist das völlig ausgeschlossen.

Natürlich haben die Russen ihre Rolle, doch wollen wir nicht vergessen, daß von den 300.000 illegalen Immigranten – gebrauchen wir diesen amtlichen Terminus – vier- bis fünfhundert aktiv sind. Das Kapital kennt keine nationalen Grenzen. Diese Russen arbeiten erfolgreich Hand in Hand mit Esten, doch auch mit Finnen, Schweden und anderen. Wie viele Schüler aus reichen russischen Familien gibt es jetzt auf den englischen *public schools*? *Public schools*, die zwischenzeitlich wirtschaftlich schwere Zeiten hatten, haben sich dank des russischen Kapitals wieder etabliert. Das ist komisch und vielleicht sogar beleidigend für die Würde der Engländer – in Anbetracht dessen, welche Rolle diese Schulen einst in ihrer Kulturgeschichte gespielt haben.

Übrigens, wenn wir von den russischen Militaristen sprechen, dann sind am militaristischsten diejenigen, die nie Schulterstücke getragen haben. Ebenso wie die gefährlichste fünfte Kolonne in Estland ein sehr gutes Estnisch spricht.

In der Fernsehsendung „Blickwinkel" am 12. Januar, wo auch Sie teilnahmen, sagte Carl Bildt, daß Schweden nicht neutral bleiben kann, wenn Rußland gegen Estland den Krieg beginnen würde. Wieviel Freisinnigkeit hat darin gelegen, wieviel Wahrheit, die sich ein

Politiker der Opposition von Zeit zu Zeit gestatten kann? Und wie sollte man das „Nicht-neutral-bleiben" interpretieren?

Zuerst: Carl Bildt hat das auch schon gesagt, als er noch Ministerpräsident war und als er die Pflicht hatte, seine Worte mit Taten zu decken. Schweden, Finnland und Deutschland waren und sind auch jetzt noch äußerst aktiv, um Estland auf dem schweren Weg der Integration in Europa zu helfen. Diese Richtung wird auch von der jetzigen schwedischen sozialdemokratischen Regierung unter Führung von Ingvar Carlsson fortgesetzt.

Konkret? Natürlich soll man die naiven Vorstellungen beiseite lassen, die an die Zeit des Propheten Maltsvet[20] denken lassen, daß ein weißes Schiff an der Reede von Tallinn oder Kopli landen wird und daraus nebst Schokoladenpäckchen kleine Panzerwägelein rollen und „bum, bum" machen werden. Das ist Phantasie. Aber selbstverständlich kann Schweden nicht gleichgültig bleiben, kann nicht neutral bleiben, wenn an der Ostküste der Ostsee ein Prozeß anläuft, der direkt Schwedens nationale Interessen gefährdet. Wie werden die Schweden reagieren? Sollte ich das im Kaffeesatz lesen können? Das will ich nicht tun. Ich kann nur sagen, daß die Staaten immer nur dann reagieren, wenn sie spüren, daß die Übereinstimmung von Interessen größer ist als ihre Divergenz. Die Staaten und Regierungen sind *eo ipso* verpflichtet, egoistisch zu verfahren, denn die Regierung ist der Ausdruck des Volkswillens. Die Pflicht der Regierung ist es, vor allem für die nationalen Interessen zu sorgen. Wenn der gemeinsame Teil der Übereinstimmung von nationalen Interessen verschiedener Länder klargestellt und der sie verbindende Vektor festgestellt ist, kann man auch die eigenen nationalen Interessen effektiver schützen, ohne daß übermäßige Illusionen aufkämen. Das Ergebnis ist insgesamt positiver.

Die Situation ist dynamisch. Die Welt ist noch nie so dynamisch gewesen. Und in 10-15 Jahren wird sie noch dynamischer sein. Unser bekannter „Klassiker" japanischer Abstammung[21] hat einen komischen Fehler begangen, als er vom Ende der Geschichte schrieb. Offenbar ist er in die Berliner Mauer verliebt gewesen.

Estland ist ein junger Staat, in seiner Gesetzgebung gibt es hier und da gewisse Möglichkeiten zu verschiedener Auslegung – leeren Spielraum. Das betrifft auch die Machtstrukturen. Bei einer solchen Un-

---

[20] Eig. Juhan Leinberg (1812-1885), estnischer Bauer, Gründer einer Sekte, deren Anhänger in Tallinn 1861 auf das Weiße Schiff gewartet haben, das sie ins Gelobte Land bringen sollte.

[21] Francis Fukuyama.

bestimmbarkeit wird der subjektive Faktor mehr als gewöhnlich Zustände und Beziehungen prägen. Mir scheint es, daß bei einer anderen Person die Institution des Präsidenten in Estland erheblich anders hätte werden können als jetzt. Kann man sagen, daß Sie diesen Spielraum, diese Unbestimmbarkeit ausgenützt haben und so dem Amt des Präsidenten mehr inhaltliche Dimension verliehen haben, als z. B. die Staatsversammlung erwartet hätte?

Wir haben unser Bestes getan, als wir das Grundgesetz ausgearbeitet haben, das dem Volk zur Abstimmung vorgelegt wurde und am 3. Juli 1992 in Kraft trat. Als auf dieser Grundlage die Wahlen stattgefunden hatten, wurden sieben grundgesetzliche Strukturen gebildet, wovon der Präsident die eine ausmacht. Eine Ausnahme liegt nur darin, daß sie nur aus einer Person besteht. Sie alle – Staatsversammlung, Regierung und andere – haben an unbekannter Stelle einen Kopfsprung ins Wasser gewagt.

Ob das Wasser tiefer oder flacher ist, mit steinigerem oder sandigerem Grund, das haben wir weder damals gewußt noch wissen wir es heute. Ich würde sagen, ohne mich selbst, meine Kollegen und noch weniger mein Volk beleidigen zu wollen, daß wir ein Staat im Stimmbruchalter sind. Wir wissen nicht, ob daraus Baß, Bariton, erster oder zweiter Tenor wird.

Ich sage nur, daß das Grundgesetz für mich das höchste Dokument darstellt. Das aus zwei Gründen. Erstens in dem Sinne, wie es in allen Demokratien der Fall ist. Zweitens – in Estland besonders deswegen, weil jetzt, wo es keine anderen Sicherheitsgaranten mehr gibt, die einzige Gewähr unserer Sicherheit die Grundgesetzlichkeit des Staates ist. An dem Tage, an dem wir der Welt zeigen sollten, daß wir unser eigenes Grundgesetz nicht ernst nehmen und folglich nicht ganz reif für die Demokratie sind, daß wir also nicht ein gemeinsames europäisches Fundament haben, hätten wir vor unserer eigenen Nase die Europatür zugeschlagen, ohne den Schlüssel zu besitzen, sie zum zweiten Mal zu öffnen.

Ich bin überzeugt, daß ich nach bestem Wissen und Gewissen dem Grundgesetz treu gewesen bin. Man soll nicht vergessen, daß ich nicht der Staatsversammlung, nicht der Regierung, nicht dem Volk meinen Treueid geleistet habe, sondern dem Grundgesetz.

Haben Sie jemals eine Rede gehalten, die Sie nicht selbst geschrieben haben?

Jawohl. Am 10. Mai 1994 – eine einseitige Begrüßungsansprache an die in Estland akkreditierten Botschafter. Zweimal im Jahr pflegt man das diplomatische Corps zu empfangen. Das ist eine ziemlich formelle Veranstaltung, wo man stehend, ein Weinglas in der Hand, einige Worte sagt. Ich selbst hatte einfach keine Zeit gehabt. Also habe ich einen jungen Freund angerufen und ihn gebeten, etwas für mich zu schreiben, was er auch tat. Aber es wurde eine Rede, die sehr viel politischen Staub aufgewirbelt hat. Es ging darum, daß auch aufgrund der jetzigen estnischen Gesetzgebung und der Regierungserlässe garantiert ist, daß die Mehrheit der russischen Militärrentner eine Aufenthaltsgenehmigung in Estland bekommen wird. Und da die Regierungserlässe ziemlich selten gelesen werden, war dies für die Öffentlichkeit eine Überraschung. Es war äußerst schwer klarzumachen, daß dieser Erlaß zu dem Zeitpunkt bereits fünf oder sechs Monate alt war. Das war auch für viele estnische Spitzenpolitiker eine Überraschung, die behaupteten, es wäre mein persönlicher Standpunkt. Wenn mein Gedächtnis mich nicht trügt, war auch der damalige Ministerpräsident Mart Laar darunter, der diesen Erlaß selbst bekanntgegeben oder wenigstens unterzeichnet hatte.

Aber ich gebe keine Erlässe heraus.

Ihrer Bildung und offenbar auch Ihrer Berufung nach sind Sie Historiker. Uns würde interessieren, ob das Bild des internationalen politischen Lebens, der Welt der Staatshäupter und Diplomaten, das Sie durch Bücher und andere Informationen vermittelt bekamen, bevor Sie Außenminister wurden, dem entspricht, was Sie jetzt persönlich erfahren haben?

Ich denke schon. Daß die Politiker sich am Abend auch ihrer Unterhose entledigen, wußte ich schon als ziemlich kleiner Junge. Ich wußte, daß den Politikern dies und das passiert. Ich kann natürlich nicht sagen, daß ein 8-11jähriger Knabe viel mit Politikern zusammenkommt, doch auch das ist denkbar. Ich erinnere mich, wie der französische Botschafter in Berlin den Kindern des diplomatischen Corps auf dem Pariser Platz eine Matinee gab, in einem heute verschwundenen Haus beim Brandenburger Tor. Mein Vater holte mich nicht rechtzeitig ab, und so blieb ich als letzter Gast. Wir haben mit dem Sohn des Botschafters Indianer gespielt. Ich bin ihm jetzt vor einiger Zeit in der Schweiz begegnet, er war korpulent geworden, selbstsicher. Sprach über die Lage in Rußland, ohne sie besonders zu kennen. Ich fühlte mich stark versucht, ihn zu fragen, ob er sich daran erinnerte, wie wir Indianer gespielt haben ...

Das Verhältnis zwischen den Politikern und dem Volk ist im Westen – ungeachtet dessen, daß alle diese Staaten ungeheuer viel größer sind als Estland und nach der statistischen Wahrscheinlichkeit der gewöhnliche Bürger einem Spitzenpolitiker viel seltener begegnet als hier – viel spannungsfreier und natürlicher. Ungeachtet auch dessen, daß das Protokoll strenger ist. Doch dort trifft man nicht auf eine solche byzantinische, kindliche Bewunderung für oder einen solchen Haß auf Politiker, wie es in Rußland Sitte war, die zeitweilig auch auf Estland übergegriffen hat. Diese Krankheit geht schnell vorbei.

Sie haben versichert, daß sie gern aus der Kunst Politik machen und die Politik in die Kunst verwandeln würden. Wie kommt Ihr ernsteres „Ich" überhaupt aus mit seinem spielfreudigeren Antipoden im hohen Staatsamt?

Nach meinem Gefühl hat es hier auch viel Spaß gegeben. Beispielsweise im Außenministerium. Als etwas los war, und die Leute begannen, nach Mitternacht einzeln anzukommen – das war ein gutes Gefühl der Zusammenarbeit. Und aus einem guten Gefühl entsteht immer gute Laune. Mir hat diese Arbeit gleichermaßen Freude und Sorgen beschert.

Ich meinte, daß es üblich ist, Theater und Politik zu vergleichen. Ist ein Politiker immer ein Schauspieler?

Ich erinnere mich, wie ich während der Algerienkrise die Rede de Gaulles vom Eiffelturm hörte. Diese auf Französisch gehaltene Rede dauerte zwölf Minuten. Ich habe im Radio einen englischen Sender gesucht, wo man begann, sie auf Englisch wiederzugeben, als die französische Rede noch lief. Ich versuchte mir vorzustellen, wie sie diese Übersetzung gemacht haben. Doch besonders erinnere ich mich an de Gaulles Stimme. Die Stimme Charles de Gaulles war so eine mächtige Stimme wie in Frankreichs Glanzzeit, dem 19. Jahrhundert. Wäre ich böswillig, würde ich „theatralisch" sagen. Aber ich konnte dieses Theatralische nicht empfinden, ich nahm einen großen Menschen wahr.

Doch der Vergleich mit dem Theater ist nicht ganz unzutreffend, denn der Staat als Ganzes setzt auch einen Regisseur voraus.

Der Staat muß nämlich eine seinem Inhalt entsprechende Form annehmen. Wir können sagen, daß Estland gerade so groß ist, um als europäischer Staat gerade noch zu funktionieren. Aber man kann auch das Gegenteil behaupten: daß es so klein ist, daß es in Europa nicht als Staat funktionieren kann. Ich lasse solche Witze wie San Marino, Andorra und einige andere beiseite. Sogar Liechtenstein, das durch verschiedene, vor allem kulturgeschichtliche Faktoren zustandegekommen ist, oder – wenn es mir nicht übelgenommen wird – auch Luxemburg. Ich will sagen, daß Estland an einer solchen Grenze liegt. Es muß wahrnehmen, daß es klein ist und nicht übermäßig viele Paraden geben kann, denn das würde doch ein wenig komisch aussehen. Besonders wenn man im Auge behält, daß seine Verteidigungskräfte noch kleiner sind, als die Kleinheit unseres Staates das voraussetzt. Er muß sich genau erkennen, um beim Betreten der politischen Bühne seine Rolle präzise auszuführen. Aber das ist ein kollektiver Prozeß. Hier kann man auf keinen Politiker mit dem Finger weisen und ihm sagen: Du bist verwantwortlich für die Regie. Natürlich haben wir in der russischen Zeit schrecklich viele einfache Sachen vergessen. Auf einer Politikerversammlung habe ich mal gesagt: Obwohl es nicht im Grundgesetz steht, daß die Hose zugeknöpft sein muß, versteht sich das doch von selbst. Das Grundgesetz gibt keine Antwort auf Fragen, die zu elementar sind. Die Vermittlung des Gefühls, daß wir alle die Pflicht haben, den Staat nach unserem Antlitz zu formen, das ist eigentlich die Aufgabe Gottes.

Werden Sie auch für die zweite Amtsperiode kandidieren?

Das ist jetzt diese 100-Dollar-Fage ... Darauf werde ich antworten, wenn ich am Leben bin und noch achtundvierzig, vierundzwanzig oder nur zwölf Stunden Zeit für die Antwort habe. Warum sollen wir der Zeit vorauseilen?

Hat man Sie, sei es auch nur indirekt, zur Teilnahme an internationalen politischen Organisationen aufgefordert?

Ja, natürlich.

Wollen Sie nicht präzisieren? Oder tun Sie auch das erst, wenn Sie nur noch 48 Stunden Zeit haben?

Das waren Privatgespräche, Erkundungen. Es wäre wohl nicht korrekt, jetzt davon zu sprechen. Ich müßte dann alles aufzählen, und sollte ich etwas vergessen, könnte das zufälligerweise – ich unterschätze nicht die Größe der Zuhörerschaft von „Radio Free Europe" – falsch ausgelegt werden.

Würde Sie das interessieren? Oder würden Sie es vorziehen, zu Ihren Kunst und Wissenschaft synthesierenden Beschäftigungen zurückzukehren?

Das würde mich natürlich interessieren. Wie war das – „Kunst und Wissenschaft synthesierende Beschäftigung" ist schließlich der Ball gewesen, den die russische Zeit mir zugeworfen hat. Ich kann nicht sagen, was aus mir geworden wäre, wenn diese Zeit nicht gekommen wäre. Oder wenn ich in den Westen emigriert wäre. Vielleicht wäre ich ein erfolgreicher Kaufmann geworden, würde jetzt irgendwo im Staat Illinois „Fords" verkaufen oder wäre auf irgendeine andere Art glücklich und von Zeit zu Zeit unglücklich, wenn mir das grüne Erlengebüsch in der Flußwindung von Taevaskoda[22] einfiele.

Wie würden Sie das eigenartige Paradoxon kommentieren, daß die meisten der Leute, die eng mit Ihnen zusammengearbeitet haben, Sie später mit einem gutem Wort bedacht und Sie als eine charismatische, außerordentliche Persönlichkeit beschrieben haben und die mit Ihnen verbrachte Zeit im geistigen Sinne für sich sehr nützlich und fruchtbar halten? Trotzdem ist es eine Tatsache, daß beispielsweise die Pressesekretäre in Kadriorg sehr häufig wechseln.

Auch vor der Verabschiedung des Sprachgesetzes habe ich es für wesentlich erachtet, daß wir alle Reichtümer der estnischen Sprache benützen. Als ich heute Morgen nach dem Erdbeben in Japan den Text gelesen habe, demnach ich „vom Erdbeben schockiert" war, habe ich dazugeschrieben, daß ich in diesem Hause die Kenntnis des Estnischen verlange. Wenn wir es hier nicht können, bleibt uns nur übrig, an die Sorbonne umzusiedeln und dort die sieben französischen Estophilen im Estnischen zu unterrichten.

Es haben drei Pressesekretäre gewechselt, und ich muß sagen, daß sie alle in verschiedenen Bereichen sehr tüchtig waren. Ich bin bisher dankbar, daß mein erster Pressesekretär – nachdem er gegangen war und sich frei gefühlt hat – ein bezauberndes Interview gegeben hat, in dem er mir vorwarf, daß ich im Hause herumgehe, den Schraubenzieher in der Hosentasche. Das entspricht der Wahrheit! Ich habe dreimal gesagt, man müsse die Paradetür in Ordnung bringen. Danach habe ich selbst den Schraubenzieher genommen und mich an die Arbeit gemacht. Dann sind alle losgelaufen. Ich vermute, daß ich manchmal in diesem Sinne ein ziemlich unbequemer Mensch bin. Aber ... Sie haben ja gesehen, daß ich versuche, mich zu bessern!

Wie beschaffen Sie sich die Informationen, auf welcher Grundlage? Ganz konkret, was lesen, hören, sehen Sie?

Ich lese sämtliche estnischen Zeitungen.

---

[22] Ortschaft in Süd-Estland.

Meine Nachtstunden sind ziemlich spannend, wenn ich beobachte, wie gegen Ende des Tages vom Osten her immer genauere Zusammenfassungen der Nachrichtenagenturen kommen. Natürlich muß man bei jedem Problem abwägen, inwieweit es Estland betrifft. Nehmen wir beispielsweise diese Flugzeugentführung, die in Algerien begann und in Marseille endete. Dieses Ereignis hat die französische Gesellschaft aufgerüttelt, und plötzlich hat Frankreich begriffen, daß das, was in Nord-Afrika und auf dem Mittelmeer vorgeht, es direkt und vielleicht sogar gefährlich angeht. Die Aufmerksamkeit Frankreichs hat sich brüsk nach Süden gewandt, und folglich dem Norden den Rücken zugewandt. So auch der Ostsee, also auch den baltischen Staaten.

Daran muß man ja denken, das muß augenblicklich und instinktiv sein.

Jeden Tag finden im öffentlichen Leben Estlands Ereignisse statt, deren Veranstalter es gerne sehen würden, daß Sie sie mit Ihrer Anwesenheit beehrten. Wie treffen Sie die Wahl?

Das ist seltsamerweise eine der schwierigsten Arbeiten in diesem Hause. Ich glaube, daß vor dem Kriege in diesem Bereich irgendwelche einfachen und betriebssicheren Protokollregeln gegolten haben. Diese Regelung haben wir vergessen, und dieser Bereich ist völlig ins Kraut geschossen. Ich freue mich sehr, daß diese Arbeit jetzt hier vom Kolonellieutenant Eero Riuttala geleitet wird, der lange Zeit Lehrkraft an der finnischen Kriegsschule gewesen ist und in guten Beziehungen zu den Adjutanten des finnischen Präsidenten steht. In Finnland und im übrigen Skandinavien gehört das gerade zu den Aufgaben der Adjutantur – das Gewicht dieses oder jenes Ereignisses einzuschätzen und die auf einen Tag fallenden dreißig oder vierzig Veranstaltungen zu sondieren. Man muß auch berücksichtigen, daß man mir Zeit lassen muß für das Schreiben der Rede. Und manchmal kommt auch eine schreckliche Sehnsucht danach auf, ein Buch in die Hand zu nehmen und zu lesen. Dieses Organisieren der Zeit bedeutet eine hierarchische Analyse: unterscheiden zwischen wichtig und noch wichtiger. Wir vergehen uns ununterbrochen dagegen. Rein menschlich.

Mir ist beklommen zumute, daß die Freunde, die ich vierzig Jahre lang gekannt habe, mit denen ich auf Geburtstagen zusammengesessen und angestoßen habe, verschwunden sind. Nicht, daß sie aufgehört hätten, Freunde zu sein, aber in diesem großen Karussell kennen meine Kollegen-Mitarbeiter keine Geburts- und andere Gedenktage. Ich sehe auch sehr selten meine achtjährige Tochter, meine Söhne und deren Kinder. Vor allem sind wir ja doch Menschen.

Das habe ich ja vorhin gefragt: Sind Sie ein Mensch oder „Stimme des Staates"?

Genau! Der Staat schläft nicht. Sobald er einschläft, hört er auf zu sein.

Und zum Abschluß: Wen von den dreien würden Sie auf eine einsame Insel mitnehmen: die heutige Zusammensetzung der Staatsversammlung, die Regierung oder die unabhängige Presse Estlands?

Ich würde eine Schwimmprüfung veranstalten und die mitnehmen, die gut schwimmen können. Denn eine einsame Insel hört auf, eine einsame Insel zu sein, wenn sie überbevölkert ist.

Estlands Koordinaten

Rede an der Universität Turku, 17. Mai 1995

Herr Präsident, Frau Ahtisaari, Herr Kanzler, meine Damen und Herren!

Hier, vor der akademischen Universitätsfamilie, habe ich beschlossen, über Koordinaten zu sprechen. Bei der Messung des großen Meridianbogens zwischen Tornio und der Donau in der Zeitspanne 1816-1855 haben sich die Geodäten auf den Sternwarteberg von Helsinki, auf die Südspitze von Porkkala, auf die nördliche Landzunge von Naissaar und auf die Nikolaikirche in Tallinn gestützt. Die Koordinaten des Kreuzes der Nikolaikirche in Tallinn, die den Seefahrern geweiht ist, sind 59° 26' 14,679'' nördlicher Breite und 24° 45' 00,216'' östlicher Länge. Eine Hauptstadt wurde in Relation zur anderen Hauptstadt bestimmt, und die Lage beider in Relation zur Welt ist präziser geworden. Das in Relation zu Washington, Paris, Berlin und Petersburg mit 30 cm Genauigkeit bestimmte goldene Kreuz der Nikolaikirche hat in Friedenszeiten einen präziseren Schiffsverkehr, also Verkehr, und zu Zeiten des Freiheitskrieges der Republik Estland ein präziseres Kanonenfeuer, also Selbständigkeit, gesichert. Die Effektivität des Staates hängt von der genauen Wahrnehmung des staatlichen Zeitraums ab.

Ein paar hundert Jahre vor der Messung des großen Meridianbogens von Tornio machte sich aus Holstein der Botschafter Olearius auf den Weg nach Persien. Zu seinen Begleitern gehörte die „mächtige Kanone" der deutschen Barockdichtung, Paul Fleming. Auch die den Glanzzeiten der Hanse folgenden Straßen aus West-Europa nach Zentral-Osten sind damals über Reval/Tallinn verlaufen. Dieser bemerkenswerten Reise ist ein durch seine schönen Bilder bekanntes Buch und als Nebenprodukt eine Handvoll von Gedichten gewidmet, in denen unter anderem auch die Eichenhaine auf der Kopli-Nehrung zu Tallinn, dem im XIII. Jahrhundert gegründeten ältesten Naturschutzgebiet Estlands, besungen werden.

Als der Estnische Schriftstellerverband in den 70er Jahren einen Auszug aus Olearius Buch publizieren wollte, wurde das von der sowjetischen Zensur verboten. Dem Text aus dem XVII. Jahrhundert sind die Koordinaten verhängnisvoll geworden: Im totalitären Regime durften Estland und seine Hauptstadt keine Koordinaten haben, mit anderen Worten, keine Beziehung zur übrigen Welt, insbesondere nicht zum Sternwarteberg in Helsinki. Das wird Ihnen seltsam vorkommen, und natürlich ist das eigenartig, doch vor allem auch logisch. In Kenntnis dieser und ähnlicher Details, sammelten und analysierten wir sie lange vor dem Pentagon und sind zum Schluß gekommen, daß das sowjetische Totalitärregime viel schneller dem Untergang geweiht ist, als man das in demokratischen Staaten, Finnland miteinbezogen, annahm. Das totalitäre Regime kann effektiv Satelliten produzieren, die euphemistisch Sputniks genannt wurden, doch nur auf Kosten der Verlängerung seiner Agonie. Das totalitäre Regime kann sich nicht reproduzieren. Ältere Generationen unter Ihnen haben auf die eine oder die andere Weise das besetzte Estland besucht. Es ist Ihnen nicht entgangen, daß die Esten sich über das Fehlen der Selbständigkeit, der Freiheit, vielleicht auch des Paulig-Kaffees, über das Verbot von Olearius oder der durch Arvo Krikmann[23] elegant zusammengestellten estnischen Sprichwörter, also über die Unterdrückung der nationalen Selbsterkenntnis beklagt haben. Doch ebenso wird Ihnen nicht der dem Westen unverständliche Optimismus entgangen sein: In den Augen von Esten ist der sowjetische Totalitarismus etwas Vorübergehendes gewesen. Er war grausam und gefährlich, er hat ein Viertel unseres Volkes vernichtet, er wurde gefürchtet, doch noch mehr wurde über ihn gelacht. Nie zuvor in der Geschichte hat Estland eine solche Menge von Witzen mit beißender Ironie hervorgebracht, vor denen sich der Staat mit dem größten Kernwaffenpotential der Welt als völlig hilflos erwies. Die Hexenprozesse haben nichts geholfen, die schon im Mittelalter mehr Menschenleben forderten als die Kriege, in der ehemaligen Sowjetunion insgesamt über siebzig Millionen. Der verzweifelte und doch sorglose und selbstsichere Optimismus wurzelte in der genauen Kenntnis unserer Koordinaten, und das sind europäische Koordinaten gewesen.

2.

Kadriorg, wo der estnische Präsident arbeitet, liegt am Meer. Diese Küste, die ganze nordestnische Küste, ist übersät mit erratischen Felsblöcken aus der letzten Eiszeit, und etwa Porvoo gegenüber, in der Nähe eines kleines Fischerdorfs, haben die Geologen den Ursprung eines jeden Steins festgelegt: von Saariselä, von der Küste, von Tütarsaar. Und umgekehrt: gestern abend hat der Präsident Martti Ahtisaari mit großer Wärme und Anerkennung von der schnellen Wiedervereinigung Estlands mit den demokratischen Grundwerten und der freien Marktwirtschaft West-Europas gespro-

---

[23] Estnischer Folklorist.

chen. Ich betrachte es hier, an der Universität von Turku, als selbstverständlich zu betonen, in wie großem Maße wir dem Volke Finnlands, seinen Politikern und seiner Regierung Dank schuldig sind für die Unterstützung, die Estland bei jedem Schritt hat spüren können.
Um zu den Koordinaten zurückzukehren, würde ich noch ein Detail hinzufügen. Das staatliche Abendessen, das so schön vom Männerchor der Studentenschaft mit finnischen, samischen und estnischen Weisen abgeschlossen wurde, hat auf der Südspitze von Vironniemi[24] stattgefunden, denn gerade auf der „estnischen Landzunge" liegt das Schloß des finnischen Präsidenten. Symbole wie Felsblöcke leben ihr ewiges Leben, geduldig wartend, bis sie zu Wort kommen.

3.

Der Finnische Meerbusen ist die Achse unseres Lebens, hat ein finnischer Forscher gesagt, und heute wäre es angebracht beizufügen: Seine Küsten sind Spiegelbilder.

Von der finnischen Seite aus betrachtet ist Estland mit seiner neueren Geschichte gerade das, was Finnland selbst hätte im schlimmeren Fall sein können.

Von der estnischen Seite aus betrachtet ist Finnland das, was Estland hätte im besseren Fall sein können.

Hätte die Führung des finnischen Staates im November 1939 weniger Mut und das Volk weniger Selbstvertrauen gehabt, wäre es Finnland genauso schlimm ergangen wie Estland 1940.

Wir werden nie erfahren, was aus Estland hätte werden können, wäre es den finnischen Weg gegangen. Heute bedauern wir alle, daß Estland das nicht getan hat.

Für Estland war und ist Finnland vor allem ein nachahmenswertes Vorbild. Für Finnland ist Estland ein warnendes Vorbild und eine sehr überzeugende Rechtfertigung der neueren Geschichte Finnlands.

4.

In Finnland gibt es fast von allem mehr als in Estland: Wohlstand, Stabilität, Gesetz, Ordnung und Arbeitslosigkeit.

In Finnland gibt es auch bedeutend mehr eingearbeitete Staatlichkeit, in Estland dagegen noch weniger als 1939. Die Verstärkung der Staatlichkeit, oder besser gesagt der Aufbau des Staates, ist unsere schwerste und dringendste Aufgabe. Wir müssen nur Sorge

---

[24] dt. „estnische Landzunge".

tragen, daß diese dringende Arbeit parlamentarisch und nicht panisch getan wird.

Die Hilfe Finnlands, die Hilfe des finnischen Parlaments, der Ministerien, Selbstverwaltungen, Armee, Schulen und Kinder, die Hilfe des finnischen Präsidenten ist in dieser Sache unschätzbar gewesen.

Es gibt doch etwas, woran Estland nicht ärmer ist als Finnland. Unsere Hoffnung ist wohl nicht mehr so regenbogenfarbig wie zu Zeiten der singenden Revolution, aber erloschen ist sie nicht. Der Glaube an eine bessere Zukunft ist nicht kleiner als in Finnland, vielleicht sogar größer. Der Tatendrang ist ausreichend. Die Dynamik der Veränderungen wird bei uns wohl schneller sein. Es ist spannend in Estland.

5.

Die Sicherheit ist eine Substanz mit komplizierter Zusammensetzung, von der es außerdem noch mehrere Sorten gibt. In Finnland ist dieser teure Stoff sorgfältig produziert worden, und bis heute haben Sie beneidenswerte Vorräte angelegt. Estland ist von dieser Produktionssphäre ein halbes Jahrhundert fern gewesen. Alle anderen Waren sind in Estland frei zu haben, und das Brudervolk kann sie bei uns auf Wunsch stoßweise kaufen und tut dies auch. Doch der Mangel an Sicherheit hält an. Daher kann sich Estland nicht eine solche Lauheit bezüglich der NATO leisten wie das an Sicherheit bei weitem reichere Finnland.

Und dennoch hat ein Kleinstaat nie zu viel an Sicherheit. Und dieser Sicherheit gegenüber, die von der EU reichlich, obwohl indirekt, geboten wird, konnte auch Finnland sich nicht gleichgültig verhalten, und für Estland stellt das die Priorität unserer Außenpolitik dar.

6.

Die Welt integriert sich überall, und wir mit ihr. Wir wissen und glauben – einige auch nicht – , daß das Vorteile und Unannehmlichkeiten mit sich bringen wird.

Das erhöht die Sicherheit und verbessert den Wohlstand, aber im Herzen nagt ein Zweifel. Was wird aus unserer Lebensart und Sprache werden, aus unseren zwei kleinen Inseln im ungeheuren indoeuropäischen Ozean, der uns aus allen Himmelsrichtungen umspült? Wie soll man sich selbst treu bleiben inmitten so vieler anspruchsvoller Freunde? Wenn das Friedensreich der EG plötzlich einzieht, werden wir dann nicht für ewig darin einschlafen?

Die Wahrheit lautet: Wir haben keine Wahl. Das ist eine Unvermeidlichkeit. Unvermeidlichkeiten kann man lenken und verbessern. Hier können wir einander unterstützen, helfen, sogar schützen. Die Erfahrungen im Überleben kann Estland auch mit anderen teilen.

7.

Die Finnen haben sich daran gewöhnt, daß Finnland ein Staat ist. Finnland verfügt über eine jedem Staat eigentümliche Trägheit. Der finnische Staat bewegt sich gleichmäßig, der estnische Staat muß immer den Gang wechseln. Und doch wissen wir beide, daß ohne einen eigenen Staat unsere Völker keine Zukunft haben.

Zugleich müssen wir zugeben, daß unsere Staaten außerhalb der Staatenunionen keine Zukunft haben. Die heutige Welt ist eben so und unser Erdteil ganz besonders. Wenn es so ist, dann ist unser Platz natürlich in der bestmöglichen Union, in den bestmöglichen Unionen. In der bestmöglichen Welt. Theoretisch gibt es sicher bessere Unionen, doch eine bessere Welt kann ich Ihnen nicht anbieten.

Die Geschichte lehrt uns, daß alle wirtschaftlichen, politischen und militärischen Staatsunionen im Vergleich zum Lebensalter von Staaten relativ kurzlebig und veränderlich sind. Wenn eine Staatsunion sich lange halten will, hat sie aufgrund der bisherigen Geschichtserfahrung nichts anderes zu tun als ein Staat zu werden, wenigstens eine staatsähnliche Struktur.

Wie man sich in dieser sich verstaatlichenden Union zurechtfindet, wie man ihre eventuellen Vorteile ausnützen und Nachteile vermeiden kann, das wird eine der gemeinsamen und interessantesten Sorgen unserer kleinen Staaten sein. Geteilte Sorge ist halbe Sorge. [...]

8.

Ein Kleinstaat hat dennoch Vorteile. Ein Kleinstaat wie Estland ist mobiler im Umgestalten seiner Wirtschaftsstrukturen. Wie ein Eskimokajak kann er sich sofort wenden. Ein Supertanker mit seiner immensen Trägheit hat dafür acht Seemeilen nötig, was im geschichtlichen Zeitraum fatal werden kann. Was für ein bezauberndes Thema zum Erörtern – Zeit und Raum im Verhältnis zur Bevölkerungszahl und Fläche des Staates! Wie beim Elefanten oder Walfisch schlägt das Herz eines Großstaats langsamer, in Walfischsekunden haben Kleinstaatstunden oder -wochen Platz. Ein Kleinstaat besitzt auch andere Vorteile: Er kann offen und freundlich von einfachen Sachen reden, über die ein Großstaat die Nase rümpfen würde. Der

Zauber eines Kleinstaats liegt in seiner Durchsichtigkeit: Jeder kennt jeden. Im durchsichtigen Kleinstaat sind immer die Grundsätze sichtbar, die in der Anonymität des Großstaates samt Ursache und Folge zu verschwimmen drohen. Die Botschaft Estlands an die Welt ist einfach: Mit Grundsätzen schachert man nicht. Diese scheinbar moralisierende Botschaft ist alles andere als blauäugiges Moralisieren, sie ist eine ziemlich realpolitische Erfahrung, wenn Sie es so lieber mögen. Der Verrat an Grundsätzen schafft wohl Erfolg und Leben für einen Tag, doch der nächste Tag oder die nächste Generation muß dafür einen mehrfachen Preis an Erfolg und Leben bezahlen. Ich versuche, meine Behauptung anhand der jüngsten Geschichte zu beweisen. Bosheit kann man nicht mit Bosheit im Bunde bekämpfen. In Teheran und Jalta wurde die Selbständigkeit Estlands, Lettlands und Litauens, aber auch Polens und anderer mitteleuropäischer Gebiete geopfert. Doch mit dem Ablegen seiner Prinzipien in Teheran und Jalta hat Roosevelt vor allem seine eigenen Bürger geopfert: Amerikaner, und all diejenigen, die ihr Leben in Korea, Vietnam, Kambodscha, Laos, Berlin, Budapest, Prag, Polen, Indonesien, Kuba, am Afrikanischen Horn[25], in Angola, Nicaragua, Afghanistan, Bosnien-Herzegowina und Tschetschenien verloren haben. Die Folgerung, vor der wir so bemüht die Augen verschließen, ist einfach und grausam: Ein einmal verratener Grundsatz löst den Dominoeffekt aus, dessen Stoppen schwerer und opferreicher ist als den Grundsätzen treu zu bleiben. Heute sprechen wir vom Frieden und der Stabilität und versuchen die Tatsache zu übersehen, daß dem Zweiten Weltkrieg schon der Dritte gefolgt ist, der auch heute noch in Europa, Asien und Afrika weitergeht. Präsident Franois Mitterand, in dessen Person eines der Symbole Europas heute die Bühne verläßt, hat in seiner kürzlich in Berlin gehaltenen Rede gesagt: „Europa hat sich selbst besiegt." Das ist richtig, auch wenn sich zum ersten Mal ein großer Teil Europas zusammengetan hat zum Schutz des größeren Teils der europäischen Grundsätze. Aus dem letzten Satz lugt der Schnappschuß eines europäischen Photoreporters, der schon zum nächsten Schritt ausholt. Ist das Bein ausgestreckt, um einen weiteren Schritt zur Erweiterung der Insel der Demokratie zu tun, zum Umfassen aller Grundsätze Europas in ihrer Unteilbarkeit? Oder ist das Bein in der Luft erstarrt, um auf sicherere Zeiten für Europa zu warten? Ob wir uns auf ein oder zwei Beine stützen? Dieser an die Staatshäupter gerichtete testamentarische Satz Mitterands ruft die Könige auf zuzugeben, daß sie vielleicht nackt gewesen sind; aber vielleicht liegt in diesem Satz auch die bittere

---

[25] Somalia.

Erkenntnis verborgen, daß niemand mehr, sogar die Kinder nicht, sich über dieses Nacktsein wundert. Der Wille, die Moral und die demokratischen Grundsätze Europas stehen vor einer harten Probe. [...]

Einen Staat wiederherzustellen ist leichter als einen Menschen

Interview mit Seppo Kuusisto in Nuckö, 25. August 1995

Herr Präsident, ist der Beschluß der estnischen Regierung 1939 die einzige Möglichkeit gewesen? Hätte Estland auch in hoffnungsloser Lage Widerstand leisten müssen?

Es ist immer schlecht, von der Geschichte zu sprechen, denn das ist nachträgliche Weisheit. Dennoch bin ich überzeugt, daß eine gute Politik die Möglichkeit gewährleistet, zwischen einer schlimmen und weniger schlimmen Lösung zu wählen. Estland hat sich so verhalten, als hätte es keine Wahlmöglichkeit gehabt. Daraus folgt, daß es eine unprofessionelle Außenpolitik hatte. Die Frage hat auch eine andere Seite: Hätte man den Staat auch dann verteidigen sollen, als es hoffnungslos war? Doch was bedeutet „hoffnungslos"? Wenn ein Volk als Staat leben will, hat es die Verpflichtung übernommen, seinen Staat zu verteidigen. Wenn die Pflicht und Bereitschaft, seinen Staat zu verteidigen, stark betont sind, liegt die Sicherheitsschwelle umso höher, je kleiner die Aggressionsgefahr und je größer die Hoffnung ist. Ich will nicht über das Thema spekulieren: Was wäre gewesen, wenn ...? ...Wenn Finnland den Willen bekundet hätte, Estland im Herbst 1939 beizustehen? Ich will betonen, daß der Wille des Volkes und des Staates ein ernstzunehmender sein muß. Der Wille beugt Gefahren vor, der Verlust des Willens erhöht die Gefahren.

Ist die Situation Estlands 1939 mit der Lage Finnlands vergleichbar gewesen?

Wir können schon seit 1170 Finnland und Estland vergleichen, als wir den gemeinsamen Bischof Fulco hatten. Es gibt viele Vergleichsmöglichkeiten. Ich bin sicher, daß beispielsweise 1918-1920 Estland eine bessere Sozialpolitik hatte. Die Industrie in Estland und Finnland war damals gleich entwickelt, die sozialen Probleme waren ähnlich gespannt, die Bauern wurden in gleicher Weise von Landlosigkeit geplagt. Wenigstens in dieser Zeit ist die estnische Sozialpolitik professioneller gewesen als die finnische. Wir konnten während des Freiheitskrieges und außerdem durch die Landreform dem Volk eine überzeugende Motivation liefern. Das kleine Estland mit einer Million Einwohnern beendete den Krieg in einer Situation, in der es 110.000 Mann unter dem Banner hatte, wobei es an zwei Fronten gekämpft und gesiegt hat. Und jeder Mann wußte, wofür er kämpft.

Also hat es Zeiten gegeben, in denen Estland eine bessere Politik betrieben hat als Finnland. Es scheint, als wäre die schwache oder schwächere Seite Estlands seine Außenpolitik gewesen. Vielleicht deshalb, weil Estland provinzieller als Finnland war, sich die große Welt ähnlich wie Estland vorstellte und die politische Landschaft der Welt nicht mit einem Blick umfassen konnte. Umfassen und verallgemeinern. Beim Treffen einer politischen Entscheidung neigt der Este zur Frage: Aber was habe ich davon? Die Frage des Finnen hat einen anderen Akzent: was hat Finnland davon? Die Selbständigkeit ist dem Esten und dem Finnen gleich lieb. Doch der Este, gestriger Bauer, heutiger Intellektueller oder Journalist, neigt zum Zweifel, ob die Selbständigkeit ihm nicht plötzlich zu teuer zu stehen kommt. Er würde einen billigeren Schlag Selbständigkeit vorziehen, wenn er dafür mehr Geld in der Tasche behalten könnte. Dagegen sagt die historische Erfahrung des Finnen ihm: Die Selbständigkeit ist die einzige und also die billigste Art und Weise für das Bestehen des Volkes. Ich kehre zu Ihrer ersten Frage zurück. Die Formulierung ist nicht richtig. Die Frage beinhaltet schon die Antwort: Niemand macht etwas, was hoffnungslos ist. Doch hoffnungslose Zustände gibt es nicht. Das wäre sogleich klar geworden, wenn wir unsere Pflicht dem estnischen Staat gegenüber erfüllt hätten. Das hätte die Tür der Hoffnung geöffnet.

Herr Präsident, wie ist es den Esten gelungen, die Hoffnung auf die Rückgewinnung ihres Staates beizubehalten? Hat es Augenblicke gegeben, in denen die Esten die Hoffnung aufgaben?

Als Estland die eine oder andere Schlacht verlor, hat es schwere Momente erlebt. Aber ich glaube nicht, daß Estland je gespürt hat, daß es den Krieg verloren hat. Die ganze estnische Kultur ist voll von verrückter, selbstaufopfernder Hoffnung: „Einmal wird die Zeit kommen ..." Das hat der Provinzarzt Dr. Kreutzwald[26] im vergangenen Jahrhundert im Epos „Kalevipoeg" aufgezeichnet. Er war nicht gerade ein guter Schriftsteller. Er hat den Kalevipoeg furzen lassen, als der Held des estnischen Epos gerade Erbsensuppe gegessen hatte. In der total verschiedenen kulturellen Umwelt der Tschuktschen oder Eskimos wäre das üblich gewesen, doch wird der Provinzarzt die arktischen Kulturen kaum gekannt haben. Trotzdem ist er ein ausgezeichneter Aufklärer und hingebungsvoller Pädagoge gewesen und hat das Volk gekannt. Die sowjetische Besetzung hat dem „Kalevipoeg" die Rolle zurückgegeben, die er zu Kaisers Zei-

---

[26] Friedrich Reinhold Kreutzwald (1803-1882), estnischer Schriftsteller und Arzt, Verfasser des Volksepos „Kalevipoeg" (1853).

ten spielte: den Glauben und eine fast sorglose Selbstsicherheit. Nie sind in Estland so viele staatswidrige Witze erzählt worden wie zur russischen Zeit. Der Este hat den ganzen Aufwand der Parteiplenarversammlungen, Manifestationen, Maiskampagnen oder Wandzeitungen von der Seite betrachtet oder wenigstens geglaubt, daß er es vermocht hat, ein unbeteiligter Zuschauer zu bleiben.

Herr Präsident, ich habe Sie einmal gefragt, wieviel überzeugte Kommunisten es in Estland gegeben hat, und damals haben Sie geantwortet: Mag sein, ein Dutzend.

Ein Dutzend von wem?

Ein Dutzend von Leuten, die dem sowjetischen System treu waren.

Es wäre genauer, sie Gläubige zu nennen, die im Namen des Glaubens auf den Scheiterhaufen zu gehen bereit waren. Und, wohlgemerkt, sie haben den Scheiterhaufen der Barrikade vorgezogen. Sprechen wir vom fanatischen Glauben wie in Persien oder von der rationalen Weltanschauung wie in Europa? In beiden Fällen sprechen wir von Extremen. Ich glaube nicht, daß ich jemals einem rechtgläubigen Kommunisten begegnet wäre. Die statistische Logik gestattet vorauszusetzen, daß es einige auch in Estland geben sollte. Zugegeben, daß dem so ist. Doch das Problem liegt in der politischen Neigung unseres nicht sehr raffinierten Bauernvolkes zu Kompromissen. Äußerlich scheint der Kompromiß sehr anziehend. Er stellt sich immer die Aufgabe, die Macht so zu betrügen, daß man ihr so wenig wie möglich nachgibt und so viel wie möglich bewahrt zum Besten dessen, was man als das Interesse des Staates und Volkes auffaßt. Im Namen dessen sind viele bereit gewesen, der KP beizutreten, naiv hoffend, daß sie, wenn sie den totalitären Machtapparat in ihrem Interesse einsetzen, ihr Ziel und das unabhängige Denkvermögen beibehalten können. Den meisten gelang es eine kurze Zeit, den Begabten gelang es eine längere Zeit, doch keinem gelang es bis zum Ende. Die Partei war die totale Macht, deren erste Aufgabe darin bestand, das Denkvermögen des Individuums zum Schießpulver der Partei zu mahlen. Ich spreche von der statistischen Mehrheit, von typischen Fällen. Daneben hat es im kleinen Maße zweierlei Ausnahmen gegeben:

Erstens, die „Quislings" der 40er Jahre, die mit dem Geld der Dritten Internationale nach Estland geschickt wurden, um Agenten zu werben und den sowjetgesinnten Staatsstreich vorzubereiten. Sie waren professionelle Terroristen oder vorbildlich geschult, wie etwa John Reed, der bei der Ankunft in Petersburg etwas mehr als eine

Million Dollar Vorschuß für das Buch bekam, das den bolschewistischen Staatsstreich verherrlichen sollte. In Estland sind Säre, Unt[27] und noch einige von diesem Schlag diejenigen gewesen, die bereit waren, ihre Hände mit Blut zu besudeln. Genauso wie die „Himmlers" in Deutschland. Die Kommunisten hatten keine Basis unter Arbeitern und Bauern. Die Figuren der dritten Internationale zusammen mit den estnischen „Quislings" haben ihre Aufmerksamkeit auf die estnischen liberalen Intellektuellen gerichtet.

Hier müßte man sich an die französischen und englischen Intellektuellen mit viel größeren politischen Erfahrungen erinnern, die auf dem glitschigen Boden der Kompromisse ausglitten: Henri Barbusse, Graham Greene, Romain Rolland und all die anderen. Sie waren in Estland bekannt und hatten Anhänger. Sie waren keine Kommunisten und auch keine Linken. Sie waren überzeugt, daß die Macht und der Geist oder der Staat und die Schöpfung unversöhnliche Antipoden sind. Als die Schere der sowjetischen Zensoren sie in die Zeiten der Inquisition zurückwarf, war es schon zu spät zu begreifen, wie tragisch sie die Bürgerrechte unterschätzt hatten. Diejenigen, die den Zensor nicht übertölpeln konnten, sind der Versuchung verfallen, sich durch politische Mittel zu verwirklichen. Oder zu schweigen. Wir werden nie erfahren, wie viele Schriftsteller in der Besatzungszeit ungeboren blieben.

Nur wenige und die Begabtesten konnten auf dem Papier, im Konzertsaal, auf dem Filmstreifen oder der Leinwand sich selbst treu bleiben. Im Botschafterzimmer des Schlosses Kadriorg hängt ein großes Gruppengemälde[28]: sechs Männer haben sich um einen kleinen roten Tisch versammelt. Drei von ihnen haben die Gefangenschaft in Sibirien durchlitten, zwei haben unter fremdem Banner gegen die Sowjetunion gekämpft, einer hat als Mitgliedskandidat des ZK der EKP mitgeholfen, damit dieses Gemälde in den Ausstellungssaal kommen konnte und zu guter Letzt noch ausgezeichnet wurde. Diese sechs Männer mit einem für Estland so gewöhnlichen Lebenslauf haben sich, um den Tisch des Präsidenten der Republik Konstantin Päts versammelt, malen lassen. Das Bild ist 1979 gemalt worden. Der Kreis ist groß geworden, doch habe ich die Frage beantwortet, wie die Esten die Hoffnung bewahren konnten. Dazu noch in der Lage, wo jeder Zwanzigste die Uniform der Sowjetarmee getragen hat.

---

[27] Karl Säre, Maksim Unt – estnische kommunistische Kollaborateure beim angeblich freiwilligen Beitritt zur Sowjetunion.

[28] Gemälde von Olev Subbi.

Worin hat die größte Gefahr der Sowjetzeit für die Esten gelegen? Ist es der Verlust ihrer Sprache, ihrer Kultur oder z. B. die Verbreitung der sowjetischen Gesinnung gewesen?

Mit der sowjetischen Gesinnung steht es so, daß es äußerst schwer ist, ihre Verbreitung zu verfolgen. Ebenso schwer, wie beim Rasieren vor dem Spiegel wahrzunehmen, daß eine Hautfalte hinzugekommen ist. Das ist so etwas, was man nicht Tag für Tag verfolgen kann. Am dramatischsten haben die Menschen gespürt, daß man auf den Straßen Tallinns, von Narva nicht zu sprechen, immer weniger Estnisch hören konnte. Immer seltener konnte man auf Estnisch seine Anliegen erledigen. Bei einem kleinen Volk ist die Sprache der wichtigste Träger der Identität. Sprache, Kultur, Musik, Architektur, Verhaltensweise, Küchenrezepte, wenn's beliebt, Tischsitten, Feiern von Geburtstagen oder Weihnachten – alles alltägliche, einfache und spürbare Sachen auf der Straße oder dem Nachhauseweg. Du betrittst den Bus und hörst nur Russisch. Das ist besonders im Bus nach Nõmme aufgefallen: im rappelvollen Bus hat es vielleicht nur fünf oder sechs Russen gegeben, aber ihr unterschiedlicher Kulturhintergrund war so dominierend, so herrenvolkhaft, daß die Esten immer mehr von der Angst zusammengehalten wurden, daß ihr Volk kollektiv ausstirbt. Und daran schließt sich noch etwas an. Etwas, was ich jetzt sehr hypothetisch vorstellen werde. Noch länger als die Finnen haben die Esten an einem Ort gelebt. Estland hat eine Völkerwanderung nicht gekannt. In diesem Sinne unterscheiden wir uns von den Deutschen, Franzosen, Italienern oder Griechen, und das spürt man bei jedem Schritt. In Estland haben größere Steine, Quellen und Bäume ihre Legenden. Estland ist in dem Sinne viel intensiver durchwachsen, seine Wurzeln sind viel dichter als in Deutschland zu Zeiten der Gebrüder Grimm. Das Festklammern des Esten an seinen Boden kommt nicht nur davon, daß er diesen Boden mehr liebt. Er liebt den Boden, denn in seinem Boden ruhen die Gebeine von fünfzig oder hundert vorangegangenen Generationen. Der Este hat ein anderes, von Europa völlig verschiedenes Verhältnis zu seiner Landschaft. Und wenn es einem solchen Volk plötzlich einfällt, daß es die letzte Generation sein wird, dann ist es nicht mehr anonym oder statistisch, dann wird dies wie ein Überfall auf der Straße bei hellichtem Tag empfunden. Das ist ein sehr mächtiges Gefühl, das das Volk viel stärker zusammenhält als Parteiprogramme, Manifeste oder Losungen der Revolution „*liberté, égalité, fraternité*".

Welche Bedeutung hat Finnland bei der Bewahrung der estnischen Identität gehabt? Hat die Nähe Finnlands und auch die finnische Erfahrung darauf Einfluß gehabt?

Ich kann nie die Bedeutung Finnlands überschätzen. Ich weiß auch, wie wahnsinnig die russische Macht Angst vor der Nähe Finnlands hatte. In den 50er Jahren habe ich im Rundfunkhaus gearbeitet. Ein Grund, warum der Fernsehturm genau neben dem Rundfunkhaus und sehr schnell errichtet wurde, war die Hoffnung Moskaus, als erstes mit den Fernsehsendungen aus Tallinn zu beginnen und damit Finnland das osteuropäische SECAM-System aufzudrängen. Doch, wie immer, waren die Russen auch in dieser Sache ein wenig verspätet. Sie haben doch bemerkt, daß sie immer mit sehr lieben Entschuldigungen und schwitzend erst dann hereinkamen, als die anderen schon fertig waren.

Wurde Estland auch dadurch einigermaßen geschützt, daß Finnland das Fenster Estlands zum Ausland war, wodurch man via Ausland sehen konnte, was in Estland vorging?

Jawohl, aber was aus der Außenwelt Estland erreichte, war eine Einbahnstraße. Leider war es so, und in diesem Punkt schäme ich mich ein bißchen vor Europa. Was aus Europa nach Estland kam, war viel wertvoller, als das, was Europa aus Estland einführte. Wenigstens in Nordestland konnten wir den politischen Prozeß der Welt verfolgen, und am finnischen Beispiel den parlamentarischen Prozeß eines kleinen nordeuropäischen Staates. Wir sind immer anwesend gewesen, nur unsichtbar, und unsere Stimme konnte man hinter dem Eisernen Vorhang nicht hören. Die Stimmen von außen haben uns erreicht. Aber wir waren wie in einem versunkenen U-Boot. Man konnte selbst durch Hammerschläge kein Zeichen geben, daß wir alle am Leben und relativ gesund sind. Nur das Periskop hat aus dem Wasser geragt. Und trotzdem war es außerordentlich wichtig. Ich bringe ein einfaches Beispiel: Die russische Zensur und der russische Eiserne Vorhang und all die Vorschriften, die galten und so komisch waren, da sie immer detaillierter wurden, haben nicht zugelassen, Bilder von negativen Politikern zu veröffentlichen. Estland war das einzige Volk in der ganzen Sowjetunion, das wußte, daß Lech Walesa einen Schnurrbart hat. Das ist ja wirklich ein komisches Beispiel?! Aber versuchen Sie sich vorzustellen, was es bedeutet, wenn der Mensch beim Hören eines Namens sich das Gesicht, Lächeln, Gesten, Gedankengänge eines anderen Menschen vorstellen kann. Welch eine tiefe Grenze hat die Esten von den Millionen getrennt, denen Lech Walesa eine abstrakte Gestalt, eine Idee geblieben ist. Das ist ein immenser Unterschied.

Welche Rolle spielten Estland und die anderen baltischen Staaten beim Zersetzen des russischen Imperiums? Beeinflußt die Erinnerung an diese Rolle Estlands irgendwie die estnisch-russischen Beziehungen heute?

Estland war ein Schlaumeier. Estland will nicht unter den Ersten sein. Estland ist so klein, daß es nur auf Nummer Sicher gehen kann. In den Literaturzeitschriften und bald auch in den Zeitungen Moskaus waren schon eine zeitlang kosmetologische Rezepte erschienen, wie man das abgemagerte Pferd des Marxismus auf Hochglanz bürsten kann. Meine supergebildeten merkwürdigen Kollegen in den Vereinigten Staaten nennen das die erste Stufe von „Perestroika", deren alchimistisches Wundermittel den Namen *„uskorenije"* trug, anders gesagt – man sollte irgendwie schneller arbeiten, damit sich etwas ändert. Den Esten war zu der Zeit schon die Gefahr bewußt, in der eigenen Heimat eine Minderheit zu werden, so daß sie mit ihrem kärglichen Schießpulver sehr sparsam umgehen mußten. Und als sich dann herausstellte, daß die russische Wirtschaft wirklich vor dem Einsturz stand, hatten die Esten über Nacht eine ganz praktische Handlungslinie, unterstützt vom Konsens des Volkes. Der Plan war bemerkenswert professionell. Er sah vor, die estnische Wirtschaft von dem wirtschaftlichen Ganzen der Sowjetunion loszulösen, was natürlich unvermeidlich die Wiederherstellung der politischen Selbständigkeit mitgebracht hätte. Oft kann man auf verschiedene Weisen sein Ziel erreichen. Man kann einberufen und einen regelrechten Krieg aufnehmen. Man kann mit wehenden Fahnen die Barrikaden besteigen. Man kann wirtschaftliche Mittel einsetzen. Die Handlungslinie war für die Esten selbstverständlich, denn das Wissen um die Notwendigkeit einer Republik Estland war offensichtlich: Nur der unabhängige estnische Staat konnte das sich beschleunigende Aussterben der Esten bremsen.

Wann sind Sie zu der festen Überzeugung gelangt, daß das sowjetische System am Ende seines Weges angekommen ist?

Darauf habe ich eine genaue Antwort. 1981 habe ich mir zum erstenmal die Zeitung „Prawda" abonniert. Am zweiten Januar hat es im Briefkasten geknallt: die Zeitungen kamen. Mein jüngerer Sohn Kristjan hat sie geholt, auf den Schreibtischrand gelegt und gesagt: „Sieh mal, der Briefträger hat sich geirrt, eine falsche Zeitung ist daruntergeraten." Das war die „Prawda". Ich sagte Kristjan, daß ich sie abonniert hätte. Kristjan, erst vierzehn, starrte mich mit großen Augen an und fragte: „Bist du übergeschnappt?" Ich erklärte, daß jetzt schnell etwas passieren würde, sich unser Leben ändere. Ich habe den genauen Verlauf des Gesprächs vergessen. Ein paar Jahre später, als Kristjan mir beim Kartoffelsortieren im Keller behilflich war, fragte er plötzlich: „Woher hast du das gewußt?"

Ich war viel gereist. Es ist wichtig, sich auf den Reisen auch für kleine Sachen zu interessieren. Die Leute sind immer freundlich, wenn sie spüren, daß sich der Fremde aufrichtig für sie interessiert. In Sibirien war es besonders klar zu sehen, daß die Sowjetunion auf Kosten ihrer nächsten Generation lebt. Das heißt, du gehst neue Schulden ein, um die heutige Schuld mit der morgigen Schuld abzutragen. Die Zinslast war mit bloßem Auge sichtbar, dafür mußte man kein Wirtschaftswissenschaftler sein. Die Angelegenheit hatte auch ihre tragikomische Seite mit den 25.000 gutbezahlten Kremlologen der USA, die sich in den langen Talaren um das Teleskop drängelten, um festzustellen, was in der Sowjetunion passiert. Dann sind sie mit ihren Quellenmaterialien für zwei Jahre in der Stille ihrer Kabinette verschwunden und haben ein Buch voller Zitate veröffentlicht, das das Entwicklungsszenarium für ein Jahr beschrieb. Es ist ja kein Geheimnis, daß der Zusammenbruch der Sowjetunion und besonders das Tempo dieses Zusammenbruchs für Politiker, Ökonomen und Militärs gleicherweise unerwartet gekommen ist.

Haben auch die Finnen eine falsche Meinung vom Zustand in der Sowjetunion gehabt?

Natürlich. 1974 bin ich zum erstenmal nach dem Zweiten Weltkrieg nach Helsinki gekommen. Ich wohnte im „Aurora"-Hotel. Auf die Eisenbahnbrücke nebenan hatte jemand gesprüht: „Amerikaner raus aus Angola!" Ich erinnere mich auch an einen gegenteiligen Fall. Ich war in Tallinn und habe mir einen Thriller in der Produktion eines schwedischen Teams beim Finnischen Fernsehen angeschaut. Die finnische Kripo hat damals noch neben dem Senatsmarkt gelegen. Ein Mann ging durch die Reviertür hinein, und damit war die Szene aus. Aber ich konnte noch bemerken, daß jemand neben der Tür geschrieben hatte: „Russen raus aus Estland!" Diese Entwicklung hat zehn Jahre gefordert. Auf dem russischen Atomeisbrecher „Sibir" zeigte man mir auf der Karte die Fjorde an der Ostküste von Nowaja Semlja, wo die sowjetischen Atomschiffe ihren radioaktiven Abfall versenken. Als wir zwei finnischen Spezialisten von diesem ökologischen Verbrechen erzählten, samt allen Details, haben sie uns nicht geglaubt. Die sowjetische Propaganda war in Finnland sehr professionell, sie hatte eine eigene Sprache für junge Leute und Veterane, für Akademiker und Grüne, für Männer und Frauen.

Einmal waren wir mit Professor Matti Kuusi[29] auf dem Handelsmarkt, warteten an der Ampel auf Grün, Studenten kamen auf uns zu, die Geld für Angola einsammelten. Matti Kuusi, den alle dem Gesicht nach kannten, hat einen Geldschein in den Kollektekasten geworfen. Ich habe gefragt: Wann beginnt ihr für Estland Geld zu sammeln? Sie haben mich angestarrt, dann Matti Kuusi, doch sein Gesichtsausdruck blieb undurchdringlich, und die Studenten sind kopfschüttelnd abgezogen. Ich fragte meinen Freund, was die Studenten wohl gedacht haben. Matti Kuusi lachte und sagte: „Sie wunderten sich, mit welchem Kriegshetzer Matti Kuusi spazieren geht."

Ich will sagen, daß Finnland bezüglich der ehemaligen Sowjetunion dieselben Illusionen „durchgekränkelt" hat wie West-Europa oder Amerika, aber es hat sie schneller überwunden. Nehmen wir beispielsweise die Befreiung vom Freundschafts- und Zusammenarbeitsvertrag: Das ist blitzartig geschehen. In den dämmrigen Ecken des Außenministeriums ist diese juristische Arbeit schon fertig gewesen, als der finnische Wähler davon noch nicht zu träumen wagte.

Was hat es Estland bedeutet, daß es den Weg der Kontinuität des Staates wählte und keine andere Republik zu bauen begann?

In Estland ist Wahrheit unser Brot und Recht unsere Stubenwärme. Seinem Charakter nach ist der Este manchmal irritierend legalistisch. Wenn ein Unrecht geschehen ist, muß man das Unrecht wiedergutmachen. Wenn man die Republik Estland besetzt hat, muß der Besetzer zugeben, daß er einer ist. Der Glaube an Grundsätze, an Wahrheit und Recht, an Gesetze ist in Estland immer sehr stark gewesen und ist es auch jetzt noch. Eine andere Sache ist es, ob die Staatsmacht die Einhaltung des einen oder anderen Gesetzes gewährleisten kann. Doch das Gesetz ist heilig. Der Staat ist daraus geboren, daß das Volk seine eigenen Gesetze schützt.

Hat es die Position Estlands in der Welt gestärkt, daß Estland sich nicht nur von der Sowjetunion losgesagt hat, sondern seine Selbständigkeit wiederhergestellt hat?

Es ist uns gar nicht eingefallen, daß es anders hätte sein können. Ebensogut könnte ein erwachsener Mensch plötzlich verkünden, daß er sich neue Eltern gewählt hat. Aber die Antwort auf die Frage ist

---

[29] *Grand old man* unter den finnischen Folkloristen (geb. 1914).

sicher: „Ja". Die demokratischen Staaten haben die Besetzung Estlands nie anerkannt. Eine eigene Sache ist, daß sie wegen der Besetzung nicht übermäßig viel Lärm gemacht haben. Auf der OSCE-Sitzung in Helsinki 1975 teilte Präsident Gerald Ford mit, daß das Helsinki-Dokument die Einstellung der USA gegenüber der aufgrund des Hitler-Stalin-Komplotts von der Sowjetunion besetzten Republik Estland nicht ändere, die von diesen beiden Männern der sowjetischen Interessensphäre zugeordnet worden war. Viele Staaten haben die erste Gelegenheit wahrgenommen, mit Estland diplomatische Beziehungen wiederherzustellen. Das war die dominierende Formulierung in West-Europa, Amerika, Kanada, Australien. Und vor allem in Island. Die diplomatische Kontinuität hat uns ein starkes juristisches Fundament mitgegeben, denn durch die diplomatischen Beziehungen sind alle Verträge in Kraft getreten, die die Republik Estland vor dem Zweiten Weltkrieg mit dem einen oder anderen Staat geschlossen hatte.

Ist es möglich, die Zukunft Rußlands zu prognostizieren?

Sie stellen mir diese Frage am 25. August 1995. Ziemlich bald werden in Rußland Parlamentswahlen, im nächsten Jahr Präsidentschaftswahlen stattfinden. Eine ungünstigere Zeit zur Beantwortung dieser Frage kann man kaum finden. Die Prognose bedeutet, daß ich eine Entwicklungslinie vom 25. August aus in die Zukunft ziehen sollte. Die Antwort hängt davon ab, wie weit man die Linie zieht. Ich habe über den Menschen, seine Kultur und sein Zusammenleben viel nachgedacht und bin zu der Überzeugung gelangt, daß Rußland eine demokratische Zukunft erwartet, denn eine andere Zukunft kann ein lebendiger Organismus einfach nicht haben. Die Frage liegt im Zeitfaktor. In dreißig Jahren können wir von einem demokratischen Rußland reden. Das Problem besteht darin, daß Politiker und Regierungen von ihren Wählern abhängen und ihren Wählern all das versprechen möchten, was die Wähler bereits vor den nächsten Wahlen erwarten.

Dient die Demokratie gewissermaßen als Garant dafür, daß Rußland kein revanchistischer Großstaat wird?

Ich kenne keinen Fall, wo demokratische Staaten einander angegriffen hätten. Konfliktgefährliche Bruchlinien tauchen vor allem da auf, wo sehr unterschiedliche Zeitalter, Denkweisen, Kulturen, Religionen in Berührung kommen. Beispielsweise die zur Hälfte durchgeführte Dekolonisierung und die ausgebildete westliche Demokratie. Eine schlechte Politik hat ökologische Probleme zu politischen Gefahrenquellen verstärkt. Schon jetzt kann man den Druck Nord-Afrikas auf das Mittelmeer und Europa spüren, insbesondere durch den islamischen Extremismus, den einige Kräfte aus politischer Zielsetzung aufgebläht haben. Den islamischen Fundamentalismus, der jetzt zum eigenen Unglück dieser Kräfte der Flasche zu entfliehen droht. Aber bei demokratischen Staaten sehe ich keine Gefahr für Frieden und Stabilität.

Wie sieht die Zukunft der estnisch-russischen Beziehungen aus?

Das Ziel ist, daß die Zukunft unserer Beziehungen eine ähnliche sein soll wie die Zukunft der deutsch-französischen oder schwedisch-norwegischen Beziehungen. Ein anderes Ziel kann es gar nicht geben. Daß das Erreichen dieses Ziels schwer ist, ist klar. Aber was mir Optimismus einflößt, ist der Umstand, daß in den Jahren 1987-1989 die Selbständigkeit Estlands sehr vielen in Estland wohnhaften Russen als etwas Absurdes und Gefährliches erschien, wie das Spielen eines Kleinkindes mit einem scharfen Messer, das man nicht zulassen kann und gegen das sie auch bereit waren vorzugehen. Heute hat sich diese Einstellung wesentlich verändert. Folglich können auch die mit extremistischer Propaganda großgezogenen Generationen dieses chauvinistische Gift loswerden. Das fordert natürlich Zeit und Geduld. Bei den russischen Jugendlichen, die zusammen mit estnischen Studenten und Schülern vom Präsidenten in Kadriorg empfangen wurden, sehe ich keine Probleme.

Wie lange dauert es noch, bis die in Estland wohnhaften Russen sich wie Estländer fühlen?

Ich glaube, daß das schneller gehen wird als allgemein angenommen, denn etwas Ähnliches hat schon zur Zeit der sowjetischen Besatzung stattgefunden, wo der aus dem einen oder anderen Grunde nach Estland zur Arbeit eingewiesene Russe sich bald mit einem anderen als einem Großrussen identifiziert hat. Als man nach Rußland ging, war man stolz, daß man aus Estland kam. In der Zeit der sowjetischen Besatzung war Estland mit seinem höheren Lebensstandard in den Augen vieler Russen begehrenswert, doch auch deshalb, weil man in Estland eine von Rußland unterschiedliche Lebensweise hatte, die sonderbarerweise die Russen an Europa erinnerte, wie sie sich Europa vorzustellen versuchten.

Jetzt scheint es, daß die Angst der Russen schon verebbt ist, daß die Esten sich an ihnen mit denselben stalinistischen Mitteln rächen würden, die ein Viertel unseres Volks ins Grab gebracht haben. Viel gefährlicher ist die Hetze der extremen, rotbraunen oder faschistisch-kommunistischen Parteien in der Russischen Föderation zum Schüren des nationalen Hasses, um die Erinnerung an das einstige Imperium wachzuhalten. Da haben einige Politiker sehr viel investiert, auch in die internationale Presse. Dennoch ist den meisten in Estland wohnhaften Russen vielleicht klargeworden, daß, wenn einige Politiker von der Verletzung der Menschenrechte in Estland sprechen, sie das in Anbetracht der sich nähernden Wahlen tun. Die Menschenrechte in Rußland werden am realistischsten durch die Tragödie in Tschetschenien charakterisiert, und die Russen wissen das.

Warum hat etwa die Hälfte der in Estland wohnhaften Russen nicht die Wahl getroffen hinsichtlich der Staatsbürgerschaft? Hängt das von den Sprachprüfungen ab oder davon, daß sie sich als unterdrückte Menschen fühlen?

Ich meine, daß es mehr als zwei Antworten gibt. Der psychologische Faktor ist sicherlich wichtig. Die Aufgabe der russischen Staatsbürgerschaft bedeutet das Bewerben um die estnische Staatsbürgerschaft. Das ist wie der Sprung von einer Eisscholle auf eine andere über das offene Wasser hinweg. Das läßt erschaudern. Du weißt nicht, ob du genug ausgeholt hast, du weißt nicht, wie du landest. Ich glaube, daß die Sprachfragen hier ihre Rolle gespielt haben. Den hier angesiedelten Russen oder denjenigen, die hier ihre Militärpflicht abgedient haben und als Rentner in Estland geblieben sind, wurde eingeflößt, daß sie hier die hohe sowjetische Kultur vertreten und mit den Ortsansässigen nichts außer Russisch zu sprechen brauchen. Aus den Russen züchtete man das privilegierte Herrenvolk, was manchmal eher komisch wirkte. Aber wahr ist, daß sie immer das Vorrecht für eine Wohnung und bessere Arbeit hatten. Auch die französischen Adligen hatten es nicht gern, ihre Privilegien einzubüßen. Aber sogar hier müssen wir in Betracht ziehen, daß die von der demokratischen Gesellschaft gebotenen neuen Möglichkeiten schwerer wiegen als die einstigen Privilegien.

Gibt es noch viele Menschen, die den estnischen Staat für etwas Vorübergehendes halten?

Wir haben heute von Estland als einem kleinen Staat gesprochen, in dem das Volk sich fast wie eine Familie fühlt. Und deshalb ist es ein bißchen eigenartig zu sagen, daß wir sicher auch solche haben, die den estnischen Staat für etwas Zeitweiliges halten und meinen, sich unter Moskauer Macht besser zu fühlen. Zu Anfang der Besetzung gab es bei uns ein Dutzend oder ein wenig mehr Kommunisten. Von solchen, die den estnischen Staat für etwas Vorübergehendes halten, gibt es ebenfalls ein Dutzend oder ein wenig mehr. Ob es ihrer mehr als hundert gibt, dessen bin ich mir nicht sicher.

In Finnland wird viel von der estnischen Minderheitenpolitik gesprochen, denn die Grundsätze der estnischen und finnischen Politik sind in dieser Hinsicht verschieden. Finnland hat eine andere Geschichte gehabt und geht vom Grundsatz der Zweisprachigkeit aus. Wäre es denkbar, daß auch Estland es in Zukunft so machen könnte?

Gewiß nicht. Ich bin nie einem finnischen Polizisten begegnet, der nur Vietnamesisch sprach. Dennoch finden sich irgendwo in der Nähe von Vaasa vietnamesische Flüchtlinge, die reines Finnisch sprechen. Es tut uns leid, daß durch den von Hitler und Stalin initierten Zweiten Weltkrieg die Deutschen weggehen mußten, die hier 700 Jahre gelebt haben. Es tut uns leid, daß hierselbst aus Nuckö, wo wir jetzt sitzen, die Schweden weggegangen sind, die hier seit Tacitus' Zeiten gelebt haben. Aber sie alle waren Nationalgruppen, die jahrhundertelang Schulter an Schulter mit Esten aufgewachsen sind, die Estnisch sprachen, die ein Teil der estnischen Kultur waren und die zum Bestehen der estnischen Kultur und der estnischen Sprache beitrugen. Sie haben erwähnt, daß es in Finnland zwei Sprachen gibt, aber auch dieses Beispiel hat einen anderen Hintergrund. Die schwedische Besiedlung in Finnland ist ebenso alt, wie sie in Estland war, sie ist eben die Spur ein und derselben Besiedlungswelle an der Nord- und Südküste des Finnischen Meerbusens. Und das schwedische Volk selbst ist in seiner Bevölkerungszahl nie für das Bestehen der finnischen oder estnischen Kultur gefährlich geworden. Es wäre anders, gäbe es 2 Millionen Schweden in Finnland und keine mit Finnland gemeinsame religiöse, kulturelle und geschichtliche Traditionen, nicht wahr? Also hinkt Ihr Vergleich in dieser Hinsicht. Aber jetzt, wo ich das gesagt habe, will ich versichern, daß es ganz bestimmt nicht unser Ziel ist, die zu estnischen Bürgern gewordenen Russen zu Esten zu machen. Unser Ziel ist, sie zu den Bürgern der Republik Estland werden zu lassen. Davon erwarten wir einen Nutzen nicht nur für sie als vollrechtliche Bürger, sondern vor allem für die Republik Estland, denn eine Multinationalität bringt eine größere Kreativität, eine größere Vielfältigkeit, eine schnellere intellektuelle Entwicklung und – kaum zu glauben – eine stärkere nationale Identität mit sich. Im vereinigten Europa sind Bolzen, Muttern, Telefone, Wagen austauschbar wie in einer gemeinsamen Werkstatt, doch die nationalen Identitäten sind zugleich stärker geworden, haben neue Farben, Klänge, Muster angenommen. Estland trägt die Erfahrung Europas in sich, denn dies ist die einzige Möglichkeit für einen kleinen Staat und eine kleine Kultur, sich ewig zu halten.

Kann man sagen, daß das Ausland von Estland eine solche Minderheitenpolitik fordert, der es selbst nicht gefolgt ist?

Ja, gewiß. Stellen Sie sich vor, wenn das Attentat auf Hitler geglückt wäre und man auf irgendeine völlig hypothetische Weise zum Waffenstillstand gekommen wäre. Die Deutschen hätten ihre Waffen weggelegt und gefordert, daß Frankreich ein zweisprachiger Staat werden soll, daß die Offiziere der Wehrmacht samt ihren Frauen und Kindern ihre Vertreter zur *Assemblée nationale* wählen sollen. Das ist natürlich Übertreibung, doch leider gekennzeichnet von Parallelen. Wir sind stolz, daß unsere Realität überzeugender war als die Artikel estnischer Journalisten und daß diese Realität die Europäische Union hat überzeugen können, daß die Menschenrechte in Estland auf wenigstens ebenso hoher Stufe garantiert sind wie in Deutschland oder Frankreich oder England.

Estland will EU-Mitglied werden, es ist auch an der NATO interessiert. Wäre der Beitritt zu diesen Organisationen ein Garant der Selbständigkeit Estlands? Vor dem Zweiten Weltkrieg haben die internationalen Organisationen nicht vermocht, die Selbständigkeit von kleinen Staaten zu schützen. Ist das jetzt anders?

Ich glaube, daß Estland vor allem aus seinen eigenen Fehlern lernen konnte, die es zweifellos begangen hat. Ich glaube, daß Estland und Europa aus der völligen Hilflosigkeit des Vorkriegs-Völkerbunds lernen konnten, sei es auch nur aus der Unterstützung Finnlands, als das kleine Finnland allein im Winterkrieg stand. Ich glaube, daß die UNO und die NATO Schlüsse aus der Zeit zwischen den zwei Weltkriegen ziehen konnten und so Europa für 50 Jahre Frieden garantiert haben, wenn wir für einen Augenblick vom tragischen Krieg in Jugoslawien absehen. Daraus folgt, daß die internationalen Organisationen ihre Funktion gehabt haben, und diese Rolle war so lange positiv, bis die Tätigkeit der internationalen Organisationen den Realitäten entsprochen hat, welche diese oder andere Organisation ins Leben gerufen haben. Jetzt aber hat man 200.000 Tote und 2 Millionen Flüchtlinge in Jugoslawien nicht vermeiden können. Daraus folgt nicht, daß man internationale Organisationen nicht braucht, sondern daß sie den Bedürfnissen von 1995 entsprechen müssen und nicht die Bedürfnisse von 1945 widerspiegeln. Ich wünschte, daß dies auch auf Estland als einen Kleinstaat übertragbar wäre, denn

Kleinstaaten sind empfindlicher, können also schneller auf beliebige Mängel in diesem Sicherheitsverbund reagieren. Ich möchte mit vereinten Kräften eine solche Arbeit, eine solche Beratung einleiten, die zur Schaffung eines Systems führen könnte, das die Sicherheit von ganz Europa gewährleisten könnte. Und selbstverständlich müßte es auch Rußland einschließen.

Estland hat harte Erfahrungen gemacht, wie es ist, zum Bestand eines großen Staates zu gehören. Befürchten die Esten nicht, daß im Bestand der Europäischen Union ein kleiner Staat und ein kleines Volk wenig Möglichkeiten hat, über seine Entwicklung zu entscheiden?

Als ich vorhin mehr zum Scherz als ernst gesagt habe, daß es bei uns sicherlich ein Dutzend Leute gibt, die Estland in den Schoß der ehemaligen Sowjetunion zurückstoßen möchten, dann würde dieses Dutzend Leute genau Ihre Argumente gebrauchen. Sie würden beweisen, daß die Kommission von Brüssel noch größer ist als das einstige Moskauer Plankomitee und die Europäische Union nichts anderes ist als der anders bezeichnete Schmelzofen für kleine Brüder. Vielleicht sind die Esten politisch nicht sehr elegant, aber sie haben Politik erlebt und lassen sich nicht mit solchen Gruselgeschichten in die Kolchose locken. Das europäische Phänomen ist gerade deshalb attraktiv, weil auf dieser kleinen Halbinsel, die im Krasnojarsker Krai in Rußland Raum fände, so viele sehr unterschiedliche Kulturen Seite an Seite sich haben entwickeln und verstärken können. Und diese Kulturen sind nicht zu einem Einheitsbrei geworden, sondern im Gegenteil, sie haben immer mehr von ihrer Identität entdeckt. Und das nicht nur staatenweise, vielmehr hat in größeren Staaten die Demokratie die Möglichkeit geschaffen, daß auch Regionen immer mehr von ihrer Identität wahrnehmen und dadurch den geistigen Reichtum Europas vergrößern.

Sie waren drei Jahre Präsident der Republik Estland. Hat sich Estland in dieser Zeit hoffnungsgemäß entwickelt, oder hat es einige positive oder negative Überraschungen gegeben?

Es ist nie leicht, einen Staat wiederherzustellen. Es stimmt, mir fehlt die Vergleichsmöglichkeit. Der Staat beginnt mit dem Bürger, mit dem Ausgleich der Rechte und Pflichten des Menschen. Die Waage Estlands schwingt, doch das Schwingen zwischen den Rechten und Pflichten läßt nach. Überraschungen? Der Este lernt langsam. Die jetzige Lektion heißt: „Sich wie ein Staat benehmen". In den fünfzig Jahren der russischen Macht hat das, was sie Staat nannten, unseren

Lachnerv gereizt. Wir haben den Kommunismus überlebt und konnten lachen, vor allem über die Kommunisten lachen. Es ist schwer, diese Angewohnheit loszuwerden. Manchmal lachen wir weiter über sie und starren böse, wenn sich herausstellt, daß es keinen Kreml mehr gibt, daß wir über unseren eigenen Staat, über Rechte und Pflichten, über unsere Väter und Mütter, über unsere Felder, Wälder und Küsten, über unsere Erwartungen und Hoffnungen, über unsere Gefallenen und noch ungeborene Kinder lachen. Böse Überraschungen? Wir lernen langsam, wie man Herr im Hause wird. Es ist leichter, einen Staat als den Menschen wiederherzustellen. Estland hat drei grundgesetzliche Jahre hinter sich. Jeder Rechtsfehler ist ewig. Wir sind ungeduldig, denn der Staat, an den wir uns erinnern, ist nicht im Kommen, er geht. Es kommt ein Staat, den wir noch nicht kennen. Trotzdem muß man ungeduldig sein, denn Zeit hat man nicht gegeben, von der Zeit ist immer nur genommen worden. Vielleicht deshalb sind wir uns selbst gegenüber ungerecht und können nichts Erfreuliches sehen. Im August, als ich auf der Insel Ösel war, ist eine Frau von achtzig Jahren auf mich zugekommen. Sie hat schon in diesem Dorf gewohnt, als der Präsident Päts vor dem Krieg die Insel besuchte. Ich habe ihren Kleidern angesehen, daß sie nicht gerade wohlhabend ist, und habe gefragt, ob sie es schwer hätte. Sie hat mich verständnislos angesehen. „Was zählt die Schwere, wenn das Herz frei ist?" hat diese Dorffrau gesagt, die etwas vom Leben gesehen hat. Ich habe noch nie eine so poetische und zugleich politisch so genaue Antwort gehört.

Europäische Ansichten über Deutschland

*Festrede anläßlich des 5. Jahrestages der Deutschen
Wiedervereinigung in Berlin, 3. Oktober 1995*

Meine sehr verehrten Damen und Herren, meine lieben deutschen Freunde und Freunde Deutschlands!

Der Mauerfall in Berlin hat eine politische Zeitenwende eingeführt, die am 3. Oktober 1990 durch die Deutsche Einheit und am 31. August 1994 durch den Abzug letzter russischer Soldaten aus Estland sowie aus Deutschland besiegelt wurde. Im Wettkampf der Ideologien hatte der Westen klar gesiegt. Einen Augenblick hat man sogar geglaubt, sicher zu sein: Marktwirtschaft und Demokratie sofort und überall auf der Welt. Seitdem aber die Deutsche Einheit immer mehr in den Schatten des europäischen Alltags rückt, stellt man in demselben Europa die Frage: Was hat diese Zeitenwende uns eigentlich gebracht? Haben die Prinzipien, auf denen unsere abendländische Wertegemeinschaft beruht, sich etwa bestätigt oder stehen sie ausgerechnet vor einer neuen Bewährungsprobe? Läßt man sich bei den neuen Interpretationen und Entscheidungsprozessen nicht irreführen von dem Hedonismus, der immer scheinbare Siege feiert und scheinbare Niederlagen beklagt? Hat der Westen und sein tonangebender Politikus die Entwicklungen in Rußland nicht immer wieder völlig falsch eingeschätzt? Hat sich nicht auch der hochgeschätzte Übersee-Prophet, Francis Fukuyama, grundlegend getäuscht, als er meinte, mit dem Fall des Kommunismus sei „*The End of History*" eingetreten? Wird es nicht seither immer deutlicher, daß die Geschichte, die wir ja plötzlich im Überfluß, aber nicht im Verschwinden haben, viel komplizierter, der Traum von einer neuen „Weltordnung" immer unrealistischer und die weltpolitische Lage unberechenbarer und gefährlicher geworden ist?

Das bipolare System existiert nicht mehr; jedoch strahlt das Großmachtdenken, der Jalta-Geist, auch heute auf die internationalen Beziehungen aus, unterstützt von mediensynchronisierten Platitüden der Politiker, die das Wünschenswerte mit der Wirklichkeit verwechseln.

In dieser Situation, meine Damen und Herren, gewinnen Prinzipien eine Bedeutung, die von den physikalischen Maßstäben ihres Trägers nicht abhängt. Es geht um Prinzipien, die das Nationalbewußtsein, die Staatsordnung und gesellschaftliche Verantwortung gleichermaßen befördern. Unter den Nationalhymnen der westlichen

Welt ist es eben das *Deutschlandlied*, wo jene Prinzipien des Abendlandes – *Einigkeit, Recht und Freiheit* – auf prägnante Art und Weise ihren Ausdruck gefunden haben!

Unsere Aufgabe als Europäer setzt voraus, auch in den Zeiten einer geschürten Geschichtslosigkeit oder orientierungslosen Alltagshektik sich immer dieser Grundprinzipien zu entsinnen und sie stets mit lebendigem Inhalt zu erfüllen.

Meine Damen und Herren, die Heimat ist – wie auch das Recht – immer konkret – oder es gibt sie überhaupt nicht.

Am frühen Morgen des 18. Oktobers 1939 begann laut dem erpreßten Beistandspakt zwischen Estland und der Sowjetunion der Grenzübergang von 25.000 sowjetischen Soldaten, um sich auf den ausgewählten Militärstützpunkten auf dem estnischen Territorium niederzulassen.

Am späten Abend desselben Tages verließ das erste Schiff „Utlandshörn" mit den deutschbaltischen Umsiedlern den Revaler Hafen. Etwa 12.000 estnische Bürger baltischen Ursprungs waren gezwungen, sich von ihrer Heimat Estland loszusagen. Das war eine von Diktatoren diktierte Option. Knapp zwei Monate nach dem unheilvollen Handschlag in Moskau wurde das Deutschbaltentum zu einem der ersten Opfer des Molotow-Ribbentrop-Paktes. Wie stark das Heimatgefühl bei den estnischen Deutschbalten eigentlich war, beweist die Tatsache, daß ein Drittel – etwa 6.000 Männer und Frauen – von ihnen dem „Heim ins Reich" erst mal keine Folge geleistet haben, jedoch 1941 als Nachumsiedler nach Deutschland ziehen mußten, kurz vor dem Ausbruch des Krieges zwischen dem Deutschen Reich und Sowjetrußland.

Das nach dem Kriege Folgende war für die Sowjetunion nur eine Frage der „Ausgestaltung". Im Fall Estlands war das Ausradieren der historischen Rolle der Deutschbalten aus dem Bewußtsein und Identitätsgefühl der Esten ein Bestandteil der ideologischen „Ausgestaltung".

Heute können wir mit voller Eindeutigkeit feststellen, daß dies den totalitären Gesinnungspolizisten nicht gelungen ist. Heute können wir wieder mit Verantwortung und ohne Wohlklang der politischen Sonntagsreden sagen: Die estnische Geschichte ist ebenso die Geschichte Europas. Das Land der Esten war, ist und bleibt gleichfalls die Heimat der Deutschbalten. Das Deutschbaltentum ist für Estland immer eine kulturelle Brücke und ein geistiges Bollwerk gewesen. Trotz der massiven Unterdrückung, trotz aller Diffamierungen dieser historischen Realität durch das Jahrzehnte währende kommunistische Regime, haben sich diese estnisch-deutschen Bindungen über unzählige unsichtbare geistige Fäden erhalten. Die

Konsequenz ist klar und eindeutig: Estland befindet sich nicht auf dem Weg „zurück nach Europa", Estland ist seit langem – und vor allem, dank der Deutschbalten – ein in Europa eingebundenes Land, was als solches wiederentdeckt und Europa zurückgewonnen werden muß.

Zu den europäischen Grundsätzen gehört unentbehrlich das Recht auf die Heimat. Aber nur ein freies und demokratisches Land ist imstande, dieses Recht zum Leitsatz seines politischen Verhaltens zu machen. Das demokratische Estland ist wieder ein solches Land. Als Präsident Estlands will ich den heutigen bedeutungsstarken Tag in Berlin zum Anlaß nehmen und der deutschen Öffentlichkeit versichern, daß die Republik Estland ein weltoffenes Land ist, wo das angestammte Recht auf die Heimat ebenso bewahrt ist wie die sämtlichen Rechte, die eine *conditio humana* auch in der Tat menschenwürdig gestalten. Estland ist und bleibt offen allen Deutschen, die heute willig sind, von ihrem Recht auf ihre Heimat Gebrauch zu machen.

Meine Damen und Herren, obwohl die Grenze des Abendlandes Estland und Deutschland auf derselben Seite beläßt, können wir erst seit einigen Jahren wieder eine vollblütige Chance für ein neues Zeitalter der gegenseitigen Entdeckungen wahrnehmen. Ich mache keinen Hehl daraus, daß eben Deutschland nach wie vor für die meisten meiner Landsleute der Inbegriff, das Schlüsselwort Europas ist. Ich werde nicht länger ausführen, daß das erste Schiller-Denkmal der Welt nicht in Weimar oder Marbach, sondern auf einer kleinen Halbinsel Pucht in West-Estland errichtet wurde.

Ich habe dieses einfache Beispiel genannt, damit Sie verstehen können, warum politische Erwartungen in meiner Heimat die Einheit Deutschlands mit der festeren Hoffnung auf den Zusammenschluß Europas verbunden haben. Das Recht auf die Heimat kann in Europa nicht getrennt vom Recht auf die Einigkeit wahrgenommen werden. Dies wäre der aktuelle, europapolitische Sinn des Deutschlandliedes, was uns daran erinnert, daß das Recht auf Einigkeit unmittelbar mit der Pflicht vor Europa verbunden ist. Sicherheit in Europa ist nur dann ernst zu nehmen, wenn sie als unteilbar wahrgenommen wird. Estland ist dabei der Testfall: Wie wird es gelingen, ein nach der Geschichte, Kultur und Mentalität europäisches Land für Europa zurückzugewinnen? Vor allem von Deutschen erwarten wir, daß sie sich verantwortungsbewußt den sicherheitspolitischen Herausforderungen unserer Zeit stellen würden.

Es ist die höchste Zeit für den Wechsel einer Grundeinstellung gekommen, und zwar: Die Angst vor der Macht soll durch den Mut zur Macht ersetzt werden! Es ist unübersehbar, daß das Vertrauen zu einer Nation nur dann entsteht, wenn sie auf eine verantwortungsvolle Art und Weise, ohne Vorurteile, begleitet von der friedensstiftenden Kraft des Rechts, im Interesse des Gemeinwesens und der Freiheit imstande ist, entschieden über ihre Machtmittel zu verfügen.

Als Este sage ich dies und frage mich, warum zeigen die Deutschen so wenig Respekt vor sich selbst? Deutschland ist eine Art Canossa-Republik geworden, eine Republik der Reue. Aber wenn man die Moral zur Schau trägt, riskiert man, nicht sehr ernst genommen zu werden. Als Nicht-Deutscher erlaube ich mir die Bemerkung: Man kann einem Volk nicht trauen, das rund um die Uhr eine intellektuelle Selbstverachtung ausführt. Diese Haltung wirkt auf mich wie ein Ritual, eine Pflichtübung, die überflüssig und sogar respektlos gegenüber unserem gemeinsamen Europa dasteht.

Um glaubwürdig zu sein, muß man auch bereit sein, alle Verbrechen zu verurteilen, überall in der Welt, auch dann, wenn die Opfer Deutsche waren oder sind. Für mich als Este ist es kaum nachzuvollziehen, warum die Deutschen ihre eigene Geschichte so tabuisieren, daß es enorm schwierig ist, über das Unrecht gegen die Deutschen zu publizieren oder zu diskutieren, ohne dabei schief angesehen zu werden – aber nicht etwa von den Esten oder Finnen, sondern von Deutschen selbst? Bevor wir überhaupt an eine „neue Weltordnung" zu denken beginnen, brauchen wir vor allem historische Aufrichtigkeit und Objektivität.

Meine Damen und Herren, Dankbarkeit – genauso wie Ewigkeit – ist der Politik ein unbekannter Begriff. Tragik ist keine Kategorie der Wissenschaft, wohl aber eine Grundkonstellation der Geschichte – genauso wie Geographie. Davon haben die Menschen im Osten des geteilten Kontinents mehr gekostet als die im Westen. Jedoch war es nicht der Charme der Westdeutschen, der die Westeuropäer empfänglich machte für Amerikas Weltentwurf namens NATO, sondern die Tatsache, daß es gegen die *„Soviet expansionist tendencies"*, wie George F. Kennan damals schrieb, kein anderes Mittel gab als die *Pax Americana*. Zu den amerikanischen Bedingungen aber zählte die Forderung, die West-Deutschen in den Club aufzunehmen. Die Schlußfolgerung lautet: Wäre es den Menschen und Völkern im Osten nicht so schlecht ergangen, so wäre es denen im Westen nicht so gut ergangen – dank der Vereinigten Staaten, die von der europäischen Geschichte wenig wissen wollten, viel aber von der Zukunft.

Ohne den Absturz des Ostens hätte es den Aufstieg des Westens schwerlich gegeben. Je weiter östlich, desto unerbittlicher mußte gezahlt werden für das, was eigentlich unter eine gemeinsame europäische Haftung hätte fallen müssen. Es entstand über die Jahre eine Hypothek, die jetzt abzuzahlen ist, wohl oder übel. Der Zerfall des Stalin-Reiches und die Deutsche Wiedervereinigung bewirkten, daß dort, wo vierzig Jahre lang der Eiserne Vorhang war, heute die Gewinner der Geschichte den Geiseln der Geschichte begegnen. Die Einigkeit verpflichtet, denn das Glück des Westens hatte eine Bedingung, und die lag, zuletzt und vor allem, im Unglück des Ostens. Jetzt ist der Ausgleich fällig. Und noch mehr: Jetzt ist die Notwendigkeit nach einem neuen Gleichgewicht in Europa aktueller denn je zuvor nach dem Zweiten Weltkrieg. Und wenn ich heute so manche Politiker argumentieren höre, die Wiederherstellung eines vereinten Europas würde allzuviel kosten, dann frage ich sie, wieviel hat uns allein in unserer jüngsten Geschichte das Fehlen dieser Einigkeit bereits gekostet?

Meine Damen und Herren, „Kleinere Völker haben schon deswegen einen breiteren Horizont, weil sie an der Existenz der größeren nicht vorbeikommen können" Diese Feststellung des estnischen Philosophen Uku Masing vom Jahre 1940 bietet meines Erachtens einen produktiven Ansatzpunkt für die nüchterne Interpretation der Realitäten, mit denen unsere abendländische Wertegemeinschaft heute zu tun hat. Diese Wertegemeinschaft, zu deren Bestandteilen das Recht sowie die Einigkeit zählen, wäre aber völlig sinnlos, ja unmöglich ohne Freiheit. Freiheit verbindet und verpflichtet. Weil sie der teuerste aller Werte ist, geht man mit ihr am leichtfertigsten um. Denn wie sonst als Mangel am freiheitlichen Denken wäre die im Westen immer noch glorifizierte Gorbimanie zu bezeichnen? Wie lange noch werden die russischen Drohungen gegen die europäische Sicherheit unter dem Vorwand einer „innenpolitischen Lage" toleriert? Wie lange noch akzeptiert der Westen, daß man die „interne Problematik" eines Landes auf Kosten der Freiheit in ganz Europa zu lösen versucht?

Es wäre vorteilhaft, in erster Reihe für Rußland selbst, wenn der Westen, aber vor allem Deutschland, den Russen eindeutig klarmachen würde, wo ihre Grenze liegt und was eigentlich die Stabilität in Europa heißt. Es geht dabei nicht um die Ausklammerung oder Ignorierung Rußlands – keineswegs! Es geht aber ganz eindeutig um den Schutz der abendländischen Werte und der europäischen Identität, des Gleichgewichts und der Freiheit vor allem!

Die NATO wurde gegründet als eine Allianz, eine Partnerschaft sowohl für den Frieden als auch für die Freiheit. Heute aber scheint gerade die Freiheit vergessen worden zu sein genauso wie auch die aus unserer historischen Erfahrung hervorgegangene Feststellung, daß es ohne Freiheit zwar ab und zu eine provisorische Ruhe, nie aber einen richtigen Frieden geben kann. Wenn Europa als Programm und als Wertegemeinschaft wirklich überleben will, muß es die Feststellung zu einer klaren Grundeinstellung umwandeln und diese ohne jedes wenn und aber in das neue Jahrhundert mitnehmen. Wenn Europa in einer kritischen Situation vor der Wahl steht – entweder Ruhe oder Freiheit – , dann soll es, in seinem eigenen Interesse, genug Mut und Kraft haben, diese Wahl zugunsten der Freiheit zu treffen!

Wenn aber unsere Wachsamkeit nachläßt und der Hedonismus sich breit macht, hören wir wieder die schleichenden Schritte der Unfreiheit: Der neue Molotow ist bereits da. Er wartet auf den neuen Ribbentrop. Und zwar liegt es noch in unserer Macht, ihm eindeutig zu sagen: 50 Jahre nach dem Ende des Zweiten Weltkrieges im Westen erträgt die europäische Welt der Freiheit und Demokratie keine Ribbentrops.

Zweifellos ist die Freiheit eine Pflicht, aber sie ist auch eine Herausforderung, die sowohl die Deutschen als auch die Esten betrifft, sowohl die Mitglieder der heutigen als auch der künftigen Europäischen Union und Nordatlantischen Allianz. Es kommt dabei nicht darauf an, die Vergangenheit zu bewältigen oder die Gegenwart von überflüssigen Belastungen zu räumen. Es gilt in allem Ernst, die Zukunft zu meistern!

Ich bin zuversichtlich, daß unsere beiden Länder in ihrer Sicherheits- sowie Wirtschaftspolitik, geschweige denn in der Entfaltung der kulturellen Beziehungen eine Kondition erreichen, in der sie nicht mehr eine „auswärtige Politik" im traditionellen, etwas verknöcherten Sinne ausüben müssen, sondern dieser Welt immer mehr Vorbilder für eine auf gemeinsamen Werten und kultureller Vielfalt beruhende europäische Innenpolitik liefern.

Deutschland heute, am 5. Jahrestag der wiedergewonnenen Einigkeit und Freiheit, ist für Europa keine Dichtung, weder Sommer- noch Wintermärchen. An den Märchen könnte Europa irgendwie vorbei, an Deutschland aber keineswegs.

Ich danke Ihnen!

1996

Estland steigt zu den wirtschaftlich erfolgreichsten neuen Demokratien Ost-Europas auf. Die mit schweren Opfern und großen Anstrengungen durchgeführten Reformen beginnen, Früchte zu tragen. Estland setzt den erreichten Erfolg zum immer klareren Formulieren seiner sicherheitspolitischen Ziele – Beitritt zur EU und zur NATO – ein. Im Regulieren der Beziehungen zu Rußland erreicht man die Lösung der estnisch-russischen Grenzfrage, doch Rußland weigert sich, das bereits formulierte Abkommen zu unterzeichnen und fängt wieder an, neue Forderungen zu stellen.

Lennart Meri kandidiert zum zweiten Mal für die Präsidentschaft der Republik Estland und wird für die zweite Amtszeit wiedergewählt. In seiner ersten Amtszeit wurde Estland wieder ein europäischer Staat. In seiner zweiten Amtszeit muß Estland seine westlichen Beziehungen so weit verstärken, daß sie nicht mehr von der Gefahr des Zerreißens bedroht werden. Sie sind der Garant für die Entwicklung der für Estland und letztlich auch für Europa nützlichen Ost-Beziehungen.

Wozu Europa?

Vortrag auf dem Bertelsmann-Forum, 20. Januar 1996

1.

Wie definiert Europa sich selbst? Diese zentrale Frage interessiert uns, doch nicht den europäischen Bürger. Ihn interessieren Einkommenssteuer und Arbeitslosigkeit. Doch in großen Zügen ist Europa für den Eurobürger eine abgeschlossene Sache, und je weniger man an Europa ändert, desto besser. Kaum wird er daran denken, daß man sich im 12. Jahrhundert an der Universität Bologna an den Bau der Grundmauer unseres Rechtsstaats gemacht hat und daß man dadurch am genauesten bestimmen kann, was Europa ist und was nicht. Selten denkt er daran, daß die Europäische Gemeinschaft und ihr euroatlantischer Muskel, die NATO, in der bipolaren Welt aus der Angst und dem Bedürfnis, sich zu schützen, geboren sind. Die bipolare Welt ist verlorengegangen und mit ihr auch die Selbstverteidigung als Motivation. Die europäische Identität interessiert nur einen Bürger, der mehr an der Zukunft interessiert ist als an der Einkommensteuer und mehr an der Sicherheit als an seinem Sommerurlaub. Solche Eurobürger wird es nicht viel mehr geben als Menschen hier auf dem Forum. Der Wunsch, sich nicht zu ändern, ist größer als der Wunsch, sich zu ändern. Wenige erinnern sich an „Alice im Wunderland": um auf der Stelle zu bleiben, muß man laufen. Der Eurobürger läuft erst dann los, wenn direkte Gefahr und Angst ihm Beine machen. Dr. Theo Sommer hat auf die Befragung der „Frankfurter Allgemeinen Zeitung" hingewiesen und festgestellt, daß sich in Deutschland die Euroskepsis vertieft. „Alice im Wunderland" wird nicht gelesen, Gefahren werden nicht erkannt, die Balkantragödie ist hinter die Grenzen Europas gedrängt worden.

Dr. Günther Burghardt hat versichert, daß es schwerfällt, dem Eurobürger klarzumachen, warum man Europa erweitern soll. Zu Maastricht-Zeiten hat es mehr Einstimmigkeit in der Frage des Erweiterns gegeben als heute. Daher schätze ich die Worte des Ministerialdirektors hoch ein: „Ich warne vor dem blinden Glauben, als wäre die Erweiterung der Europäischen Union unumkehrbar." Als ehemaligen Schriftsteller hat mich die Erinnerung des Ministerpräsidenten Professor Kurt Biedenkopf gefreut, daß die große Idee, die Europa vereinigt, der Rechtsstaat ist. Auch in anderen Zusammenhängen ist das ein zentrales Kriterium: Es bestimmt die geographischen Grenzen Europas. Und die damit übereinstimmenden und für mich wichtigsten Worte aus dem Munde Dr. Wolfgang Schäubles: „Die Europäische Union ist keine Wirtschaftsregion, sondern die politische Struktur der Freiheit." Dr. Schäuble möchte ich auch dafür danken, daß er der Brüsseler Sprache Deutsch vorgezogen und keinen Unterschied gesehen hat zwischen der Erweiterung und Vertiefung der Europäischen Union. Die Verführung der Euroalchimisten, eine Geheimsprache zu gebrauchen, die keiner außer ihnen versteht, hat Eurosanskrit hervorgebracht, wenn man eine ironische Zwischenbemerkung Henry Kissingers anführen darf. Das Ganze ist dabei, hinter den Details zu verschwinden, „man sieht den Wald vor lauter Bäumen nicht", wie man bei uns in Estland sagt, die Taktik überschattet die Strategie, das Ziel und die Mittel tauschen ihre Plätze, und die Frühlingskonferenz in Torino kann zur Universität in Bologna werden. Die Zeit ändert sich schneller als unsere Fertigkeit, sie zu beschreiben, sei es auch im Jargon des Eurosanskrits. Deshalb hat die bei weitem nicht rhetorische Frage Dr. Schäubles zur Verantwortung und Verpflichtung Europas frisch und rührend gewirkt, insbesondere aber seine Überzeugung, daß Europa ein Wunder sei. Das Wunder ist ein Ganzes, unteilbar wie eine Landschaft. Weite und Tiefe, Erweiterungen und Vertiefungen, politische und wirtschaftliche Integration lassen sich nicht trennen und in eine feste Reihenfolge bringen. Sie wirken gleichzeitig, einander stützend und ergänzend, und – auf Eurosanskrit – sie produzieren den Mehrwert, der Sicherheit heißt.

2.

Das Thema unseres Forums heißt „Das neue Europa und die Strategie der differenzierten Integrationen". Nicht „Die Europäische Union und die Taktik der Erweiterung".

Es sei mir gestattet, die Details zunächst zu vernachlässigen und über die Landschaft zu sprechen.

Das neue Europa ist ein geräumigerer Begriff als die Europäische Union. Eine solche Wortgebung läßt der Beweglichkeit des Gedankens angenehmerweise reichlich Raum. Hoffentlich bin ich mit den Veranstaltern des Bertelsmann-Forums gleicher Meinung, daß es immer noch zu wenig Strategien gibt, wie man das neue Europa bilden soll. Dagegen fließen Taktiken zur Vereinigung mit der EU und zur Erweiterung der EU wie aus dem Füllhorn.

In meiner Vision gehört zum neuen Europa die Europäische Union mit allen jetzigen Mitgliedskandidaten. In diesem Sinne ist die Strategie der Erweiterung der EU nicht nur die Angelegenheit der jetzigen Vollmitglieder. Als einziges Kriterium sollten die ausbalancierten Interessen des Ganzen dienen. Leider entspricht die Wirklichkeit nicht ganz dem Erwünschten. Gewissermaßen in der EU selbst, mehr noch aber in der Familie der Kandidaten droht die naive Stimmung der Wettbewerbsprüfungen überhand zu nehmen. Es bildet sich eine Atmosphäre des Qualifikationswettbewerbs heraus, wie bei der Zulassung zu den Olympischen Spielen. Grundsätzlich ist der Wettbewerb natürlich ein anspornender und anfeuernder Faktor. Doch wir haben es immerhin mit einem Versuch zu tun, bei dem die bestmögliche Variante für das Ganze auch die bestmögliche Variante für jeden Teilnehmer ist. Das ist meines Erachtens das hauptsächliche strategische Kriterium.

3.

Wie schwierig die Erweiterungsprobleme der Europäischen Union im Nord-, Mittel- und Südsektor auch sein mögen – sie sind trotzdem einfacher als die zwei miteinander verflochtenen Problemzonen, Balkan und Rußland. Beide setzen in absehbarer Zukunft eine enge europäische Zusammenarbeit und gemeinsame Strategien im nordatlantischen Maßstab voraus. Es ist offensichtlich, daß das neue Europa auf keinen Fall früher fertig wird, als bis man in den beiden Dimensionen Lösungen gefunden hat, die spontane, gewalttätige und deshalb naturgemäß provisorische Selbstlösungen ausschließen.

Vom Fertigwerden des neuen Europa kann man nur im allerengsten geopolitischen Sinne sprechen. Das weitere Knüpfen von gegenseitig nützlichen wirtschaftlichen und kulturellen Beziehungen ist ein endloser Prozeß. In diesem Sinne wird das neue Europa zum Glück ewig unvollendet bleiben. Doch irgendeine fertiggestellte territoriale Ganzheitlichkeit sollte man sich doch zum strategischen Ziel setzen. Das sich endlos erneuernde neue Europa kann sich nicht endlos vergrößern. Entwirft man mögliche Lösungen für die schon genannten schmerzhaften Probleme mit dem Balkan und Rußland, muß man feststellen, daß die Lösungen hier wahrscheinlich diametral verschieden sein werden. Den Teil, der zwischen Österreich und der relativ weitabliegenden und einsamen griechischen Bastion der Europäischen Union liegt, kann das neue Europa sich nicht amputieren. Einmal muß der Tag kommen, wo der beruhigte und stabilisierte Balkan in den Schoß des neuen Europa zurückkehrt. Um diesem Tag näher zu kommen, muß Europa selbst einen immer wirksameren Beitrag leisten.

Dagegen kann Europa Rußland – oder auch die GUS – nicht umfassen, unabhängig davon, welche erfreulichen oder unerfreulichen Entwicklungen da künftig stattfinden werden. In ihren natürlichen Grenzen sind das neue Europa und Rußland zwei gleich große Gefäße. Sie können einander nicht fassen. Im äußersten Fall haben sie für einige historisch flüchtige Augenblicke nur des anderen Scherben fassen können. Das hat man noch in der jüngsten Vergangenheit beidseitig zu tun versucht. Im neuen Europa sind solche anachronistischen feudalen Ambitionen begraben und lächerlich geworden. In Rußland aber gibt es leider immer noch sehr viele, die wahrhaftig verkünden: Probleme und Gefahren ergeben sich hauptsächlich daraus, daß Rußland zu klein ist; um Rußland vom Untergang zu retten, muß man es vergrößern. Rußland hat ein Dutzend Nachbarsstaaten – mehr als irgendein anderer Staat in der Welt. So kann tatsächlich die Illusion entstehen, als sei es umzingelt. Im Kontext der heutigen Welt verhält es sich wohl genau umgekehrt. Die inneren Probleme Rußlands und die daraus drohenden Gefahren sind desto größer, je größer Rußland selbst ist oder sein will. In diesem Zusammenhang können weder Europa noch die ganze nordatlantische Gemeinschaft die Bürde der russischen Größe auf keine Weise erleichtern. Doch sie können dieser veralteten imperialen Ideologie widerstehen und dadurch Rußland selbst sowie die ganze Welt von neuen Unglücksfällen schonen. Ich kann in den künftigen Beziehungen des rational sich entwickelnden Rußland und des sich erneuernden Europa nur eine positive Perspektive erblicken: Wenn das eine das andere nicht fassen kann, muß man ein neues, noch größeres Gefäß in Gebrauch nehmen, das sowohl Rußland als auch seinen euroatlantischen Partner problemlos aufnehmen könnte.

Hier und jetzt wird es wohl nicht passend sein, diese strategische Vision detaillierter auszuführen, doch eine gewisse Logik wird für Europa anscheinend wohl drin sein. Die Beteiligung an einem solchen Großen Trio würde vielleicht die Selbstliebe Rußlands – und die ist groß – zufriedenstellen und sein intellektuelles Potential freisetzen für demokratische Reformen, die für Rußland neu sind.

4.

Europa ist einmalig neu in dem Sinne, daß die Demokratie hier nicht nur die innerstaatliche Lebensordnung darstellt, sondern sich zu zwischenstaatlichen Beziehungen überhöht hat. Endlich verschwinden die feudalen Überbleibsel aus der internationalen Politik. Erstmalig in der Geschichte haben die europäischen Völker eine vernünftige Weise zur friedfertigen Koordinierung ihrer Sonderinteressen gefunden.

Mit dem Zustandekommen der nordatlantischen Gemeinschaft hat die Welt einen Wendepunkt in der Geschichte erreicht. Gefahren sind noch unzählbar, doch es gibt schon Kraft, mit ihnen zurechtzukommen.

Warum soll man über etwas sprechen, was alle schon kennen? Deshalb, weil wir uns an die verblüffende Erneuerung Europas schon zu sehr gewöhnt haben. Was soll man sich da groß wundern? Das Menschenleben ist kurz, die Geschichte lang. In der menschlichen Einschätzung ist eine geschichtliche Wende schon längst alltäglich geworden. Die ausgebliebenen Katastrophen fesseln nicht mehr unsere Einbildungskraft, die gewonnenen Güter kommen uns gering vor, aber die zu deren Erwerb erforderlichen Verzichte schrecklich groß.

Daran ist nichts zu ändern. Die Erhabenheit der Geschichte kann keiner von morgens bis abends wahrnehmen. Doch manchmal müssen wir dennoch versuchen, das zu tun. Im gegenteiligen Fall droht uns die Gefahr, daß sich unsere strategische Analyse im Dickicht der zahllosen taktischen Erwägungen verheddert und die relativ zweitrangigen Erwägungen das Wichtigste überschatten werden.

Was ist jetzt das Wichtigste? Natürlich der Erweiterungsprozeß unseres neuen Europas oder besser, der Europäischen Union selbst, nicht seine innenpolitischen Feinheiten in jedem beteiligten Staat, deren Verwobenheit auch der mächtigste Computer nicht berechnen kann. Der Vereinigungsprozeß kann deshalb eine zufällige, unabsehbare Richtung einschlagen, was im Endergebnis nicht den Interessen Europas als eines Ganzen dient. Den Interessen des Ganzen dient immer eine gut ausgewogene Strategie. Die Strategie selbst aber dehnt sich mit jeder Erweiterung immer weiter aus. So hat sich beispielsweise nach der letzten Erweiterung ein in Betracht zu ziehender Nordsektor der Europäischen Union herausgebildet, der bisher praktisch gefehlt hat. Seine Argumente und regionalen Interessen sind ebenso begründet und zu berücksichtigen wie die Präferenzen der Veterane der Union im Südsektor und im mitteleuropäischen Sektor. Zweifellos verstehen und unterstützen die Nordeuropäer den Wunsch Süd-Europas, Malta und Zypern möglichst schnell aufzunehmen, desto mehr, weil dieses Ansinnen eine gewisse Analogie besitzt zu den Bestrebungen der Nordeuropäer im Ostseeraum. Und ebenso verstehen sie die Präferenzen Mittel-Europas und insbesondere Deutschlands in Richtung Polen, Tschechien und Ungarn, denn durch die Akzeptanz dieser Staaten gewinnt die EU einen soliden Ostsektor, der bis jetzt praktisch gänzlich fehlt. Wenn aber solche Erweiterungsstrategien begründet sind, so auch der dringende Wunsch Nord-Europas, die Union bis zur Ostküste der Ostsee, bis nach Estland zu erweitern. Ist doch die Ostsee eigentlich das einzige Binnenmeer Europas und die Formgebung für die politische und wirtschaftliche Zusammengehörigkeit ihrer Anrainerstaaten daher von vorrangiger Bedeutung.

Die Erfolge Estlands bei der Beseitigung der kommunistischen Mißwirtschaft sind ein gutes Beispiel, wie erfolgreich eine zielbewußt durchgeführte Schocktherapie sein kann. Die Geschwindigkeit der Wirtschaftsreformen hat das Selbstbewußtsein der Esten gestärkt und wesentlich dazu beigetragen, daß die Integration mit den westeuropäischen Strukturen bei uns als Selbstverständlichkeit aufgefaßt wird. Estland hat sofort begriffen, daß ein Kleinstaat mit seinem winzigen Binnenmarkt und knappen Ressourcen nur unter der Bedingung Erfolg haben kann, daß seine Wirtschaft offen für die Welt ist. Die Esten sind die bedingungslosen Vorkämpfer des wirtschaftlichen Liberalismus, die konsequenten Anhänger des Freihandels. Der estnische Markt funktioniert als ein zollfreier Lagerplatz, wo es keinen Raum gibt für Protektionismus in jedweder Form. Die rasche Privatisierung, die freie Beweglichkeit des Kapitals, eine wirtschaftsfreundliche Steuerpolitik (Einkommenssteuer 26 %, unabhängig vom Einkommen), niedrige Arbeitskraft- und Nebenkosten, eine monetaristische Geldpolitik (der durch Gesetzgebung festgelegte Kurs der estnischen Krone zur deutschen Mark 1:8 hat sich fast vier Jahre unverändert gehalten) und ein stabiles Bankwesen haben Estland unter den Reformstaaten nach dem Umfang der Auslandsinvestitionen pro Einwohner an die Spitze geführt. Der Anteil des deutschen Kapitals daran könnte noch bedeutend gewichtiger sein.

Folglich wird Estland nicht in der Rolle eines Bittstellers oder im Schlepptau der Europäischen Union beitreten, sondern als gleichwertiger und kreativer Bildner unserer gemeinsamen Wirklichkeit. Der Grundsatz Estlands ist die individuelle Behandlung der Mitgliedskandidaten für die EU aufgrund des auf dem Madrider Gipfel erreichten Übereinkommens, im Einklang mit der vor kurzem erfolgten kraftvollen Aussage des Bundeskanzlers Helmut Kohl. Mit den wirtschaftlichen Kennziffern ist die Republik Estland schon jetzt reif zur Aufnahme der Beitrittsverhandlungen.

Ich will mich nicht bei regionalen Strategien aufhalten. Ich versuche, differenzierte Annäherungen in Betracht zu ziehen, die tatsächlich vorhanden sind. Mit dem Anwachsen der Zahl der Mitglieder werden sich in der EU unvermeidlich regionale Gruppierungen bilden. So wie die Entwicklung der Demokratie nicht auf der Stufe der einstigen Volksversammlung stehengeblieben ist, so wird auch die sich ständig erweiternde Union der demokratischen Staaten im Vergleich zu der bisherigen eine mehr hierarchische Struktur annehmen. Das geschieht *nolens volens*.

Für eine Verbindung der Strategien zu einem Ganzen verfügt Europa über ein ausreichendes Analysepotential. Jetzt muß auch der Mut ausreichen, Entscheidungen zu treffen und sie auszuführen. Europa ist ein Wunder, hat Dr. Schäuble gesagt, und heute liegt es in unserer Hand, dieses Wunder zu bewerkstelligen.

Wir wollen keine Freifahrt

Rede in der Kommission für Außen- und Sicherheitspolitik beim Europaparlament, 26. März 1996

Herr Vorsitzender, verehrte Parlamentsmitglieder, Damen und Herren!

Ich bin heute hier, denn ich habe einen Auftrag zu erfüllen: den Auftrag, die Überzeugung vertiefen zu helfen, daß unser europäisches Heim sich auch weiterhin seinem Schicksal gemäß entwickeln wird. Den Auftrag, Ihnen zu versichern, daß auch Estland ein dauerhaftes Europa wünscht und wir der Europäischen Union so beitreten wollen, daß die Strukturen der Union dadurch nicht schwächer, sondern stärker werden. Letztlich hat ja Estland in den zwei Weltkriegen einen größeren Teil seiner Bevölkerung eingebüßt als irgendein anderer Staat. Deshalb sind wir der Meinung, daß wir das Recht haben, uns an der Diskussion über Europa zu beteiligen, sogar wenn Sie das nicht für ganz begründet ansehen sollten.

Gerade deshalb können wir nie den Grund vergessen, warum die Europäische Union geschaffen wurde. Vor fünfzig Jahren hat Europa in Ruinen gelegen, seine Städte waren zerstört, seine Völker zermürbt. Man mußte etwas unternehmen, etwas, was Europa aus dem Kreislauf von Kriegen und Wiederaufbau hinausführen könnte, was es auf den Weg der ruhigen Entwicklung bringen würde. Armut und Angst haben die Idee Coudenhove-Kalergis von den Vereinigten Staaten Europas entstehen lassen. Diese Idee hat die europäischen Staaten auf dem Weg der friedlichen Koexistenz weiter getragen, als die Skeptiker es sich je hätten vorstellen können. Aus dem kleinen Sechs-Zimmer-Modellbau wurde ein großes Wohnhaus, deren Einwohner von einer einflußreichen Kommission vetreten werden – und ich bin stolz, heute vor dieser Kommission zu stehen, vor der ersten parlamentarischen Institution, die gewählte Volksvertreter von Finnland bis Irland im Norden und von Portugal bis Griechenland im Süden zusammenschließt.

Herr Vorsitzender!

Die Europäische Union und die Staaten der Europäischen Union sind in der entscheidenden Etappe ihrer Geschichte angekommen: Soll man weitergehen oder auf der Stelle treten? So wie jeder lebendige Organismus – und die EU ist ein lebendiger Organismus – muß sie zur Selbsterhaltung sich ständig weiterentwickeln, alles andere würde schreckliche Folgen nach sich ziehen. Die EU demokratischer zu machen, ihre Einrichtungen verantwortlicher vor Bürgern werden zu lassen, ihre Strukturen zu verstärken und wirksamer zu machen, und vor allem die Fesseln zu beseitigen, die europäische Unternehmer an Händen und Füßen binden, die Firmen selbstzufrieden und die europäische Industrie wenig effektiv gemacht haben – all das sind Ziele, nach denen wir nicht nur streben, sondern die wir auch erreichen müssen. Die Europäische Union ist unserer gemeinsamen Erfahrung entsprungen, und wir Esten fühlen eine ähnliche Verantwortung und sind ebenso interessiert an ihrer Verstärkung wie auch Sie, Spanier, Niederländer oder Deutsche. Umso mehr, als wir uns endlich – fünfzig Jahre später, als wir das gewünscht hätten – Europa wieder anschließen wollen.

Bei aller Achtung, die ich für dieses Auditorium hege, und weil Europa in den letzten fünfzig Jahrhunderten auch unser Heim gewesen ist, möchte ich an die Dame erinnern, die auf dem *five-o'clock-tea* auf Newton zugetreten ist und ihn gebeten hat, Naturgesetze zu erklären. Newton war, wie wir wissen, ein gemütlicher Gesprächspartner und entsprach der Bitte der Dame mit wissenschaftlicher Gründlichkeit. Der Dialog, der mehr einem Monolog ähnlich sah, wurde durch die Feststellung der Dame abgeschlossen: *„Sir, I accept the universe!"*

Daraufhin antwortete Newton – ich nehme an, in verärgertem Tonfall: *„You better do!"*

Meine Damen und Herren: Wir alle müssen das Weltall akzeptieren!

Doch ich sehe keine Bereitschaft, Wirklichkeit zu akzeptieren. Ich sehe keine Bereitschaft, die Tatsache zu akzeptieren, daß der Kalte Krieg nicht vorbei ist. Ich sehe keine Bereitschaft, die Tatsache zu akzeptieren, daß die Wirtschaftskrisen nicht überwunden sind und uns immer wieder überfallen können. Ich sehe keine Bereitschaft, die Tatsache zu akzeptieren, daß die wirtschaftliche und militärische Konfrontation dem bolschewistischen Traum vom Sieg der Kommunisten und vom Schweben des Sichels und Hammers über Europa entspricht. Ich sehe keine Bereitschaft, dem gewöhnlichen Bürger die unbequeme Tatsache, daß unsere Arbeit bei weitem nicht beendet ist, bewußt zu machen, denn der gewöhnliche Bürger würde dann lieber für Lamarck als für Newton in dieser Kammer abstimmen. Ich sehe keine Bereitschaft zu verstehen, daß wir nicht viel Zeit vergeuden können und noch viel tun müssen. Versprechungen, die nicht gehalten wurden, und Bestrebungen, die unbefriedigt geblieben sind, haben diejenigen in Schwung gebracht, die lieber alte politische Führer und alte Denkweisen nach Mittel-Europa zurückkehren sähen. Man muß positive Signale aussenden. Die Union muß sich erweitern – und was wäre denn logischer, als mit den am leichtesten zu schluckenden Speisen anzufangen, mit dem Ziel, allen richtige Signale zukommen zu lassen?

Wir wollen uns der EU anschließen, weil das unsere Berufung ist, und wir wünschen, Verhandlungen lieber sechs Monate vor als sechs Monate nach dem Ausgang der Interregierungskonferenz aufzunehmen. Wir müssen den Zeitfaktor berücksichtigen; jedes Ereignis hat seinen Augenblick in der Geschichte, für einen Moment wird etwas möglich, wofür eine andere Möglichkeit vielleicht gar nicht mehr kommt – und dasselbe gilt auch für die Erweiterung der Europäischen Union. Wie ich schon gesagt habe: Weiterstreben heißt Entwicklung, davon Abstand nehmen heißt Degeneration – es gibt keine Zwischenvariante. Und unsere Anstrengung muß beständig und einmütig sein, Europa ist noch nicht fertig. Im Zuge des Aufbaus unserer Wirtschaft haben wir selbst gesehen: obwohl die von uns eingesetzte Schocktherapie für manche sehr schmerzhaft war, hat sie sich dennoch als leichter verdaubar herausgestellt als die langsamere Taktik der Reformen, die von einigen weniger eifrigen mittel- und osteuropäischen Ländern praktiziert wurde.

Unser Staat ist eines der Länder Europas, die wegen der von ihrem Willen unabhängigen historischen Bedingungen nicht zu den Gründermitgliedern der Europäischen Union gehören konnten. Heute müssen wir die Gelegenheit ergreifen, die Geschichte zu korrigieren, denn bis morgen kann der heutige Wille dafür vielleicht schon verflogen sein. Gerade aus dem Grunde können wir den auf der Interregierungskonferenz wahrnehmbaren Tendenzen gegenüber nicht gleichgültig bleiben, sondern müssen betonen, daß unser höchstes Ziel beständig im Fokus der Aufmerksamkeit bleiben muß: Wiederbelebung und Reintegration von Europa, das vor fünfzig Jahren geteilt wurde, aber nicht durch die Abmachung von Jalta, sondern durch den deutsch-russischen Pakt, der den Zweiten Weltkrieg eingeleitet und Estland samt anderen Staaten an die Sowjetunion verkauft hat.

Trotzdem muß der Reintegrationsprozeß nicht bedeuten, daß wir freien Zugang zum Schlaraffenland der Europäischen Union bekommen, daß die Mitteleuropäer „drin" sein sollen, ohne die Verantwortung auf sich zu nehmen, die mit der Mitgliedschaft einhergeht. Wenigstens seit 1992 haben die Vertreter Estlands ständig betont, daß wir keine Freifahrt haben wollen. Im Gegenteil, wir fordern, daß Sie uns klare Kriterien präsentieren, denen wir entsprechen müssen. Freie Marktwirtschaft, frei konvertierbare Währung, ausreichender Rechtsschutz sowohl für Privatpersonen wie für Betriebe, Umweltschutz – und natürlich Demokratie, Achtung der Rechte der Minderheiten und der Religionsfreiheit – das ist etwas,

was man von den künftigen Mitgliedern der EU nicht erbitten, sondern fordern muß. In keinem Fall darf man im Gange des Erweiterungsprozesses eine Abschwächung der Grundsätze der EU zulassen. In keinem Fall fordern wir eine Sonderbehandlung. Das einzige, was wir wollen, ist eine gleiche Behandlung.

Im Interesse sowohl der Mitgliedskandidaten wie auch der Europäischen Union als eines Ganzen selbst ist es wichtig, daß die aufgestellten Kriterien, von den politischen Interessen manches Staates ausgehend, nicht ignoriert werden. Die Europäische Gemeinschaft ist nicht vordergründigen politischen Interessen entsprungen, und auch die Europäische Union kann sich nicht aufgrund von Beschlüssen entwickeln, welche im Hinblick auf individuelle politische Interessen gefaßt werden. Es kommt uns allen zugute, wenn sich die Europäische Union, ausgehend von klaren Kriterien, erweitert, und es ist ein Nachteil für uns alle, wenn dem nicht so ist. Aus dem Grunde ist jedes Spekulieren über Staatsnamen oder das Erwähnen der Kosten im Zusammenhang mit dem Beitritt nur irreführend. Heute wissen wir noch nicht, welche Staaten den Kopenhagener Kriterien entsprechen werden, wenn die Beitrittsverhandlungen beginnen; auch wissen wir nicht, wieweit sich die Wirtschaft der Mitgliedskandidaten bis dahin entwickelt haben wird.

Deshalb sage ich Ihnen heute nicht, wer unter den ersten neuen Mitgliedern sein soll. Ich sage nur, daß wir bemerkenswerte Fortschritte gemacht haben: Unsere Wirtschaft ist offen, wie haben keine Ein- und Ausfuhrzölle und keine Subsidien, sogar in der Landwirtschaft nicht, die weniger als 9% vom Gesamtprodukt unserer Innenwirtschaft ausmacht und 8% unserer Arbeitnehmer beschäftigt. Wir sind der erste Staat in Zentral-Europa, der sofort, ohne jede Übergangsperiode, seinen Markt dem westeuropäischen Markt geöffnet hat. Unsere Währung, die Krone, ist voll konvertierbar. Wir haben kein Haushaltsdefizit, und die Arbeitslosigkeit liegt unter 5 %. Unsere Demokratie ist stabil, und unsere 1,5 Millionen Einwohner stellen keine wesentliche Last für die Ressourcen der Union dar.

Eigentlich glaube ich, daß wir der Europäischen Union viel zu bieten haben: Unsere Wirtschaft ist dynamisch und sollte auch in diesem Jahr um 5 bis 6% wachsen. Unsere Bevölkerung ist mobil – was nicht dem Wunsch gleichkommt, Estland zu verlassen, sondern der Bereitschaft, neue Sachen auszuprobieren, neue Aufgaben zu lösen und sich selbst auf die Probe zu stellen. Faktisch haben wir unseren Staat aus den Ruinen der sowjetischen Kolonialprovinz wiederaufgebaut zum gleichwertigen Partner in der Familie der Völker Nord-Europas. Wir sind bereit und eigentlich einverstanden, uns gleich dem Programm der „Einheitlichen Landwirtschaft" anzuschließen, denn nicht mit dem Ziel des Geldverdienens wollen wir uns der EU anschließen, sondern um unsere Ideen zu vereinigen, und unseres Erachtens kommt es unserer Landwirtschaft zugute, wenn wir dem verdächtigen Segen von allen möglichen Subsidien absagen, denn das wäre ein Leben auf Kosten unserer Kinder. Wir glauben an das freie Unternehmertum und daran, daß wir imstande sind, diesen Dynamismus auch in die EU mitzubringen. Das ist unser Angebot.

Doch natürlich haben wir noch einen langen Weg zu gehen, um das ganze Wissen der Union einzusetzen. Deshalb können wir heute nicht sagen, daß wir bereit sind.

Doch ich sage Ihnen auch: Wenn wir oder ein anderer Staat zu der Zeit bereit ist, wenn die Beitrittsverhandlungen mit den Mitgliedskandidaten beginnen, dann darf dieser Staat nicht einfach deshalb beiseite gelassen werden, weil der Zeitplan irgendeines deutschen Politikers anders aussieht.

Die Behauptung, die „angrenzende Expansion" wäre nur östlich von Deutschland möglich, werden wir anhand unbestreitbarer Beweismaterialien widerlegen: dazu dient die Karte Europas, die allen zeigt, daß eine „angrenzende" Erweiterung auch Richtung Süden möglich ist – und nicht nur von Italien nach Malta, sondern auch von Finnland nach Estland.

Auf die Argumente der „blockweisen Erweiterung" und der „Spaltung der Einheit" bei einer Gruppe gewisser Staaten erwidere ich: Wenn man diese Linie verfolgt, so beraubt die Europäische Union uns aller Argumente, womit wir unsere Bürger anfeuern können, weiterzustreben und die Reformen zu beschleunigen. Die Einsicht, daß die Bedingung für den EU-Beitritt ernste Reformen und harte Arbeit sind, hat uns stärker anstrengen und schmerzhafte Reformen durchboxen lassen. Es ist primär wichtig, daß man eine solche Einsicht nicht anzweifelt, und daß man die Erweiterung der Europäischen Union nicht auf die von politischen Nahinteressen ausgehenden politischen Beschlüsse reduziert.

Verehrte Mitglieder des Europaparlaments!

Zu Beginn meiner Rede habe ich versucht, an die Bedingungen der Gründung der EU zu erinnern. Die Erschütterung des Zweiten Weltkrigs hat Europa gezwungen, in der Zukunft mehr Sicherheit anzustreben. *Ad hoc*-Lösungen reichen nicht aus. Man braucht ein organisiertes System, das als Grundlage dienen würde für die neue politische Ethik.

Als Politiker und Historiker wäre ich sehr zufrieden, wenn ich heute von einem fortschreitenden Entwicklungsprozeß, von einem ständigen, sorglosen Progress sprechen könnte.

Doch in Wirklichkeit sind die Prozesse viel weniger kontinuierlich und in ihrer Unkontinuierlichkeit auch viel dramatischer.

Ich möchte, daß Sie verstehen, daß das heutige Europa in manchem Sinne an demselben Punkte steht wie vor einem halben Jahrhundert. Ich habe von Ruinen gesprochen. Bildlich gesagt, können wir auch heute von Ruinen sprechen – von den Ruinen des totalitären Systems, von den Ruinen der totalitären Denkweise. Das gilt für einen großen Teil Europas, der vom normalen europäischen Entwicklungsweg abgeschnitten war. Über ihm lag der Schatten des Molotow-Ribbentrop-Pakts, und ihn bedrückte die Last der euphorischen, idealistischen und alles in allem naiven Jalta-Abmachung. Sie alle wissen, wie farbenfroh und potentiell kraftvoll dieser Teil Europas eigentlich ist, der sich jetzt bemüht, der Europäischen Union grundsätzlich, geistig, politisch und intellektuell beizutreten. Das Bild von Ruinen ist nach der fünfzigjährigen Isolierung gar nicht fehl am Platz.

Ich will einfach sagen, daß die jetzige politische Situation ähnliche Aufmerksamkeit, ähnliche Unkonventionalität und ähnlichen Enthusiasmus fordert, wie es die großen europäischen Politiker vor einem halben Jahrhundert aufgewiesen haben. Das ist aber überhaupt nicht leicht, denn wir alle sind Menschen, und leider wollen sich Menschen Änderungen nicht gerne unterwerfen.

Aber jetzt ist die Zeit der Entscheidungen da, die für lange Zeit unsere Werte bestimmen sollen.

Ich betone wieder einmal: Das ist nicht nur das Problem des europäischen Ostteils allein. Das Wegräumen der heutigen Ruinen ist lebenswichtig für Europa als Ganzes.

Umso mehr, meine Damen und Herren, weil nicht alle davon überzeugt sind.

Meine Damen und Herren!

Können Sie sich vorstellen, welche Folgen ein politisch motivierter Beschluß haben könnte, die Europäische Union nur um einige Staaten zu erweitern? Wenn man durch einen solchen Beschluß die Staaten, die sonst den vorgesehenen Forderungen entsprechen würden, dem politischen Zugwind überließe? Das Signal, das man aus einem solchen negativen Beschluß herauslesen würde, wäre, daß die EU Trennungslinien zieht. Genau so wird man dieses Signal begreifen, wäre das dann richtig oder nicht.

Wenn aber eine auf konkreten Forderungen basierende Entscheidung getroffen würde, einen Staat oder einige Staaten aus der südlichen Region von Mittel-Europa, einen Staat oder einige Staaten aus der Mitte und einige oder auch nur einen Staat aus der Nordregion bei der EU willkommen zu heißen, würde das eine ebenso klare

Botschaft enthalten, daß die EU allen Ländern offen steht, die man vor 50 Jahren nicht aufnehmen konnte, jedoch nur dann, wenn sie hinsichtlich Wirtschaftsordnung und Gesetzgebung den Anforderungen entsprechen, die von den einstigen Gründern der Europäischen Union aufgestellt wurden.

Herr Vorsitzender!

Zum Abschluß gestatten Sie mir, zum Anfang zurückzukehren: Wir wollen eine starke Europäische Union – genau wie Sie – , die uns ins 21. Jahrhundert weiterführen kann. Wir wünschen sehr, der EU beizutreten, doch nur auf eine Weise, die die in den letzten fünfzig Jahren mit großer Sorgfalt aufgebauten Strukturen nicht abschwächen würde. Wir wollen uns nicht dem gemeinsamen Haus Europa anschließen, sondern unser eigenes Haus aufbauen im vereinigten Europa, wo wir alle gleichwertige Partner sind und mutig in die Zukunft blicken können.

Gerade aus dem Grunde muß das von uns zu schaffende Gebilde Bestand haben. Neue *ad hoc*-Lösungen, als pragmatische und politisch vernünftige ausgegeben, sind aus der langfristigen politischen Perspektive betrachtet fruchtlos und sogar gefährlich. Besonders in Anbetracht der Reichhaltigkeit von Wirkungsfaktoren und der Kompliziertheit der Bedingungen, die mit unserem Unternehmen einhergehen, können wir uns nicht mit halben Lösungen zufriedengeben. Es hat keinen Sinn, hier jemandes Schuld oder Schuldigkeit zu erörtern. Im Laufe der vergangenen Jahrzehnte hat man das schon zur Genüge getan. Jetzt ist es Zeit, Ruinen wegzuräumen, und das ist tatsächlich die Aufgabe von ganz Europa.

Zwei Geschichtsauffassungen, unversöhnlich miteinander

Vorlesung in der Aula der Tartuer Universität, 14. Mai 1996

Hochgeachteter Herr Rektor, meine Damen und Herren!

Jedem Zögling der Tartuer Universität ist ein Wiedersehen mit der Universität dasselbe wie ein Wiedersehen mit der Jugend. Also bin ich glücklich, aber kann auch die Ehre schätzen, die Sie der Republik Estland erwiesen haben, indem Sie dem Staatsoberhaupt den Rednerpult in der Aula angeboten haben.

Das Rednerpult steht jedoch an falscher Stelle. Als ich 1948 zum erstenmal die Aula betrat, herrschte in der Universität seltsamerweise das westeuropäische Protokoll; der Rektor präsidierte auf dem höchsten Sitz über dem Redner, und die Stühle umgaben ihn im Halbkreis.

Vor dem Staatsstreich des Präsidenten Päts war auch das estnische Parlament ähnlich eingerichtet: die Parlamentarier saßen im Halbkreis, die Linken links, die Rechten rechts, und, das wichtigste, der Fußboden stand nur den Parlamentariern zur Verfügung. Journalisten und das Volk hatten freien Zugang zum Balkon. Der einfache und sakrale Satz der alten Parlamente hat mich immer gerührt: *„You have the floor."* Der Fußboden des Parlaments ist exterritorial, dort gibt es kein Gedränge, dorthin gelangt man nur mit der Vollmacht des Volkes und mit der Erlaubnis des Vorsitzenden. In der Kirche entspricht dem Boden des Parlaments der Altar. Entspricht ihm auch in dem Sinne, daß sowohl vom Fußboden des Parlaments als auch vom Altar aus eine Zwiesprache geführt wird, im ersten Fall mit dem Volk, im zweiten mit Gott. Das ist mir gestern, beim Niederschreiben dieser Worte, eingefallen, vor allem, weil man sowohl das ständische Alt-Livland wie auch die Tartuer Universität, die im vergangenen Jahrhundert „Landesuniversität Dorpat" hieß, Republik genannt hat. Und mit diesen Worten, im Halbkreis, nähere ich mich einem Thema des heutigen Vortrags. Von Ihnen, hochgeachtete Bürger der Gelehrten Republik, möchte ich hören, wie Sie den staatsrechtlich exzeptionellen Terminus „Landesuniversität" in die Sprache dieses Landes übersetzen wollen. Ich habe es nicht eilig, Estland hat es nicht eilig, doch hat es auch nicht übermäßig viel Zeit. Ist das Land der Staat? In diesem Fall irren sich diejenigen russischen Parlamentarier, die unser Vaterland für ein alteingesessenes russisches Gebiet halten, für ein Gouvernement unter anderen russischen Gouvernements. Oder ist „das Land" die euphemistische Maskierung der hiesigen höheren Stände gewesen, hinter dem es keinen staatsrechtlichen Inhalt gab, hinter dem sich das Gouvernement versteckte? Das verspricht ein gemütliches Weiterdösen in der 700jährigen oder auch 7.000jährigen Nacht der Sklaverei, gibt uns den Vorwand zum masochistischen Schimpfen auf die Nachbarn, wenn die Decke oder der Teppich, wie man früher sagte, zu kurz ist und die Zehen draußen bleiben.

Mit anderen Worten: Gibt es in unserer Heimat – also vom Ufer des Peipus-Sees bis zur Ostseeküste – Raum für zwei einander ausschließende Geschichtsauffassungen? Kann der Staat zwei Antlitze haben wie Janus? Bis jetzt ist das so gewesen, und dadurch konnten wir uns die gefährliche Freiheit herausnehmen, die Leistungen auf unsere Rechnung und die Verluste auf die Rechnung unserer Nachbarn oder der Fremden zu schreiben. Das, meine Damen und Herren, gilt sowohl für die nähere Vergangenheit wie für die Gegenwart. „Wenn der Krieg ausbrechen sollte, werden die Feindschaftsflammen nicht auf das Baltikum übergreifen," folgerte der verantwortliche Redakteur der Zeitung „Postimees" Arno Raag am schönen Morgen des 24. August 1939, als er von der Unterzeichnung des Molotow-Ribbentrop-Paktes in Moskau erfahren hatte. Das ist ein ehrlicher, doch in seiner Naivität erschütternder Satz. Er weist darauf hin, daß sogar in einer Lage, wo im Café „Werner" oder im Pressesaal der Universitätsbibliothek die wichtigsten Zeitungen Europas mit eintägiger Verspätung zu haben waren, doch das Wissen und der Wille fehlten, aus ihnen Schlüsse zu ziehen. Mehr noch: die Schlüsse der freien Presse sich zu eigen zu machen. Es fehlte die politische Kultur, die Situation des Staates im Kontext des Zeitgeschehens wahrzunehmen. Wie Sie wissen, habe ich mich für Geschichte interessiert, und daher bin ich vielleicht so veranlagt, die Rolle der Geschichte überzubewerten. Zugleich bin ich überzeugt, daß nur unsere ganze Geschichtserfahrung Estland eine geborgene Zukunft gewährleisten kann. Ein Staat kann nicht zwei Geschichtsauffassungen haben, die unversöhnlich einander gegenüberstehen. Kultur produziert Sicherheit. Die politische Kultur muß gleichsam wie auf der Schiffsbrücke jeden Augenblick fähig sein, die Position des Staates im Zeitrahmen genau zu bestimmen. Die beiden Koordinaten sind ihrer Natur nach in ununterbrochener Veränderung begriffen, und ebenso empfindlich muß der Dialog Estlands mit der uns umgebenden Welt auf diese Veränderung reagieren, wenn wir wollen, daß das estnische Schiff auch bei Seitenwind oder im Sturm den estnischen Kurs einhält.

Also behaupte ich, daß Kultur Sicherheit produziert. Gestatten Sie mir, mich bei drei Thesen aufzuhalten.
1. Erstens will ich beschreiben, was ich unter Kultur verstehe.
2. Zweitens will ich die Frage beantworten, warum wir uns erhalten haben.
3. Drittens will ich die Bedingungen entwerfen für den Fortbestand Europas.

Der Mensch ist ein gesellschaftliches Tier.

Wie gut bekannt, macht die biologische Geburt des Menschen aus ihm noch keinen Menschen. Das Neugeborene ist nur die Möglichkeit eines Menschen. Es wird zum Menschen – wird langsam, und jetzt schon selbst die Geburtswehen spürend – nur dann, wenn eine Kulturumwelt ihn umgibt. In der lebendigen Natur ist der Mensch eine so junge und zugleich eine so frische, frühlingshafte Erscheinung, daß er als Fortsetzung des Mutterleibes Kultur braucht. Nur im Kulturmilieu eignet das soziale Fötus sich das Rede- und Denkvermögen an, wird zum Schöpfer, der Entscheidungen treffen kann und die Wahl hat, Gedanken zu denken, die vor ihm noch nie gedacht worden sind, sinnvolle Sätze und Satzfolgen in Worte setzen, die noch keiner formuliert hat, Sachen zu tun und zu erlernen, die man vor ihm nie gemacht hat. Kurz, das Menschenkind wird zum Menschen nur in der Kultur. Der Mensch lebt nicht außerhalb Kultur und die Kultur nicht außerhalb des Menschen. Wir haben leider keine Zeit, experimentell festzustellen, ob ein Affe, der eine Ewigkeit am Computer sitzt, unter anderem auch die gesammelten Werke Shakespeares tippt. Ich nehme an: Wenn die Ewigkeit auch zweimal länger wäre, würde er das nicht schaffen. Also ist die Kultur der Beschützer des Menschen, und will der Mensch Mensch bleiben, muß er seinerseits auch der Beschützer der Kultur sein. Der Mensch ist eben Kultur und folglich in der Kultur unsterblich.

Zwischenbemerkung. Als ich gestern Morgen diese Zeilen schrieb, daß der werdende Mensch nur im sozialen Milieu Rede- und Denkvermögen erwirbt, stockte mir die Feder, um die Wortfolge zu verbessern. Für einen Moment kam es mir so vor, als wäre anstatt Rede- und Denkvermögen die umgekehrte Wortfolge richtiger, nämlich: Denk- und Redevermögen. Doch ich ließ die Wortfolge unverbessert. Das ist das uns allen bekannte Problem mit dem Ei und dem Huhn. Wir müssen uns damit abfinden, daß man unter gewissen Bedingungen nicht die kausalen Zusammenhänge herauspräparieren kann wie auf dem Seziertisch in der Anatomie. Ich gehe vom Ei-Huhn-Beispiel zu einem viel überzeugenderen Satzpaar weiter, nämlich: Hat der Mensch sich einen Gott erschaffen? Oder hat Gott sich den Menschen erschaffen? Ich hatte nie vor, auf diese zwei

Fragen eine eindeutige Antwort zu suchen. Hier ist nur eine Folgerung denkbar: Diese zwei Fragen kommen nicht getrennt vor, sondern erhalten einen Sinn nur in ihrer Untrennbarkeit. Und dann klingt dieser Gedanke gar nicht so banal, wenigstens mir nicht.

Also, der Mensch selbst ist die Kultur und folglich in der Kultur unsterblich. In uns leben alle Geflüster der vorherigen Generationen bis zu den Urwäldern Afrikas.

Und so bin ich von der Kultur und dem Menschen ausgehend im Urwald angelangt. Der Mensch wird in der Gesellschaft geboren, aber die Gesellschaft ihrerseits wird dennoch im Naturmilieu geboren, sie lebt darin und verschwindet einmal mit ihm. Die Gesellschaft gibt es in der Natur, nicht umgekehrt, obwohl der Bewohner einer Riesenstadt eine täuschende umgekehrte Vorstellung haben kann, wenn er auf irgendeinem grünen Platz Tauben füttert.

Da dem so ist, gelten in der Menschengesellschaft dieselben allgemeinen Gesetzmäßigkeiten wie in der lebendigen Natur. Das Gleichgewicht der lebendigen Natur hängt von ihrem *Artenreichtum* ab, das Gleichgewicht der menschlichen Gesellschaft und ihre Entwicklungsprespektive von ihrer kulturellen Vielfalt, dem *sozialen* Artenreichtum.

Man gestatte mir eine neue Abweichung. Vor ein paar Jahrzehnten habe ich ein Buch über die Entdeckung der Ostsee, „Silberweiß", geschrieben, wo es unter anderem um das erste geographische Wörterbuch ging. Dieses wurde von Al-Bakri – aus Andalusien, wenn ich mich richtig erinnere – zusammengestellt, aber hier will ich Al-Bakri nur im Zusammenhang mit der Kreativität erwähnen: Er hat für sein Wörterbuch die alphabetische Reihenfolge erfunden. Auch das ist eines von diesen kleinen Dingen, so einfach, daß wir meistens meinen, es sei von selbst entstanden. Doch Al-Bakri weist darauf hin, daß es nicht so war; mehr noch, er zeigt auf, daß die alphabetische Reihenfolge im direkten Zusammenhang mit der Ankunft des biegsamen arabischen Dezimalsystems und der biegsamen Denkweise der islamischen Welt in Europa gestanden hat. Gestatten Sie mir, ihn anzuführen: „Die Reihenfolge der Buchstaben [...] ist die Folge von *alif, ba, ta, sa* und so weiter bis zum letzten, 28sten Buchstaben. Das Buch hat insgesamt 784 Kapitel: Genau so viel, wie man beim Multiplizieren von 28 mit sich selbst bekommt." Der Verfasser begnügt sich mit den zwei ersten Buchstaben der Stichworte und der Summe ihrer Kombinationen. Möglicherweise hat sein scharfer Geist für einen Augenblick die Frage berührt, wie groß wäre bei 28 Buchstabenzeichen die Gesamtsumme aller Kombinationen, Variationen und Permutationen: ausreichend groß, um alle Sprachen der Welt zu allen Zeiten der Welt zu fassen.

Der Schwindel, der ihn ergriff, ist den Wissenschaftlern bekannt, die sich zehn Jahrhunderte später an die Zusammenstellung der Computermetasprache machten. Heute, zwanzig Jahre nach dem Schreiben dieses Buches, hätte ich die Metasprachen Internet und World Wide Web genannt. Eigentlich möchte ich mich vor Al-Bakri verbeugen und das Schöpferische, die Kreativität definieren: Der Mensch produziert Texte, die keiner früher geschaffen hat; der Mensch schreibt Sätze, die keiner früher geschrieben hat; aus der endlichen Zahl der einfachen Signale – im Fall Al-Bakri 28 – vermag der Mensch eine unendliche Zahl von kombinierten Signalen zusammensetzen. Die Sprache der Tiere dagegen besteht aus Lauten. Sie haben keine Sätze, noch weniger Texte.

Und nochmals zur Geschichte. Ich erinnere mich, daß zu Universitätszeiten, als die Geschichte von Jahr zu Jahr immer mehr in das Prokrustesbett der sowjetischen Pseudowissenschaft gedrängt wurde, ich mich plötzlich beim Gedanken ertappte, daß die Tartuer Universität die estnische Geschichte ganz anders unterrichten sollte, so wie die Geschichte in Oxford oder an der Sorbonne gelehrt wird. Übrigens sind die beiden Universitäten aus der Tallinner Dominikanerklosterschule herausgewachsen und gehören also in die Geschichte der estnischen Hochschulen – unter der Bedingung, daß in Estland statt zwei Geschichtsauffassungen nur die eine gilt. Doch die Frage, die mir zusetzte, war sehr einfach. Kulturen kann man nicht aufreihen wie Olympiasieger, denn den Wert der Kultur macht die Besonderheit aus, modern gesagt: die Identität. Eine der Besonderheiten der estnischen Kultur ist die geringe Zahl der geschriebenen Texte und der Reichtum der mündlichen Tradition. Die estnische Geschichte braucht außer den gewöhnlichen Werkzeugen auch solche, die in der europäischen Geschichtswissenschaft nicht mehr gebraucht werden. Sprachgeschichte, Ortsnamen und Volksdichtung gehören unbestreitbar zu unseren Geschichtsquellen, doch sie fordern eine von der Philologie verschiedene Vorgehensweise. Ich würde das durch das folgende Beispiel erklären: Was für einen Wert hat die Folklore für den Historiker? Die brutale Antwort würde lauten: überhaupt keinen. Außer, daß sie für die Menschen Aspirin ersetzt, Hungersnöte abgewehrt und geholfen hat, Kinder zu erziehen. Das hat die Folklore unverzichtbar gemacht. Sie ist eine so wichtige Voraussetzung des Lebens, daß sie schön werden mußte. Doch ihr ästhetischer Wert ist trotzdem sekundär. Primär ist, daß sie den Menschen mit einem Lebensschild umgab, den wir rechts- und pflichtgemäß mit Gott, oder wenn Sie wollen, mit der Möglichkeit des Lebens gleichsetzen.

Zurück zum Hauptthema.

Zu der Folgerung der kulturellen Vielfalt und des sozialen Artenreichtums ist unter anderen schon fast anderthalb Jahrhunderte zuvor John Stuart Mill gelangt, der die Effektivität und Betriebssicherheit von Europa als dem Kulturmotor der Welt sehr überzeugend mit dem sprachlichen und kulturellen Artenreichtum dieser kleinen Halbinsel begründet hat. Jetzt endlich beginnt sein Heimatkontinent Europa diesen seiner Zeit vorausgeeilten Gedanken allmählich zu akzeptieren. Obwohl noch nicht allgemein, obwohl noch nicht mit genügendem Verständnis, und oft auch schon zu spät. Einer der sonderbarsten Paradoxe unserer Zeit liegt gerade darin, daß, obwohl die kulturelle und sprachliche Vielfalt der Welt schneller abnimmt als der natürliche Artenreichtum, die Gefahren, die das Naturgleichgewicht bedrohen, von den Naturwissenschaftlern, einfachen Naturfreunden, sogar Politikern merklich besser wahrgenommen werden. Der soziale und politische Art-Egoismus verblendet aber immer noch ganze Völker, große und mittlere und sogar ziemlich kleine, insbesondere, wenn sich ein noch kleineres findet, demgegenüber man diesem Egoismus freien Lauf lassen kann.

Und Opfer finden sich vorläufig noch in ziemlich großer Zahl. In der Welt gibt es etwa 5.000 Kleinvölker und Kleinkulturen. Ihre Zahl vermindert sich um eins in der Woche. Wollen wir das ruhig und nüchtern feststellen, wissenschaftlich, wenn Sie wünschen, ohne zu ethischen Argumenten zu greifen. Obwohl auch sie Gewicht haben. Rationell erörternd – worauf können wir denn hoffen, wenn wir kein Verschmelzen der menschlichen Kultur zu einem Einheitsbrei wollen?

Ich will einige leise ermutigende Umstände vorführen.

Erstens: In der allgemeinen Entwicklung der Dinge gibt es außer den bedauernswerten auch günstigere Tendenzen. Beispielsweise die UNO, man soll von ihr denken, was man will, hat sich schon eine Zeitlang erweitert und kann sich künftig noch mehr erweitern *nur durch die Kleinstaaten*. Und auf unserem eigenen Kontinent können ja auch die Europäische Union und der Europarat, von anderen abgesehen, sich weiterhin nur durch mittlere und kleine Staaten erweitern, denen das Unterstützen von Kleinstaaten naturgemäß mehr am Herzen liegt oder wenigstens liegen sollte. Der Zusammenschluß der Kräfte im Namen des Bewahrens der gefährdeten Identität ist nötig und möglich. So wortspielhaft das auch klingen mag – wenn wir uns auch weiterhin von den anderen unterscheiden *wollen, können wir das nur gemeinsam tun.*

Zweitens: Die Beibehaltung der kulturellen Identität ist zumindest in den demokratischen Staaten nicht nur ein nationales und sprachliches, sondern auch ein regionalpolitisches Problem. Die verschiedenen Regionen der Großstaaten und die um ihre kulturelle Identität besorgten Kleinstaaten haben übereinstimmende Interessen, die es ebenfalls gestatten, nützliche Kooperationsbeziehungen anzuknüpfen. Drittens: Die gerade jetzt vor unseren Augen stattfindende Informationsrevolution braucht nicht nur eine zusätzliche Gefahr für die Identität zu sein, sondern kann auch ein Vorteil und ein Schild gegen die allesumfassende Gleichstellung sein. Diese Revolution geht ja nicht nur vor unseren Augen vor sich, sondern auch mit unserer direkten Beteiligung. Wir sollten uns also klug beteiligen, notfalls auch mit estnischer Gerissenheit. Gutenbergs Druckerpresse wird ihrerseits zum Erlöschen von so manch eigenartigen Kulturerscheinungen beigetragen haben, aber sicher hat sie viel mehr andere vor dem Verschwinden gerettet. Esten und Finnen sollten hier unbedingt kurz auf ihre Kulturgeschichte zurückblicken und Parallelen zur Gegenwart aufzeigen. Was wäre aus uns geworden, hätte das gedruckte Wort die Kommunikationsmöglichkeit in unseren Ländern im Laufe der Zeit nicht plötzlich so wunderbar vertausendfacht? Alles Schädliche und Dumme kann man aus der explosionsartig anschwellenden Informationswoge natürlich nicht radikal herausfiltern. Von diesem Übel wird uns weder Diktatur noch Demokratie befreien. Oder wie Winston Churchill einmal betrübt feststellte: „Wo Redefreiheit herrscht, da wird unvermeidlicherweise sehr viel Dummes geredet." Den gleichförmigen und betäubenden Informationslärm kann man kaum durch das Verbot der Dummheit bekämpfen, sondern immer nur durch die vernünftige Vermehrung der nützlichen Information.

Wie soll man das machen?

Soll diese Frage der akademischen Familie überlassen bleiben.

2.

Zweite Frage.

Warum sind wir erhalten geblieben?

Die Ostseefinnen, darunter auch die Esten, haben beim Wechsel des vergangenen Jahrtausends die geschriebene Geschichte betreten. Ich meine die Muromer, Merjaner, Wepsen, Ishoren, Woten, Finnen und Esten, aber warum nicht auch Sprachverwandte von weiter her? Als erste haben die Syriaken ihr Alphabet gehabt. Als erste haben die Wepsen ihre Stadtkultur geschaffen. Aldjeijuborg am Ufer des Ladogasees und der Newa ist zu einer bemerkenswerten internationalen Handelsstadt aufgestiegen. Dennoch ist der größte Teil dieser Population verschwunden. Der Akademiker Sjögren hat in der Nähe St. Petersburgs 1821 die letzten wepsischen Dörfer entdeckt, fast zehn Jahrhunderte nach dem Verschwinden dieses Volkes aus der geschriebenen Geschichte. Womit soll man erklären, daß das Schicksal der Esten anders verlief? Daß eine Population verschwindet, die andere sich erhält? Die Antwort liegt bestimmt nicht in der mystischen Lebenskraft der Esten. Auch bei weitem nicht in der größeren Zahl oder größeren Einmütigkeit der Esten. Als Antwort könnte die Kontinuität der estnischen Kultur dienen, doch auch dieser Satz ist mehr Frage als Antwort, denn: Was hat die Kontinuität der estnischen Kultur in einer Situation gewährleistet, als die Esten kein Nationalstaat waren?

Auch eine solche Fragestellung ist nicht korrekt, denn von Nationen können wir eigentlich erst in der Zeit nach Martin Luthers Reformation und von Nationalstaaten in der Zeit nach dem Ersten Weltkrieg sprechen. Der Schutzschirm, der uns geschützt hat – um das NATO-Bild zu gebrauchen – ist das Verschmelzen Estlands mit dem westeuropäischen Rechtssystem, Estlands Werden zu einem Rechtsstaat, oder wenn Sie mehr Präzision wünschen, zu einer fest umrissenen Rechtsprovinz gewesen. Ich werde als punktierte Linie die Knotenpunkte nennen, die diese Behauptung illustrieren. Die Verschmelzung des urtümlichen und kontinentalen Rechts können wir schon in den ersten Auslandsverträgen erblicken. Die mit dem Heiligen Stuhl Roms im 13. Jahrhundert geschlossenen sieben Auslandsverträge sind uns gleichermaßen wichtig, sowohl in der Kultur- wie Staats- und Rechtsgeschichte, denn Rom hat Estland als ein Subjekt des Staatsrechts anerkannt. Das Lübische Recht ist mit dem estnischen Urrecht verschmolzen, worauf Tallinner Ratsdokumente mit dem Begriff „*Ius Estonicum*" hinweisen. Wenn wir unsere Vergangenheit behandeln, müssen wir schärfer im Auge behalten, daß in der mittelalterlichen ständischen Gesellschaft nicht der nationale, sondern der soziale Impuls bestimmend war: Derjenige, der die Spitze der sozialen Pyramide erklommen hatte, ist in die baltisch-deutsche, richtiger niederdeutsche Umwelt geraten und hat sich germanisiert, und umgekehrt: der auf einen niedrigeren Stand Gesunkene ist in die estnischsprachige Umwelt geraten und hat sich estnisiert. Sie sehen, ich unterscheide zwischen Niederdeutsch und Baltendeutsch. Auch das hat seinen Grund. Die niederdeutsche Sprache hat so viele Entlehnungen und Einwirkungen aus dem Estnischen aufgenommen, daß daraus die baltendeutsche Sprache geworden ist, worauf Hupel[30] bereits im 18. Jahrhundert aufmerksam zu machen

---

[30] August Wilhelm Hupel (1737-1819), deutschbaltischer Publizist, Heimatforscher und Linguist, Verfasser von „Ehstnische Sprachlehre für beide Hauptdialekte" (1780).

wußte. Wahrscheinlich liegt hier die Erklärung für die wichtige und leider vergessene Feststellung von Helmi Üprus[31] von 1969: „Es gibt keinen historischen Kunststil, dessen Spuren sich nicht in der estnischen Volkskunst widerspiegelten." Ich will nicht von der rechtlichen Kontinuität zur kulturellen Kontinuität überspringen. Ich will nur darauf hinweisen, daß der Rechtsstaat, dieser Schutzschirm, der die estnischen verschiedensprachigen Stände gleichermaßen bedeckt hat, wie verschiedensprachige Stände in England oder Frankreich, sowohl die ständischen Privilegien wie Besteuerungen geschützt hat, aus Estland eine offene Gesellschaft gemacht und zugleich die Identität dieser Gesellschaft, sowohl die kulturelle wie die staatsrechtliche, vertieft hat. Ich bin nicht sicher, ob diese zwei Identitäten überhaupt unterscheidbar sind. Der Franzose Léouzon Le Duc, der im vergangenen Jahrhundert Estland besuchte und darüber ein Buch schrieb, stellte 1855 folgendes fest: „Es ist nur eine Frage der Zeit, daß Estland ein selbständiger Staat wird." Das ist keine romantische Phrase gewesen. Ein Außenseiter kann Entwicklungen wahrnehmen, die der im Prozeß Beteiligte nicht unbedingt sehen muß. Und zur Bekräftigung dessen noch ein Zitat, diesmal aus dem Munde des Großfürsten Wladimir, der 1886 Tartu besuchte: „Es werden alle Mittel eingesetzt, um die baltischen Grenzländer mit unserem allgemeinen Vaterland zu vereinigen." Wollen wir festhalten, daß in den Augen des Großfürsten Estland 1886 noch nicht mit Rußland vereinigt war. Sein unheilverkündender Satz ist gleichzeitig größte Anerkennung des Fortbestands des estnischen Rechtsstaats und der estnischen kulturellen Identität.

Ich werde die weitere Entwicklung der ständischen Selbstverwaltungen zu demokratisch gewählten Selbstverwaltungen beiseite lassen, die eine zentrale Rolle im Vorbereiten, Ausrufen und Verteidigen der estnischen Selbständigkeit gespielt haben. Ein kleines Volk wählt seine Strategie für die Verwirklichung der Identität und Selbstbestimmung, die sich von den Strategien größerer Völker unterscheidet. 1908 ist in Tõnissons Zeitung „Postimees" ein Satz erschienen, der das Programm für das ganze laufende Jahrhundert enthält: „Ein Volk, das seine Lebensbestrebungen auf einer sittlichen Grundlage gründet, gedeiht und wächst, auch wenn es klein ist."

Wie lassen sich diese zwei Geschichtsauffassungen in Verbindung bringen, die bis heute unversöhnlich geblieben sind?

Auch diese Frage werde ich Ihnen, geachtete akademische Familie, zur Lösung überlassen. Vor ein paar Tagen habe ich über diese Dinge mit Doktor Boris Meissner gesprochen, dessen Plan, bei der

---

[31] Estnische Kunstwissenschaftlerin (1911-1978).

Tartuer Universität ein Zentrum für Ostforschung zu gründen, ich von ganzem Herzen unterstütze. Boris Meissner hat diese Frage folgendermaßen beantwortet:
Estland war immer ein untrennbarer Teil West-Europas. Alt-Livland hat in der Konföderation mit dem heiligen Römischen Reich deutscher Nation gestanden.

Mit der Erweiterung der Verwaltung und der Kultureinrichtungen, die mit der Reformation einherging, begann die Verschmelzung des Urrechts mit dem römisch-germanischen Recht, woraus die rechtliche Basis und der Ausgangspunkt für das im 19. Jahrhundert kodifizierte baltische Recht, insbesondere für das Zivilrecht wurde.

Die ständische Gesellschaft, die sich beim Übergang vom Mittelalter zur Neuzeit unter der schwedischen und teilweise polnischen Krone herausbildete, hat trotz ihres feudalen Charakters eine Autonomie für die ganze Bevölkerung gewährleistet.

Die wichtige und zentrale Rolle ist der Reformation und dadurch der evangelisch-lutherischen Kirche zugefallen. Dank der Anerkennung der Privilegien der baltischen Ritterschaft und der evangelisch-lutherischen Kirche durch Peter den Großen im Friedensvertrag von Uusikaupunki blieben Estland und Livland und später auch Kurland autonome Regionen unter der russischen Krone. Das hat den Esten ermöglicht, sich durch die Entwicklung des Schulnetzes, besonders aber durch die Gründung der Tartuer Universität (Landesuniversität Dorpat!), zu verwirklichen und zu einer Nation aufzusteigen. Dabei ist wesentlich gewesen, daß der baltische Landesstaat sich mit seinem selbständigen Rechtssystem und Selbstverwaltungsorganen erhielt und wirkte, durch die die politische und kulturelle Autonomie verwirklicht wurde. Trotz des sich verstärkenden Drucks der Russifizierungspolitik haben höhere Stände im Hofe und Kaiserreich wichtige Funktionen beibehalten, die sie Schritt für Schritt den niedrigeren Ständen zu überlassen begannen. Zum Beispiel Martens[32] im Außenministerium und später Jaan Poska[33].

Soviel zu Doktor Meissners Einschätzungen.

---

[32] Friedrich von Martens (1845-1909), russischer Diplomat und Rechtswissenschaftler von estnischer Abstammung, s.: J. Kross, Professor Martens' Abreise, München, Hanser 1992.

[33] (1866-1920), estnischer Staatsmann, Jurist, 1917 Kommissar des Gouvernements Estland, in der provisorischen Regierung Estlands stellvertretender Ministerpräsident und Justizminister, Delegationsleiter bei den Verhandlungen mit Sowjetrußland, Unterzeichner des Tartuer Friedensabkommens 2. II 1920.

Dem Forscher des estnischen Staatsrechts sind sie nicht so fremd, wie es auf den ersten Blick erscheint. Professor Jüri Uluots[34] richtete am 1. Oktober 1933 folgende Zusammenfassung an den Kongress der estnischen Selbstverwaltung: „Schauen Sie, solange es in irgendeinem Lande Selbstverwaltungen gibt, sei es in einem noch so kleinen Maße, wie das in Estland der Fall war, so lange ist dieses Land politisch nicht tot, es hat politisch gehandelt. Von diesem Standpunkt aus kann man auch nicht sagen, Estland sei 1917 vom Himmel gefallen ...

Es gibt keinen rechtlichen Grundsatz, der in Estland mit der Idee der Selbstverwaltung an Alter, Beständigkeit und erzieherischem Wert konkurrieren könnte. Die estnische Selbstverwaltung ist der Grundstein gewesen, auf den die heutige Zeit sich stützt."

Mit dieser Skizze wollte ich erklären, warum wir uns erhalten haben, ungeachtet dessen, daß wir nicht immer unseren Schutzschirm zu schätzen gewusst haben.

3.

Drittens: Wird Europa sich erhalten?

Als Präsident habe ich eine Aufgabe, die wegen des großen Zeitdrucks manchmal die anderen überschattet: Es ist meine Pflicht, der Welt zu beweisen, daß Europa sich nur unter der Bedingung erhalten wird, daß die Selbständigkeit Estlands und seiner baltischen Geschwister sich hält.

Europa hat keine geographischen Grenzen. Europa ist kein geographischer Begriff. Europa ist vor allem ein Komplex von gemeinsamen Rechtswerten, die als Voraussetzung gedient haben für gemeinsame Anschauungen, Demokratie, Menschenrechte, Wirtschaft und Kultur. Voraussetzungen zur Strukturierung dieser gemeinsamen Substanz an die Europäische Union und die NATO sind in der bipolaren Welt durch den Druck des Warschauer Pakts entstanden. Wenn man in der Berliner Mauer ein Bild der bipolaren Welt erblicken will, sollte man im Fall der Berliner Mauer den Faktor sehen, der in den Augen des europäischen Steuerzahlers das Interesse sowohl für die EU als auch für die NATO verminderte. Das Ergebnis ist die Verengung des Manövrierungsfeldes der europäischen politischen Führung in Fragen, die die Erweiterung der EU und der NATO betreffen.

---

[34] (1890-1945), estnischer Staatsmann und Rechtswissenschaftler, 1939-1940 Ministerpräsident der Republik Estland, starb im Exil als Ministerpräsident im Auftrag des Präsidenten.

Äußerlich zeigt sich das in der Abschwächung der politischen Willenskraft Europas und in der Verschwommenheit des Erweiterungsszenariums.

Die Erweiterung Europas ist kein Ziel für sich. Mehr noch. Die Erweiterung Europas ist nicht von Sicherheitserwägungen diktiert. Sie ist durch den schwer erklärbaren Umstand diktiert, daß die Gesellschaft keine statischen Zustände kennt. Europa hat nur zwei Alternativen: Entweder wird sich die Insel der Demokratie erweitern, oder umgekehrt, die Insel der Demokratie schrumpft. Eine dritte Möglichkeit gibt es nicht.

Die Geschichtserfahrung Estlands verpflichtet uns, hier mit voller Stimme mitzureden.

Manchmal hat man mich gefragt – und nicht nur im Ausland, sondern in der letzten Zeit besonders in der Heimat – , warum Estland sich die EU und die NATO zum Ziel gesetzt hat.

Ich halte es nicht für nötig zu wiederholen, was die russische Presse im letzten Halbjahr über die sogenannten „legitimen Rechte Rußlands" auf das sogenannte „Nahausland" geschrieben hat. Presse ist Presse. Gestatten Sie mir, die Worte des Außenministers Andrei Kosyrew anzuführen: „In gewissen Fällen kann zum Schutz unserer im Ausland wohnhaften Landsleute der Einsatz der direkten Militärgewalt nötig sein." Estland und Lettland namentlich nennend, hat Kosyrew uns „im Verfolgen der willentlichen Politik einer Vertreibung von ethnischen Russen" beschuldigt.

Meine Damen und Herren, ich brauche Ihnen nicht zu erklären, was richtig und was falsch ist. Die erfolgreiche Nationalitätenpolitik Estlands ist einzigartig nicht nur in Mittel-Europa, sondern in Europa als Ganzem. In der Vergangenheit sind die Nationalfragen in Estland wirklich kompliziert gewesen. Die sowjetische Besetzung hat in Estland ein halbes Jahrhundert lang eine ethnische Säuberung durchgeführt, die sich im Töten und Deportieren von Esten, in der massenhaften Umsiedlung von Menschen anderer Nationalitäten nach Estland und im gewaltsamen Verbiegen der Nationalkultur ausgedrückt hat. Die Erinnerung an solche tragischen Verluste verschwindet nicht über Nacht. Aber einmal wird sie verschwinden. Und wie jede Tragödie, wird sie in einer seelischen Reinigung münden. Ich war zwölf Jahre alt, als meine Familie samt mir mitten in der Nacht nach Sibirien deportiert wurde. Heute kann ich das gemeinsame Elend sowohl der Gefangenen wie ihrer Wärter sehen. Sie waren nicht hungrig, aber blind. Wir waren hungrig, aber Seher.

Im heutigen Estland hat jedermann Hoffnung. Die estnische Gesetzgebung hat den Ausländern den Weg geöffnet für eine Integration in die estnische Gesellschaft. In seiner Rede auf dem Tallinner

Rathausplatz im vorigen Frühjahr hat der Vizepräsident der USA Al Gore unserer Nationalitätenpolitik hohe Anerkennung gezollt mit den Worten: „Die Geschichte hat gezeigt, daß die nationale Unabhängigkeit mancherorts den nationalen Chauvinismus schüren kann. Doch die gerechte Verwirklichung des estnischen Staatsbürgerschaftsgesetzes und die Beteiligung der estnischen Bürger russischer Abstammung in der Politik bezeugen, daß Estland ein Rechtsstaat geworden ist, in dem Toleranz herrscht und der auf moderne Bürgerwerte gegründet ist. Die hier aufgezeigte Toleranz macht Estland zum Vorbild für die ganze übrige Welt."

Estland hält den mit der Mitgliedschaft der EU zusammenhängenden politischen Dialog für sehr wichtig, ebenso wie die Ergebnisse der gemeinsamen Außen- und Sicherheitspolitik für die Sicherheit und Stabilität Europas. In diesem Licht erblicken wir auch die NATO. Was uns angeht, so ist die beste Sicherheitsgarantie eine erfolgreiche Wirtschaft, doch ihre Garantie sind wiederum Sicherheitsgarantien. Jeder in Estland investierte Westdollar erhöht unsere Sicherheit. Anders gesagt, indem sich die EU und die NATO erweitern, erweitert sich gleichzeitig die stabile Wohlstandsregion, und das kommt uns allen zugute, sowohl Europa wie der Russischen Föderation.

Gerade die Sicherheit ist der Grund, warum die Erweiterung der EU und der NATO unseres Erachtens nur aufgrund objektiver Kriterien und nicht gruppenweise erfolgen sollte. Das wäre sowohl für die baltischen Staaten wie auch für die Sicherheit des ganzen Kontinents gleichermaßen von Vorteil, indem sie sie als Ganzes verstärken könnte. Und umgekehrt, wenn ein Land angenommen und ein anderes in den Warteraum gewiesen wird, würde gerade diese Situation entstehen und sich verschärfen, die wir zu vermeiden versuchen – es entstünde eine sicherheitspolitisch unbestimmte graue Leere zwischen Europa und Rußland, wo für so manchen Politiker immer noch der Grundsatz gilt „wer zuerst kommt, mahlt zuerst".

Die Nennung der Grauzone bringt mich zur letzten Spitze des strategischen Vierecks Tallinn-Washington-Brüssel-Moskau. Wie Sie wissen, hat in unseren Beziehungen mit Moskau eine entscheidende Wende zum Besseren am 31. August 1994 stattgefunden, als die letzten Besatzungstruppen den estnischen Boden verließen. Drei Monate später hat der bedauernswerte Krieg in Tschetschenien angefangen. Ungeachtet dieses moralischen Dilemmas haben wir versucht, die historische Möglichkeit zur Verbesserung der Beziehungen mit unserem großen Nachbarn zu nutzen, indem wir auf Rhetorik verzichteten und im Namen der Normalisierung der Beziehungen gehandelt haben. Doch eine solche Politik trägt nur dann Früchte, wenn sie beiderseitig ist.

Estland gibt sich Mühe, auch für die schwierigsten Probleme in den Beziehungen zu Rußland Lösungen zu finden. Wir haben keine territorialen Ansprüche an Rußland, doch zugleich fordert das Abschließen des Grenzabkommens, das sich auf das internationale Recht stützen würde, den politischen guten Willen auch von der anderen Seite.

Meine Damen und Herren, außer dem eben beschriebenen strategischen Viereck kennen wir noch ein weiteres viereckiges strategisches Bild. Das ist das Fenster. Genauer, das Fenster der Möglichkeiten. Wir müssen dieses Fenster einen Spalt öffnen und die dem Fall der Berliner Mauer zu verdankenden Errungenschaften so festigen, daß dieser Kontinent nie mehr im kalten Wind zittern muß.

Das Vernachlässigen dieser Möglichkeit würde dem Nichterfüllen von Verpflichtungen und dem Verlust des Rechts auf Wort gleichkommen. In diesem Zusammenhang möchte ich an den öffentlichen Brief der führenden Politiker erinnern, der in „The Wall Street Journal" erschien: „Sogar wenn ganz Bosnien erobert würde, wie 1990 in Kuwait geschehen, selbst dann ist es äußerst wichtig, daß die demokratischen Staaten ebenso klar wie im Falle Kuwaits sagen würden, daß die gewaltsamen Grenzänderungen und die ethnische Säuberung nicht passieren werden. Wenn der Westen das nicht klar sagt [...], entäußert er sich jeder Möglichkeit, die ernst werdenden Drohungen der Chauvinisten in der ehemaligen Sowjetunion und anderswo zu unterdrücken."

Die klassische Demokratie der heutigen Welt wird von der Gefahr bedroht, sich in ihr eigenes Gegenteil zu verkehren. Die heutige Welt dringt über CNN, ABC und allerlei andere Kanäle in jedermanns Schlafzimmer, Wohnzimmer und Küche und schafft die Illusion, als beteilige sich jedermann an dieser Wirklichkeit. Doch das Fernsehen gibt dem Menschen keine Chancen, bei der Lösung der Probleme mitzuwirken. Und auch die Probleme selbst sind schon längst solcherart, daß sie den Rahmen einer Wählerschaft übersteigen. Globale Probleme benötigen 20, 30, 50 Jahre für ihre Lösung. Doch der Wähler wird vor allem einen solchen Menschen zu seinem Vertreter wählen, der seiner Familie einen neuen Wagen zusichert. Darin liegt die Krise der westlichen Demokratie. Es gibt keinen Mechanismus, der die Menschen veranlaßt, sich für die Zukunft ihrer Enkelkinder Sorgen zu machen.

Die Gefahr der Aggression ist auch aus der heutigen Welt nicht verschwunden. Seit der frühesten Menschheitsgeschichte ist die Aggression das Bestreben einer Population, eines Stammes, eines

Volkes gewesen, auf die Rechnung eines Anderen Extraenergie zu erwerben. Das ist extensive statt intensive Politik. Die extensive Politik hat sich als Überbleibsel des sowjetischen Imperiums in Rußland nach wie vor erhalten, und nicht nur da. Statt einer weiteren Verbreitung der Demokratie wird die Welt von der neuen Teilung des Sozialprodukts bedroht, diesmal durch Kernerpressung.

Der Zerfall der Sowjetunion kam für den Westen unerwartet. Nicht für Estland, Lettland, Litauen, vielleicht auch nicht für die Ukraine, aber das ist ein eigenes Thema. Gefährlich ist, wenn mit dem Verschwinden des Namens Sowjetunion automatisch das Verschwinden der Kommandowirtschaft, anders gesagt, der extensiven Wirtschaft, anders gesagt, der Aggressionsquelle verknüpft wird. Vor vier Jahren hätten die Völker der Sowjetunion sich vielleicht dankbar auf den Weg der freien Marktwirtschaft gemacht, der sie durch Schwierigkeiten zur Demokratie geführt hätte. Denn die freie Marktwirtschaft ist ja nichts anderes als das Recht und die Pflicht des Menschen, freie Entscheidungen zu treffen, was ja die Voraussetzung der Demokratie ist.

In meinen seltenen pessimistischen Momenten scheint mir, daß diese vier Jahre auf fatale Art vergeudet wurden. Ich glaube dennoch, daß dem nicht so ist. Auch jetzt und in der Zukunft besteht immer die Möglichkeit, zwischen dem schweren Weg der demokratischen Entwicklung und dem aggressiven Weg der Kommandowirtschaft, der schnellen, aber illusorischen Profit verspricht, zu wählen. Zur Erleichterung dieser Wahl für die Völker der Russischen Föderation muß man jedoch die moralische Verantwortung begreifen, die auf uns liegt, und sie lastet auch hier im Saal der Universität. Nach vier Jahren wird es den Völkern Rußlands noch schwerer als heute fallen, die Wahl zu treffen.

Vielleicht ist es zu spät zu fragen, ob sich der Zweite Weltkrieg wiederholen kann. Es kommt mir so vor, als ob wir in rührender Einmütigkeit den Dritten Weltkrieg übersehen haben. Der ist ausgebrochen, als die sowjetischen Truppen im August 1945 ohne einen besonderen Grund in die Mandschurei eingedrungen sind, woraufhin die kommunistischen Staatsstreiche und Kriege in Korea, Vietnam, Indonesien, auf der Arabischen Halbinsel, in Afrika, Nicaragua erfolgten. Wenn das kein Weltkrieg ist, was ist dann ein Weltkrieg? Wir Europäer haben den Dritten Weltkrieg wegen unseres Eurozentrismus übersehen. Wir bemerken nur solche Kriege, die die Kathedrale in Coventry oder Köln oder Kiew zerstören. Wir verstehen nicht, daß die Oberflächlichkeit, mit der die Millionen Opfer Ruandas in eine fernerliegende Ecke unseres Bewußtseins abgeschoben sind, sich früher oder später an uns selbst rächen wird. Bis zum heutigen Tag dauert in der Welt die pausenlose Kette der Kriege fort, deren Opfer zusammenzuzählen sich keiner die Mühe gemacht hat. Auf die eine oder andere Weise hat der Grund immer in der gewaltsamen Umteilung der Wirtschaftserträge gelegen.

Wir haben den Dritten Weltkrieg nicht erkannt. Sind wir sicher, daß wir den Vierten Weltkrieg erkennen werden? Seine Formen können so verschieden sein, daß sie wohl die Zeitungen mit fetten Schlagzeilen speisen, doch nicht imstande sind, in uns die Sorge für den Bestand der Grundwerte der Demokratie wachzurufen. Natürlich weise ich hier auf die U-Bahn in Tokio, auf Oklahoma, Yokohama, auf den Terrorismus in Deutschland, England und Frankreich hin. Die Demokratie wird diesen Kampf verlieren, wenn sie vor der Erpressung durch Kern- oder biologische Waffen oder vor einer noch raffinierteren terroristischen Gefahr zurückweicht. Terrorismus ist kein Zeitvertreib für Laien. Lenin, daran will ich Sie erinnern, ist ein professioneller Terrorist gewesen und hat darauf seinen Staat gegründet. Das Fünfeck symbolisiert bis heute die fünf Kontinente der Welt. Wenn die Öl- oder Elektronikindustrie ihre globalen Verbände geschaffen haben, warum unterschätzen wir dann das Vermögen des internationalen Terrorismus, seinen globalen Staat zur Umverteilung des Sozialprodukts zum Preis der Opferung der demokratischen Grundsätze zu schaffen?

Und gleichzeitig verstehe ich die Grenzen der Demokratie. Jedem nationalen Parlament wird es sehr schwer fallen, seinen Wählern klarzumachen, warum man außerhalb der Grenzen seines Staats und oft seines Kontinents Sorgen und Kosten tragen muß. Die Vision Marshall McLuhans von der Welt als einem kleinen Dorf klopft energischer als je zuvor an die Eßzimmertür des hedonistischen Europäers, gerade dann, wenn man erörtert, ob man ein Truthahn oder eine Schweinelende als Weihnachtsbraten bestellen soll.

Sicherheit, Sicherheit und nochmals Sicherheit

Rede im Institut für Strategische und Internationale Forschungen in Washington, 27. Juni 1996

Meine Damen und Herren!

Heute ist der letzte Tag meines diesmaligen Besuchs in New York und Washington. In den vergangenen vier Tagen habe ich mit meinen zwei Kollegen aus Riga und Vilnius eine Reihe von Treffen auf hohem Niveau gehabt, darunter mit Präsidenten Clinton und Vizepräsidenten Gore, mit Minister Perry, mit vielen führenden Mitgliedern des Senats- und der Repräsentantenkammer, mit Journalisten und hiesigen Wissenschaftlern und Beobachtern wie Ihnen.

Es wird Sie sicherlich interessieren, worüber wir auf diesen Treffen gesprochen haben. Also sage ich Ihnen: über Sicherheit, Sicherheit und nochmals Sicherheit. Im Amt des Präsidenten von Estland muß ich gewährleisten, daß mein Volk in sicheren Bedingungen leben und gedeihen kann. Deshalb ist es verständlich, daß eine meiner primären Aufgaben bei diesen Gesprächen hier in Washington die Erörterung ist, wie man die Sicherheit der baltischen Staaten erhöhen kann – zugegebenerweise in einem ziemlich komplizierten Sektor der internationalen Arena.

Ist das Leitmotiv unserer hiesigen Gespräche Sicherheit gewesen, so hat die NATO als Symbol gedient. Die Einstellung Estlands gegenüber der Erweiterung der NATO ist sehr pragmatisch. Obwohl wir einmal Vollmitglieder der NATO werden möchten, ist uns bekannt, daß das nicht heute, morgen oder sogar nächste Woche geschieht. Wir glauben auch, daß Taten eine klarere Sprache sprechen als Worte, und daher konzentrieren wir uns, statt die NATO-Trommel zu schlagen, auf die Vergrößerung unserer Aktivität im Kooperationsrat der NATO, in der Partnerschaft für Frieden und auf mehrere andere Arten, wodurch wir unsere Verbundenheit mit der NATO weiterführen, einschließlich unserer Hilfe bei der internationalen Truppen in Bosnien.

Trotzdem finde ich, daß ich oft wiederholen muß, was unserer Meinung nach vollkommen klar, doch vielen offensichtlich noch nicht verständlich ist. Ich möchte heute morgen in meiner kurzen Wortmeldung meine Meinung zu vier Punkten im Zusammenhang mit der NATO-Erweiterung äußern.

Erstens wird oft davon gesprochen, daß die NATO-Erweiterung die baltischen Staaten nicht umfassen kann, denn diese Staaten gehören zur uralten russischen Einflußzone. Freunde, nichts ist entfernter von der Wahrheit als das. Ich bin persönlich sehr interessiert an der Kulturanthropologie und habe jahrelang Filme gemacht über die fennougrischen Völker auf dem grenzenlosen Festland Eurasien. Dieses Interesse hat sich bei mir ausgebildet, als ich als Kind nach Sibirien deportiert wurde. Ich kann Ihnen versichern, daß die Esten schon 5.000 Jahre lang ihre Ecke an der Ostsee bewohnt haben, und im historischen Sinne hat Rußland nur für einige flüchtige Augenblicke bei uns Fuß gefaßt.

Außerdem befinden wir uns heute am Ende des 20. Jahrhunderts. Wenn ich mich nicht sehr irre, so gelten Reden über Einflußsphären, historische Territorien und Ähnliches zumindest als anachronistisch und politisch durch und durch falsch.

Zweitens: Oft wird davon gesprochen, daß die NATO sich nicht in baltische Staaten erweitern kann, denn die baltischen Staaten gelten als unschützbar. Auch hier handelt es sich um einen Fall des trüben Denkens. Gestatten Sie mir die Frage, ob Berlin im Kalten Krieg schützbar war? Sicher nicht. Aber da die Westverbündeten mit den USA an der Spitze die politische Verpflichtung übernommen hatten, die Ganzheitlichkeit von Berlin als der Hauptstadt vom geteilten Deutschland beizubehalten, so wurden die zur Beibehaltung dieses Status nötigen Gelder und Energie gefunden.

Ich möchte behaupten, daß wir heute im Baltikum eine ebensolche Führung und ein ebensolches verantwortungsbewußtes Herangehen brauchen, wie es im Kalten Krieg Berlin zuteil wurde. Deshalb, weil das Baltikum eben das Berlin der 90er Jahre ist. Wie Berlin das Spielfeld darstellte, auf dem die durch anprallende Interessen gekennzeichneten Beziehungen zwischen Ost und West geklärt wurden, so ist auch das Baltikum dieses Minenzündhütchen, wovon die Sicherheit eines ganzen Erdteils und mittelbar auch die Sicherheit der atlantischen Westküste abhängt.

Der dritte Punkt betrifft die Demographie. Oft wird davon gesprochen, daß die NATO sich nicht zum Baltikum erweitern kann, denn dort leben zu viele Russen. Hier stoßen wir wieder auf eine anachronistische Denkweise. Denn es gibt keine politische Lebensform wie den Nationalstaat mehr. Wir alle leben in multinationalen Gesellschaften, einschließlich Estland. Während der Zeit der sowjetischen Besetzung wurden im Zuge der vom Zentrum aus organisierten Russifizierungskampagne Hunderttausende von Russen in Estland angesiedelt. Doch wie Vizepräsident Al Gore auf seinem Besuch in Tallinn im letzten Jahr sagte, ist Estland ein Vorbild für andere Staaten mit einer erfolgreichen Integrierung der Nichteinwohner in die Gesellschaft.

Mehr noch, ich möchte Ihnen versichern, daß dieses Argument seinem Wesen nach rassistisch ist. Hat jemand jemals behauptet, daß Deutschland nicht der NATO angehören dürfte, weil dort zu viele Türken leben? Oder was soll man von Großbritannien und seinen Pakistani denken? Die nationale Zusammensetzung des einen oder anderen Staates dürfte in keiner Weise die Aufgabe dieses Staates beeinflussen, für alle seine Einwohner die Sicherheit zu garantieren, unabhängig von der Rasse, Hautfarbe, Konfession oder davon, welche Sprache das Kind zufällig am Frühstückstisch zu sprechen gelernt hat.

Mein vierter und letzter Punkt gilt der Semantik. Wir sprechen oft von der Erweiterung oder dem Anschwellen der NATO, als würde dieser Verband irgendeine exotische und der Meinung der russischen Führung nach irgendwie ansteckende Amöbe darstellen. Ich möchte darauf aufmerksam machen, daß man der NATO nicht beitritt, sondern man wird als Mitglied dorthin berufen. Im Unterschied zu Groucho Marx meine ich, daß das ein Klub ist, dem ich wohl als Mitglied beitreten möchte, obwohl der Klub Bedenken hat über die Mitgliedschaft meines Staates.

Außerdem vergessen wir, daß die NATO nicht über Nacht wachsen kann. Sie ist momentan ein Verband mit sechzehn Mitgliedsstaaten, in dem das Parlament eines jeden jede beliebige neue Korrektur des Washingtoner Vertrags ratifizieren muß. Daher haben wir in den letzten vier Tagen nicht nur mit den Regierungschefs gesprochen, sondern einen bemerkenswerten Teil unserer Zeit auch auf dem Kapitolshügel zugebracht.

Diese Entscheidung wird nicht nur von Regierungen beschlossen, letztlich müssen die von Völkern gewählten Parlamente die Sache entscheiden. Mit so vielen Beteiligten zu kommunizieren ist schwierig, aber als Präsident muß ich das tun, weil man gewährleisten muß, daß die Demokratie in Estland außer Gefahr ist.

In einer dynamischen Welt: estnische Visionen 1996

Rede auf dem Treffen der europäischen Mitglieder der trilateralen Kommission in Helsinki, 12. Oktober 1996

Meine Damen und Herren!

Vielleicht erinnern sich die hier im Saal Anwesenden an den Essay Samuel Huntingtons, *„The Clash of Civilizations"*, der vor einigen Jahren in der außenpolitischen Welt Aufsehen erregt hat. Huntington hatte eine Grenze der Zivilisationen durch Europa gezogen; Balten, Finnen, Schweden und andere Bewohner West-Europas, kurz, wir mit Ihnen wurden auf die eine Seite der Grenze gesetzt, und Rußland wurde auf die andere Seite gestellt. Helsinki ist der richtige Ort zu erinnern, daß die Unabänderlichkeit der Grenzen vor ein paar Jahrzehnten auch politisch deklariert wurde. In der Helsinkier Schlußdeklaration steht es geschrieben, daß die beteiligten Staaten die Grenzen in Europa als unveränderlich auffassen und versprechen, „jetzt und weiterhin von beliebigen Angriffen auf, Forderungen an oder Aktionen gegen diese Grenzen" abzusehen.

Es sind einige Dutzende Jahre vergangen, und es hat sich herausgestellt, daß die Grenzen doch die Eigenschaft besitzen, sich zu ändern und diesmal – Gott sei Dank – ohne jegliche Gewalt. Auch 1975 haben wir gewußt, daß in vielen Fällen eine Doppelmoral zum Tragen kommt. Der damalige Präsident der USA, Gerald Ford, hielt es gleich nach Helsinki für nötig zu betonen, daß die USA eigentlich niemals die Besetzung der baltischen Staaten anerkannt habe und daß die Fahnen der baltischen Staaten in Washington immer neben den Fahnen anderer unabhängigen Staaten geweht haben.

Zum Glück erkennt die Geschichte keine starren Lösungen an.

Die politische Karte Europas hat sich geändert, so wie sich in der Geschichte ganze Zivilisationen und Kulturen geändert haben. Die Grenze einer Kultur kann nur elastisch sein, denn sonst kapselt man sich in sich selbst ein, in Selbstbewunderung, und die Folge davon ist Degeneration im geistigen Sinne. Das Einteilen der Welt in „wir" und „nicht-wir" bringt den Wunsch zum Vorschein, dem Nachbarn seinen Platz zuzuweisen, im schlimmeren Fall geht damit der Wunsch einher, auch für den Nachbarn zu entscheiden. Kultur ist dynamisch, es sind ihr Entwicklung und Dialog eigen. Der Dialog findet seinen Ausdruck in politischen Beschlüssen, doch leider ist das nicht immer der konstruktive Teil des Dialogs gewesen.

Die Grenzen der Kultur sind gerade deshalb beweglich, weil die Kultur an und für sich nie aggressiv ist. Die Kulturgrenze wird drohend, destabilisierend nur dann, wenn sich der POLITISCHE WILLE zu Kreuzzügen meldet. Hinter den Kreuzzügen, hinter der Kulturphobie liegen aber meistens Rohstoffmangel, Arbeitslosigkeit und fehlende Märkte verborgen; im besseren Fall ein kraß unterschiedliches Maß an Freiheit, hinter dem sich ein kraß unterschiedlicher Lebensstandard verbirgt. Einmal war die Berliner Mauer ein solches Grenzsymbol, die zum Preis des Lebens überklettert wurde. Leider ist für so manchen Russen der Narvafluß jetzt zu einem solchen Symbol geworden. Man hat versucht, den Fluß durch das die zwei Grenzstädte verbindende Kommunikationsrohr zu überqueren. Ob Mauer oder Rohr, das Leben wurde immer beim Drang vom Osten nach Westen hin geopfert.

Der Drang der Kulturen darf keinesfalls in eine Invasion münden. Die Invasion der Kulturen kann man mit dem Turmbau zu Babel vergleichen – zum Erreichen eines allgemeinen und unbestimmten Ziels, dessen Namen keiner kennt, sind alle bereichernden Differenzen nivelliert worden. In der Bibel hat sich Gott selbst in diese Sinnlosigkeit eingemischt, indem er die Sprachen der Nationen durcheinanderbrachte und so die Menschen zu sich selbst zurückführte. In diesem Licht ist die Kultur die Grenze, wo wir von Identität sprechen. Doch am Prozeß des Änderns oder der Unabänderlichkeit der Identität beteiligt sich nur der Mensch selbst, es ist ein individueller Prozeß. Die Welt als Ganzes mit ihren politischen Direktiven hat hier nicht viel mitzureden.

Umso unzulässiger ist das außenpolitische Manipulieren dieses Prozesses. In geistiger Einkapselung, in der Identitätskrise, wo der Mut zum kulturellen Dialog fehlt, wird oft von der Einmischung von außen Abhilfe erhofft. Anstatt sich selbst, will man gewaltsam eine ganze Kultur ändern. Die Geschichte hat uns oft genug ähnliche Situationen vorgezeichnet. Eine der unheilvollsten war die Einmischung Hitlers im Sudetenland, mit dem Ziel, die deutsche Minderheit zu „schützen".

Von diesem Blickwinkel aus gesehen hat jede Kultur ein Recht auf eine klar markierte Grenze, die natürlich biegsam sein muß, um den Dialog zu ermöglichen. Das moderne Europa hat sich mehr oder weniger stetig in diese Richtung bewegt – die Grenzen der Nationalstaaten beibehaltend, doch ihre Durchlässigkeit, Durchsichtigkeit anstrebend. Das ist ein wirklicher kultureller Triumph. Eine starre Grenze aus der Zeit des Kalten Krieges am Narvafluß, von der Oder ganz zu schweigen, ist weder im Interesse Europas als eines Ganzen noch Estlands.

Die auf den europäischen Prinzipien basierende Grenze zwischen Estland und Rußland wäre fest, doch friedlich, sie könnte zum Erweitern der Stabilität, dem Verstärken der demokratischen Werte in Rußland beitragen, den kulturellen Schwingungen, woraus Meisterwerke hervorgehen könnten.

Denn die Kraft, die der Kultur die gesunde Farbe verleiht, heißt Freiheit. Geistige Gesundheit findet man nicht in einer geistig gleichgestellten Welt. Die gleichgestellte Welt schließt Veränderung aus, Veränderung ist aber der Erfolgsgarant einer jeden zivilisierten Gesellschaft. Die europäische Zivilisation bedeutet auch den Wunsch, beständig zu fragen: *„Quo vadis, Europa?"*

In keinem Erdteil werden die Grenzen so aktiv hin- und hergeschoben wie in Europa. Die meisten der hier im Saal Anwesenden haben sich sowohl an die Teilung Europas vor fünfzig Jahren wie an das Vereinigen Europas gewöhnen müssen, dessen bescheidener Anfang die Gründung der Kohlen- und Stahlunion und der Siegeszug bei der Verkündung des Falls der Berliner Mauer gewesen ist. Zu welchem von beiden waren und sind wir mehr bereit in unserem Geiste? Wie hat Europa auf die Veränderungen auf der politischen Karte reagiert, die ja immerhin bereits fünf Jahre zurückliegen?

Natürlich ist das Bauen immer eine zeitaufwendigere Tätigkeit als das Abreißen. Zum Abreißen ist Kraft nötig, zum Bauen braucht man außer Ressourcen einen Entwurf, der Entwurf benötigt meistens Vereinbarungen, und der Europa-Entwurf dazu noch Bestätigungen von denkbaren und undenkbaren Instanzen. Und vor allem braucht man natürlich eine schöpferische Initiative, was in Europa dem politischen Willen gleichkommt.

Gibt es denn einen Mangel daran, so könnte man fragen. Um Zurückgebliebenen zu helfen, hat sich der Geldbeutel eines jeden wirklichen Europäers längst geöffnet, mit den zentral- und osteuropäischen Staaten hat man allerlei Assoziationsbeziehungen angeknüpft, auch Estland – als Staat erst kürzlich vergessen – ist heute zum Vorsitzendenland des Europarats aufgestiegen. Doch die tragenden Pfeiler des neuen Europa, die den Fortbestand garantieren, können nur die NATO und die EU sein. Ohne die Erweiterung dieser Organisationen heilt die Wunde nicht aus. Das Ausheilen scheint leider nicht vor dem neuen Jahrtausend zu kommen, aber dann soll es wenigstens unumkehrbar sein. Und unumkehrbar kann es nur dann sein, wenn die deklarierten Grundsätze nicht aufgeopfert werden.

Die Europäische Union hat für die Beitretenden bestimmte Kriterien festgesetzt. Es liegt im Interesse Estlands wie jedes europäischen Staates, diesen Kriterien genau zu entsprechen. Wir brauchen keine Zugeständnisse, die das Wesen des Wirtschaftsbundes auflösen und ihn vielen kraftlosen Weltorganisationen ähnlich machen würden. Wenngleich zum Preis großer Selbstaufopferung, entspricht

Estland schon jetzt vielen wirtschaftlichen Bestimmungen der EU. Das Problem, wie wir alle wissen, liegt vielmehr darin, ob die EU zu Veränderungen bereit ist, ob sie mit ihrer Strategie, Struktur und Denkweise in das erneuerte Europa paßt. Ich hoffe, daß die Interregierungskonferenz auf diese Frage eine Antwort findet und daß die Verhandlungen über eine Erweiterung, die man allen Kandidaten versprochen hat, sechs Monate nach der Konferenz aufzunehmen, auch wirklich Anfang 1998 beginnen werden. Ich weiß nicht, ob unter den ersten Aufgenommenen Estland oder Tschechien oder Malta oder Polen oder vielleicht ein anderer Staat sein wird. Aber ich weiß: Niemand darf das jetzt wissen. Denn gäbe es schon einen solchen Beschluß, könnte er nur unter der Opferung der Prinzipien gefaßt worden sein.

Es ist viel von der Erweiterung der EU und der NATO als von parallelen Prozessen gesprochen worden. Heute ist es klar, daß diese Prozesse einander wohl unterstützen, doch nicht unflexibel miteinander verbunden sind. Es beginnt auch klar zu werden, daß die NATO hier die EU überholt. Einer der Gründe liegt sicherlich darin, daß es wohl keine andere Organisation gibt, die sich selbst so gründlich reformiert hätte. Natürlich ist dieser Prozeß bei weitem noch nicht beendet, doch eins steht fest – die heutige NATO hat keine Feinde in Europa wie während des Kalten Kriegs. Nicht nur hat sie Kooperationsbereitschaft mit allen Staaten aufgewiesen, sondern das auch durch das Initieren des Partnership for Peace-Programms praktisch bewiesen. Jetzt steht es ihren Partnern zu, zu entscheiden, eine wie enge Kooperation sie wünschen. Der Wunsch Estlands ist die volle Mitgliedschaft in der NATO. Für uns bedeutet der Beitritt zur NATO vor allem die Wiedervereinigung Europas, das Ersetzen der Instabilität durch Stabilität, einen untrennbaren Anschluß an die Staaten, welche die demokratischen Werte achten. Es gibt keine andere Organisation, die heute bereit und imstande wäre, die Sicherheit Europas zu gewährleisten.

Estland samt Lettland und Litauen stützen sich auf die Grundsätze der kollektiven Sicherheit. Jawohl, die Sicherheitsalternativen der Ostsee-Anrainerstaaten sind verschieden gewesen. Schweden und Finnland können es sich leisten, mit der NATO zusammenzuarbeiten, ohne zum Vollmitglied werden zu wollen. Norwegen kann sich mit der NATO-Mitgliedschaft begnügen, ohne zur EU zu gehören. Dänemark hat eine Doppelverbundenheit gewählt, also auch Doppelsicherheit. Für dieselbe Strategie hat sich Polen fest entschlossen. All diese Wahlen sind natürlich gewesen, wenn man sich an die Geschichte unserer Staaten erinnert und unsere verschiedenenen Ausgangspositionen berücksichtigt. Zusammen, ausgeglichen sichern sie die Stabilität in der Ostseeregion, am unikalen europäischen Binnenmeer, an dem alle Voraussetzungen vorhanden sind, eine der blühendsten und friedlichsten Wirtschaftsregionen Europas zu werden, durchzogen von der europawichtigen Handelsstraße zu den reichen Märkten Rußlands und von der ebenso für Rußland wichtigen Handelsstraße zu den reichen Märkten Europas. Aber das ist nur dann möglich, wenn auch die baltischen Staaten über die Sicherheitsgarantien verfügen, die auf die eine oder andere Art allen europäischen Staaten zukommen.

Wir sind willens, unsere Sicherheit sowohl durch eigene Anstrengung wie durch den Beitritt zur NATO so bald wie möglich zu gewährleisten.

Man hat uns gesagt, Estland sei militärisch noch nicht bereit, der NATO beizutreten. Stimmt, unser Verteidigungsvermögen ist schwach. Das ist auch kein Wunder, denn die baltischen Staaten haben die kürzeste Zeit gehabt zum Aufbau ihrer Schutztruppen. Wir kennen unsere Mängel und können deshalb auch nicht erschrekken, wenn man uns das direkt sagt. Wir tun alles, um unsere Schutzkräfte zu entwickeln. Das Erhöhen von Verteidigungsausgaben bedeutet für die baltischen Staaten heute einen Verzicht auf Vieles, was in den meisten europäischen Staaten schon längst zu einer Selbstverständlichkeit geworden ist. Aber ich sehe die Bereitschaft unseres Volkes dazu. Ich will nur ein Beispiel anführen – eines der Probleme, die unserem Verteidigungsministerium momentan Kopfzerbrechen bereiten, ist die Frage, wie man die Forderung der Studenten erfüllen soll, während der Studien den Beruf des Reserveoffiziers erwerben zu können. Obwohl die Radikalität und der Erfolg der estnischen Wirtschaftsreformen uns außerordentlich schnell auf den Stand der traditionell erfolgreichen Staaten Ost-Europas wie Tschechien und Ungarn gebracht haben – in manchen Dingen überholen wir sie sogar – , ist es zumindest uns selbst klar, daß die Sicherung der Selbständigkeit und Unabhängigkeit der baltischen Staaten unvergleichlich komplizierter ist als im Falle der Länder des ehemaligen Sozialismusblocks. Aber gleichzeitig ist das die Schlüsselfrage und der Prüfstein Europas.

Unsere Annäherung an die NATO-Standards wird umso schneller und einfacher sein, je enger wir schon jetzt mit den NATO-Strukturen verbunden sind. Estland ist einer der ersten Staaten, die sich dem Partnership for Peace-Programm angeschlossen haben und dort auch die Aktivsten gewesen sind. Unser individuelles Zusammenarbeitsprogramm beginnt mit dem Sprachunterricht und dem Bekanntwerden mit der Ausrüstung und Arbeitsprinzipien der NATO und reicht bis zur Kontrolle des Luftraums und zur Beteiligung an Friedensbewachungsoperationen sowohl in Bosnien wie im Libanon. Man hat den estnischen Soldaten in allen Zeiten hoch einzuschätzen gewußt. Deshalb erfüllt es mich mit Befriedigung und überrascht mich gar nicht, daß unsere kürzlich aus Bosnien heimgekehrte Friedensbewachungsgruppe ESTPLA-3 einen Brief des Oberbefehlhabers der Europatruppen der NATO, General George Joulwan, vorgefunden hat, worin er der Gruppe seinen Lob für ihre Aktivität während der Wahlen in Bosnien ausspricht. Oder daß auf den vor kurzem stattgefundenen Übungen in den USA die estnische Gruppe im mehrfachen Sinn für die beste gehalten wurde.

Unter den Partnern der NATO haben sich in Wirklichkeit nach freier Wahl verschiedene Gruppen herausgebildet, je nachdem, wie weit jemand in der Zusammenarbeit gehen will. Es ist natürlich, daß die NATO diese Wünsche berücksichtigt und mit verschiedenen Programmen arbeitet. Das ist kein gewalttätiges Linienziehen, sondern ein Fixieren der Wirklichkeit. Eine gewalttätige Lösung wäre es, wenn die NATO nach der ersten Erweiterungsrunde, die schon technisch nicht alle Anwärter auf einmal erfassen kann, alle nichterfaßten Staaten gleich behandeln würde. Die NATO kann und muß eine Sonderhaltung denjenigen Staaten gegenüber einnehmen, die den Wunsch geäußert haben, Vollmitglieder zu werden, und diesen Wunsch im Gange eines intensiven Dialogs auch bewiesen haben. Estland hat seine Vorschläge zu solchen Sonderprogrammen vorgelegt, und es freut mich festzustellen, daß sie auf eine lebendige Resonanz gestoßen sind, indem sie die Grundidee des NATO-Gedankens treffen und sich den Vorschlägen mehrerer NATO-Mitgliedsstaaten anschließen. Doch an dieser Stelle will ich betonen, daß das Sonderprogramm für Estland nur eine Zwischenstation darstellt. Wir haben nicht vor, dort Halt zu machen.

Die von der NATO aufgestellten Aufgaben jagen uns keine Furcht ein. Uns erschrecken, und das in direktestem Sinne, kann nur der geopolitische Beschluß, die baltischen Staaten außerhalb der NATO zu lassen. Das wäre eine Einteilung in Einflußsphären im Geiste vergangener Zeiten. Das wäre nicht nur ein Verrat an den Grundsätzen, sondern damit würde die NATO selbst dem Feindesmythos zum Opfer fallen, indem sie zugibt, daß sie keinen Glauben an eine erneuerte Allianz hat, die nicht in Konfrontation mit Rußland steht. Estland und andere zentral- und osteuropäische Länder benötigen ein festes politisches Signal, daß die Einflußsphären eine Sache der Vergangenheit sind, daß man nicht das Aufkommen des Sicherheitsvakuums zuläßt.

Mein Land gehört zu diesen osteuropäischen Ländern, für die die Einflußsphären ein besonders schmerzhaftes Thema sind. Estland,

Mitglied des Völkerbunds, ein Land, das 1918 seine Selbständigkeit erkämpft hat und große Stücke auf sie hielt, war als Ergebnis der Stalin-Hitler-Machenschaften für ein halbes Jahrhundert ein besetzter Staat. Das Ende des Zweiten Weltkriegs hat für Estland fremde Truppen, fremde Ideologie, Kolonisierung und Überfremdung bedeutet. Die zweite Hälfte des 20. Jahrhunderts, die goldene Renaissance Europas, war für Estland unerreichbar, die Erneuerung der Welt hat uns durch die Bücher, die das Sieb der Zensur passiert haben, erreicht und durch die Briefe, die auch – ja, so war es – das Sieb der Zensur passieren mußten.

Hier auf der akademischen Politikversammlung ist es irgendwie schrecklich und unangebracht, sich daran zu erinnern, daß die Rundfunksendungen in Estland mit Radiogeräten empfangen wurden, deren Wellenlänge eingeschränkt worden war, und durch das Geräusch und Geknister eines am sorgfältigsten funktionierenden Bastards des totalitären Systems: des Störsystems für Rundfunksendungen. Aber gerade hier in Helsinki erinnere ich mich mit einem Gefühl des Dankes daran, daß in den letzten Besetzungsjahrzehnten ganz Nord-Estland die Abendstunden an Fernsehapparaten verbracht und sich sowohl die finnischen Tagesnachrichten wie die Kulturprogramme angeschaut hat. Im Fernsehen haben wir uns angesehen, wie wir gerne leben würden. Man hatte schon beschlossen, diesem Blick hinter den Vorhang ein Ende zu setzen, und es wurde erwogen, wie es zweckmäßiger wäre, die Antennen zu beseitigen. Doch davor fing das Imperium an zu zerfallen.

Meine Damen und Herren, ich will hier nicht mit nostalgischen Erinnerungen auftreten. Ich will Ihnen bloß den psychologischen Hintergrund klarmachen, ohne den die Politik bloß ein Glasperlenspiel ist.

Das letzte Jahrzehnt des Jahrhunderts ist das Jahrzehnt unserer Wiedergeburt, unserer Renaissance geworden. Natürlich beschäftigen wir uns mit demographischen Problemen, mit der Wiedergeburt der estnischen Kultur. Aber das ist gegen niemanden gerichtet. Zwischen den zwei Weltkriegen war Estland hinsichtlich seiner nationalen Minderheiten eines der liberalsten Länder Europas, das ist allgemein anerkannt.

Diese Tradition wollen wir wieder fortsetzen.

Ich kann Ihnen hier nicht sagen, daß unsere Beamten immer tadellos sind, ich kann nicht behaupten, daß wir das einzige Land in der Welt ohne bürokratischen Blödsinn wären. Doch das ist kein Nationalitätenproblem mehr. In diesen wenigen Jahren der neuen Selbständigkeit haben wir ein demokratisches und wirksames Gerichtssystem etabliert, in dem auch Vertreter von nationalen Minderheiten beispielsweise Prozesse gegen Regierungsbehörden gewonnen haben.

So funktioniert Demokratie.

Aber das alles kann kein einseitiger Prozeß sein. In diesem komplizierten Korridor zur Jahrtausendwende muß ein zweiseitiger Verkehr ablaufen. Die russischsprachige Minderheit in Estland hat sich klar zu ihrem Wunsch bekannt, in Estland weiterzuleben. Die Integration der russischen Mitbewohner setzt ein Verändern der Wertorientierungen voraus, setzt eine Loslösung vom inhaltlich kolonisatorischen Seelenzustand des einheitlichen großen Vaterlands voraus. Und natürlich hat hier Rußland ein äußerst wichtiges Wort zu sagen.

Der Wunsch, Estland seine Nationalitätenpolitik zu diktieren in einer Zeit, in der Rußland selbst keine eigene Nationalitätenpolitik besitzt, ist ein Anachronismus. Estland ist doch nicht das einzige Land auf der Welt, in dem es eine russische Minderheit gibt. Doch habe ich nie gehört, daß die Staatsduma Rußlands den Vereinigten Staaten oder Deutschland diktieren würde, wie sie sich um ihre Angelegenheiten kümmern sollen. Die Konzeption des nahen Auslands, auf internationalen Foren mehrfach verurteilt, hält zäh an, als wäre immer noch die Abteilung für internationale Beziehungen der KPdSU für diese Angelegenheiten zuständig.

Doch ich will an Veränderungen glauben. Ich will an die Möglichkeiten des zweiseitigen Verkehrs auch zwischen Estland und Rußland glauben. Dieses Hoffen gilt sowohl für die Nationalitätenprobleme als auch für die langanhaltende Grenzverhandlungen.

Wenn wir die Entwicklungen in Rußland beobachten, wünschen wir aufrichtig, daß demokratische Prozesse in diesem großen und von Leiden geprüften Land sich vertiefen und verstärken werden.

Ein stabiles und ausgewogenes Estland ist das beste, was Rußland sich an seinen Grenzen wünschen könnte. Gegenseitiges Vertrauen und Wohlwollen liefern auch viele neue Gelegenheiten zu einer regionalen Zusammenarbeit, wozu Estland sowohl politisch, wirtschaftlich wie auch psychologisch bereit ist.

Ausgehend von den Statements General Lebeds über die NATO-Erweiterung auf seinem kürzlichen Besuch in Brüssel, möchte ich die Erörterung abschließen. In ihnen liegt Dynamik und Perspektive. Indem er zwischen den juristischen und politischen Aspekten der NATO-Erweiterung unterscheidet, sagt er, daß die Erweiterung von der kommenden Generation gelöst werden soll. Ein Problem, um dessen Lösung sich kommende Generationen bemühen sollen, kann uns fernliegend und nur abstrakt vorkommen.

Tatsächlich ist es nicht so. Der Wechsel von Generationen ist kein Aufprall eines Meteoriten auf die Erde und kein Abschicken eines Weltraumschiffs zum Mars. Den Wechsel der Generationen unter den Bedingungen der sich ohne Katastrophen entwickelnden Welt kann man nicht mit Monatsnamen oder Jahreszahlen bezeichnen. Die neue Generation ist bereits hier, sie ist unter uns, ihre Zellen sind unsere Zellen, und ihr Geist – sei es auch nur erahnbar, noch mit sehr vagen Konturen – ist geprägt von unserem Geist. Daher kann der Gedanke an kommende Generationen nicht heutige Tatenlosigkeit bedeuten.

Im Gegenteil, es bedeutet ein ununterbrochenes Handeln.

Denn aus morgen wird schnell heute.

Ein Frühwerk mit Weitblick

Stephan Mögle-Stadel

Die Unteilbarkeit der Erde
Globale Krise, Weltbürger & Weltföderation

250 S., Fotos, geb. m. SU
ISBN 3-416-02565-2

Über die Globalisierung des Rechtslebens!

Mit einem Vorwort von Sir Peter Ustinov sowie je einen Beitrag von Prof. Yehezkel Dror, Regierungsberater / Mitglied des Club of Rome, und von Strobe Talbott, Vize-Außenminister der USA.

Mit dem von Thomas Mann 1948 initiierten Entwurf einer Weltverfassung (Uni. Chicago)

Warum wurde ein Mord totgeschwiegen?

Stephan Mögle-Stadel
Dag Hammarskjöld
Vision einer Menschheitsethik
Urachhaus

Stephan Mögle-Stadel

Dag Hammarskjöld –
Vision einer Menschheitsethik

ca. 210 S., ca. 40 Fotos, geb. m. SU
ISBN 3-8251-7268-6

Mit einem Vorwort von Yehudi Menuhin

Die Hintergründe des Mordes an dem erfolgreichsten UNO-Generalsekretär, sowie die Dechiffrierung seines Tagebuches und seines Einweihungsweges.